Robert L. Wilken

DIE FRÜHEN
CHRISTEN

Robert L. Wilken

DIE FRÜHEN CHRISTEN
Wie die Römer sie sahen

Verlag Styria Graz Wien Köln

Ins Deutsche übertragen von P. Dr. Gregor Kirstein OP
Der Titel der englischen Originalausgabe lautet
The Christians: As the Romans saw them
Yale University Press, New Haven und London 1984

CIP-Kurztitelaufnahme der Deutschen Bibliothek
Wilken, Robert L.:
Die frühen Christen : wie die Römer sie sahen /
Robert L. Wilken. [Ins Dt. übertr. von Gregor Kirstein]. –
Graz ; Wien ; Köln : Verlag Styria, 1986.
Einheitssacht.: The Christians: as the Romans saw them ‹dt.›
ISBN 3-222-11683-0

1986 Verlag Styria Graz Wien Köln
Alle Rechte der deutschen Ausgabe vorbehalten
Printed in Austria
Umschlaggestaltung: Zembsch' Werkstatt, München
Satz und Druck: Druck- und Verlagshaus Styria, Graz
Bindung: Wiener Verlag, Himberg
ISBN 3-222-11683-0

INHALTSVERZEICHNIS

Einführung .. 7

1. Kapitel
Plinius – ein römischer Adeliger .. 15

Der Werdegang eines römischen Beamten .. 16
Die Reisen eines Provinzstatthalters .. 22
Eine christliche „Vereinigung" .. 29
Opfergaben von Wein und Weihrauch .. 39

2. Kapitel
Das Christentum als Bestattungsgesellschaft .. 45

Kirche oder politischer Klub? .. 46
Das Zusammengehörigkeitsgefühl .. 49
Eine Bacchusgesellschaft .. 54
Eine unbekannte und geheime Gesellschaft .. 58

3. Kapitel
Die Frömmigkeit der Verfolger .. 62

Römische Religion und christliches Vorurteil .. 64
Die Religion in der Praxis .. 68
„Auch wir sind ein religiöses Volk" .. 75

4. Kapitel
Galenus – die Wißbegierde eines Philosophen .. 81

Die Philosophie und die Medizin .. 82
Das Christentum als eine philosophische Schule .. 85
Die Philosophie in der Praxis .. 90
Der willkürliche Gott der Christen .. 95

5. Kapitel
Celsus – ein konservativer Intellektueller .. 106
Bettelpriester der Cybele und Wahrsager .. 107
Die Mängel der christlichen Lehre .. 113
Entmythologisierung der Geschichte Jesu .. 120
Ein Abfall vom Judentum .. 124
Die Religion und die Gesellschaftsordnung .. 129

6. Kapitel
Porphyrios – der gebildetste aller Kritiker .. 138
Zur Verteidigung Platos .. 140
Die jüdische Heilige Schrift .. 148
Das christliche Neue Testament .. 155
Philosophie aus Orakeln .. 159
Die Religion des Kaisers .. 168
Jesus kein Magier .. 170
Ein nicht reflektierender Glaube .. 172

7. Kapitel
Julian „der Abtrünnige" – das jüdische Gesetz und die christliche Wahrheit .. 175
Des Kaisers Frömmigkeit .. 177
Griechische Bildung und christliche Werte .. 182
Gegen die Galiläer .. 187
Der Stammesgott der Juden und der Christen .. 190
Ein Abfall vom Judentum .. 196

Nachwort .. 208
Literaturverzeichnis .. 218
Anmerkungen .. 221
Personenregister .. 227
Abkürzungen .. 231

EINFÜHRUNG

Wie ist das Christentum den Menschen des Römischen Reiches erschienen? Wie sah es der Außenstehende, bevor es zur Staatsreligion von Westeuropa und dem Byzantinischen Reich wurde? Die Frühgeschichte des Christentums ist fast ausschließlich auf der Grundlage christlicher Quellen erzählt worden. Die Evangelien des Neuen Testaments, die Paulusbriefe, die Schriften des Ignatius von Antiochien, des Klemens von Rom, des Justinus des Märtyrers, des Irenäus, Tertullian, Origenes – diese und ähnliche Werke, von denen die meisten seit Jahrhunderten erforscht worden sind, haben uns die Hauptkenntnisse über das Frühchristentum geliefert. In der modernen Zeit haben neue Dokumente, etwa die zu Nag Hammadi in Ägypten entdeckten gnostischen Handschriften, die Sammlung von Quellen vergrößert. Diese von Christen geschriebenen Werke, die nicht Teil des „Hauptstroms" waren, haben uns neue Einsicht in die Geschichte und den Charakter der frühchristlichen Bewegung gegeben. Aber selbst die gnostischen Schriften stammen von Christen, auch wenn sie von den Führern dessen, was man die „Großkirche" nennen könnte, für abweichend und häretisch erklärt wurden.

Jedoch es gibt außerdem eine Menge Material, das nicht von Christen stammt. Ich spreche von den Feststellungen sog. „heidnischer" Beobachter des Christentums, von *römischen* und *griechischen Schriftstellern.* Entweder sind das nebenbei gemachte Bemerkungen in Werken über andere Themen, oder es sind direkte Angriffe auf das Christentum. Sie verschaffen uns eine einzigartige Perspektive auf die entstehende Kirche. Obwohl Gelehrte und Fachleute mit dieser Thematik vertraut sind, wird sie der breiten Öffentlichkeit selten zugänglich gemacht. Auch wenn sie den Weg in Bücher über die frühchristliche Bewegung findet, so spielt sie keine bedeutende Rolle bei der Bildung unserer Auffassung über das Christentum.[1]

Die Beobachtungen der „Heiden" in der frühesten Periode der Geschichte des Christentums sind besonders wertvoll, weil die Leute, die Bemerkungen über die neue Bewegung machten, wenig Vorkenntnisse besaßen, auf die sie ihre Ansichten gründen konnten. Die erste Erwähnung der christlichen Bewegung durch einen römischen Schriftsteller stammt von *Plinius*, einem Statthalter in der Provinz Bithynien (heute in der Türkei) Anfang des 2. Jahrhunderts. Er nannte das Christentum einen „Aberglauben". Später in demselben Jahrhundert schrieb *Celsus*, ein griechischer Philosoph, daß Jesus ein „Magier und Zauberer" war. Spiegeln derartige Aussagen einfach Voreingenommenheit oder Verleumdung wider, oder sagen sie uns etwas über die Lebensform, die das Christentum während dieser Periode lebte? Was bedeuten solche Bemerkungen in einer Welt, in der das Christentum seine ersten Schritte machte?

Die meisten Stellungnahmen zum Christentum von Nichtchristen sind uns in fragmentarischer Form überliefert worden. Sie erschienen entweder als beiläufige und flüchtige Beobachtungen in Briefen oder in Abhandlungen über irgendein anderes Thema; oder sie stammen aus Büchern gegen das Christentum, die später vernichtet wurden. Als das Christentum die Kontrolle über das Römische Reich gewann, unterdrückte es die Schriften seiner Kritiker und verbrannte sie. Doch die Zahl der Fragmente, die erhalten geblieben sind – durch eine Ironie in den Werken von Christen selbst, die sie aufgeschrieben haben, um sie zu widerlegen –, ist beträchtlich; sie bieten ein lebendiges und ungewöhnliches Bild des Christentums.

Ein frühes Beispiel ist das Buch *„Wahre Lehre"* von *Celsus*, das etwa im Jahre 180 n. Chr. gegen das Christentum geschrieben wurde. Alles, was wir über dieses Buch wissen, stammt von Origenes, einem christlichen Theologen und Apologeten aus Alexandrien, der siebzig Jahre später eine massive Verteidigung des Christentums gegen Celsus *(Contra Celsum)* verfaßte. Daß eine Widerlegung des Werkes siebzig Jahre nach dessen Erscheinen immer noch nötig war, zeigt, wie ernst die Christen seine Argumente nahmen. In seinem Buch zitiert Origenes den Celsus ausführlich und wörtlich. Untersucht man diese im Werk des Origenes enthaltenen Fragmente von Celsus genau (doch ohne den Blickwinkel von Origenes) und stellt man die Beobachtungen des Celsus in den Zusammenhang des philosophischen Denkens seiner Zeit, so ist es möglich, annähernd das zu rekonstruieren, was er über das Christentum dachte, wie es sich mit anderen religiösen Kulten und den herkömmlichen Formen der Religion vergleichen ließ, was die Christen glaubten und wie sie lebten und warum man sich dem Christentum widersetzen sollte.

Außer Celsus schrieben zwei weitere bedeutende Gegner des Christentums in der antiken Welt Werke, die sich ausschließlich dem Christentum widmeten. Der erste von diesen ist *Porphyrios*, ein neuplatonischer Philosoph; er lebte im 3. Jahrhundert. Der andere ist *Julian*, ein römischer Kaiser; er regierte im 4. Jahrhundert. Auch diese Werke kann man aus den Büchern christlicher Apologeten rekonstruieren, die deren Anschuldigungen zu entkräften suchten. Abgesehen von diesen Schriftstellern gibt es eine Anzahl Autoren, von denen wir inhaltlich weniger erfahren, die uns aber helfen, das Bild der Christen zu ergänzen, wie die Römer sie sahen. Unter diesen sind *Plinius*, der Arzt und Philosoph *Galenus*, der Mitte des 2. Jahrhunderts in Rom die Christen kennen lernte; und *Lucian*, der Satiriker, der sich über die Christen lustig machte, wie er es mit allen Dingen in seiner Welt getrieben hat.

Dieses Buch schildert die römische Kritik des Christentums von dessen Beginn Anfang des 2. Jahrhunderts bis zur Zeit von Kaiser Julian gegen Ende des 4. Jahrhunderts; eine Zeitdauer von fast 300 Jahren. Meiner Erörterung zugrunde lege ich das, was römische Beobachter selbst sagten. Ich suche ihre Ansichten in den Zusammenhang ihrer religiösen, geistigen und gesellschaftlichen Welt zu stellen. So habe ich es gewissenhaft unterlassen, die Beobachtungen der Römer im Licht christlichen Denkens zu sehen; ich betrachte diese Aussagen nicht unter christlichen, sondern unter historischen Gesichtspunkten. Viel von dem, was die heidnischen Kritiker sagen, ist historisch wahr und korrekt, läßt sich jedoch in das Selbstverständnis der Christen nicht einfügen. Ich bin davon überzeugt, daß die Erkenntnisse von Außenstehenden uns etwas Bedeutsames über den Charakter der christlichen Bewegung sagen und daß wir ohne die Ansichten der antiken Welt, in der das Christentum zur Reife kam, nie begreifen, was das Christentum war oder ist. *Wie* etwas von anderen wahrgenommen wird, ist ein Aspekt dessen, *was* es ist. Das stimmt besonders in der Gesellschaft, wo die Wahrnehmung anderer ein wesentlicher Teil der Wirklichkeit ist, in der die Menschen leben.

Wir haben eine einseitige Auffassung von der Geschichte des Frühchristentums. Der Geschichtsschreiber des Römischen Reiches, der durch seine Perspektive das Christentum innerhalb des größeren

Geschichtsbildes betrachten konnte, hat sich selten die Mühe gemacht, die christlichen Quellen näher zu untersuchen. Dem theologischen Forscher, der die Quellen und die einmaligen Probleme der frühchristlichen Geschichte kennt, sind die römischen Quellen gewöhnlich erst aus zweiter Hand bekannt; er hat durchwegs nur ein christliches Geschichtsbild. Viele Geschichtsschreiber des Christentums haben den Eindruck erweckt, daß der restliche Teil des Bildes bloß den Hintergrund zur Großaufnahme darstellt – die allgemeine Zeitgeschichte wird meist in ein einführendes Kapitel von unbestimmten Allgemeinheiten verwiesen.

In seinem neulich erschienenen Buch *Paganism in the Roman Empire*[2] macht der Historiker Ramsay MacMullen eine interessante Beobachtung bezüglich Adolf von Harnacks *„Mission und Ausbreitung des Christentums in den ersten drei Jahrhunderten"*, eine der in diesem Jahrhundert veröffentlichten klassischen Studien über das Frühchristentum: „Unter seinen Tausenden Quellenhinweisen kann ich keinen einzigen auf eine römische Quelle finden, und kaum eine Zeile, die auf das Bemühen hinweist, herauszufinden, was die Nichtchristen dachten und glaubten. Den vorherigen Ansichten von Konvertiten keine Achtung zu schenken, oder die Mission so zu schildern, als ob sie im luftleeren Raum geschehe, muß einem Historiker doch seltsam erscheinen."

Seit Harnacks Zeit ist viel in der Forschung des Frühchristentums geschehen. Bei der Erforschung der römischen Geschichte hat sich ein reges Interesse an den Religionen der römischen Welt, an griechischrömischer Philosophie und an der Gesellschaftswelt des Römischen Reiches entwickelt. Und doch gelangt wenig von diesem Wissen in die theologische Erforschung des Frühchristentums.

Die Trennung zwischen der *römischen* und der *christlichen* Geschichte spiegelt sich auch in den alten Dokumenten wider. Fast ein ganzes Jahrhundert lang blieb das Christentum von den meisten Menschen im Römischen Reich unbeachtet. Als die christliche Bewegung Aufmerksamkeit erregte, gab es zwischen Christen und Nichtchristen so gut wie keine Grundlage für ein gegenseitiges Verstehen. Die frühchristlichen Schriften sind in erster Linie für eine christliche Leserschaft geschrieben; sie stellen das Leben Jesu und den Anfang der Kirche als den „Wendepunkt" in der Geschichte dar. Die Nichtchristen hingegen betrachteten die christliche Gemeinde als eine kleine, absonderliche, antigesellschaftliche und „ungläubige" Sekte, die ihre Anhänger aus den niedrigsten Schichten der Gesellschaft bezog. In dem Teil seiner „Naturgeschichte" über Palästina – ein Buch, das ungefähr eine Generation nach dem Tod Jesu geschrieben wurde – erwähnt *Plinius* der Ältere Jesus und die Anfänge des Christentums überhaupt nicht. Zu dieser Zeit waren aber viele der Bücher des Neuen Testaments schon geschrieben worden. Die erste Erwähnung der christlichen Bewegung bei einem römischen Verfasser geschieht erst 80 Jahre nach den Anfängen des Christentums.

Mit diesem Buch will ich daher die Welt des alten Roms in eine engere Verbindung mit jener des Frühchristentums bringen. Indem ich die Bemerkungen von römischen und griechischen Schriftstellern über das Christentum in den Mittelpunkt stelle, zeige ich, wie die Römer über Religion und Philosophie und ihre Gesellschaft dachten, was gleichzeitig auch ein Licht auf das frühe Christentum wirft. Die Beobachtungen der Römer über das Christentum gewähren uns eine einmalige Perspektive, die in anderen Schriften aus der damaligen Zeit nicht vorhanden ist. Ich hoffe, dem theologischen Erforscher des Christentums eine neue Perspektive zu verschaffen, mit der er das Frühchristentum betrachten und die christliche Bewegung in der antiken Gesellschaft orten kann.

Das Buch hat auch einen theologischen Zweck. Ursprünglich fing ich an, die von den Römern am Christentum geübte Kritik zu studieren, weil mich die frühchristlichen Apologeten interessierten; das sind jene christlichen Denker, die versuchten, die Ansprüche der Christen mit Argumenten der Vernunft zu verteidigen – und zwar innerhalb der Sprache und der Denkweise der griechisch-römischen Welt. Jedoch je mehr ich die Apologeten las, umso mehr wurde mir klar, daß ich sie nicht verstehen konnte, ohne zunächst die Einstellungen der Außenstehenden gegenüber dem Christentum zu erforschen. Ich ging den Ideen nach, die die Apologeten zu widerlegen suchten; ich erforschte den Glauben, von dem sie meinten, er sei mit dem Christentum vereinbar und in dessen Sprache sie dann die christliche Botschaft darstellten. Die meisten Apologeten der Frühzeit wuchsen als „Heiden" auf; erst später im Leben ließen sie sich zum Christentum bekehren. Die geistige und religiöse Welt, in der sie erzogen wurden, blieb auch nach der Bekehrung zum Christentum ein Teil ihres Denkens.

Ich hatte vor, zu den Apologeten zurückzukommen, nachdem ich das Studium der griechisch-römischen Autoren abgeschlossen hatte;

aber ich fand die Sichtweise der Römer derart interessant, daß sich dieses Buch ausschließlich damit befaßt. Doch was die heidnischen Kritiker über das Christentum sagen, ist für die christliche Theologie nicht ohne Bedeutung. Viele der Themen, die in der christlichen Geistesgeschichte eine Rolle gespielt haben und die auch heute noch erörtert werden, wurden zunächst in dem Dialog zwischen den Christen und dem antiken Denken angedeutet. Einige hiervon sind: Glaube und Vernunft, Gottes Beziehung zur Welt, *creatio ex nihilo* (Schöpfung aus dem Nichts), die Beziehung des Christentums zum Judentum, die Stellung Jesu und seine Beziehung zu Gott, die historische Zuverlässigkeit der Heiligen Schrift, das Christentum und die Offenbarung Gottes in der Geschichte.

In einigen Fällen – zum Beispiel die Lehre von der Schöpfung aus dem Nichts – war es ein heidnischer Kritiker, der es zuerst begriffen hat, daß die Lehren der Christen über Gott einer neuen Auffassung des Schöpfungsvorgangs bedurften. Mehrere Jahrzehnte bevor christliche Denker dem Problem ihre Aufmerksamkeit schenkten, wies *Galenus* auf die philosophischen Schwierigkeiten der biblischen Darstellung der Schöpfung hin. Christliche Denker wurden so gezwungen, ihre Auffassungen mit größerer Sorgfältigkeit durchzudenken. Bald nachdem Römer in Debatten mit Christen diese Frage aufgeworfen hatten, fingen christliche Theologen zum ersten Mal in der christlichen Geistesgeschichte an zu sagen, daß die Schöpfung aus dem Nichts eine Grundlehre sei. In diesem wie auch in anderen Fällen sind die Kommentare der Heiden nötig, um zu verstehen, wie und warum christliche Lehren sich so gestalteten, wie sie es taten.

Ich habe dieses Buch geschrieben für allgemein interessierte Leser und für Studenten der christlichen Geschichte und Theologie. Es beruht auf dem Studium der alten Quellen, ist aber nicht als wissenschaftliche Monographie gedacht. Denn viel von dem, was ich sage, wird den Fachleuten bekannt sein. Ich bin folgendermaßen verfahren: Ich habe fünf bedeutende Gestalten ausgewählt; drei aus dem 2. Jahrhundert: *Plinius* den Jüngeren, *Galenus*, *Celsus*; eine aus dem 3. Jahrhundert: *Porphyrios*; und eine aus dem 4. Jahrhundert: *Julian*.

Ich habe ihre Ansichten zum Mittelpunkt meiner Erörterung gemacht und die Bemerkungen anderer dazu benutzt, um das Bild zu vervollständigen. Ich habe versucht, die Einstellungen der Römer gegenüber dem Christentum durch die Augen dieser Schlüsselfiguren darzustellen. Die Quellen selbst sind an sich sehr interessant; indem ich einzelne Personen, über die wir ziemlich umfassende Kenntnisse besitzen, in den Vordergrund stellte, suchte ich der Erzählung eine konkrete und lebendige Form zu verleihen. In den Kapiteln 2 und 3 bin ich von diesem Plan etwas abgewichen, um zwei wichtige Aspekte der Geschichte zu entwickeln: nämlich die Rolle religiöser Gesellschaften in der römischen Welt und die Einstellung dem „Aberglauben" gegenüber, der frühesten Bezeichnung der christlichen Bewegung. Diese Themen sind durch die im ersten Kapitel erörterten Beobachtungen von Plinius nahegelegt. Der Ausdruck *Römer* im Titel bezieht sich auf das Römische Reich und dessen Bewohner. Viele der im Buch behandelten Autoren haben aber in der griechischen Sprache geschrieben.

1. KAPITEL

Plinius — ein römischer Adeliger

Mitte August des Jahres 111 n. Chr. segelte Plinius mit dem Schiff um das Kap Malea, die südlichste Spitze der griechischen Peloponnes, hinein in die dunklen Gewässer des Ägäischen Meeres. Einige Tage später ist die Reisegesellschaft aus Rom in Ephesus eingelaufen, einer griechischen Stadt an der Westküste Kleinasiens. Von dort konnte der Reisende eine von zwei nach Osten führenden Straßen nehmen. Als Plinius einige Wochen vorher Rom verließ, hatte er geplant, in Ephesus an Land zu gehen und den Weg nach seinem Bestimmungsort in Bithynien, einer römischen Provinz etwa 200 Meilen nordöstlich am Ufer des Schwarzen Meeres, mit einem Wagen fortzusetzen. Aber das Wetter war drückend heiß; und kurze Zeit, nachdem seine Gruppe die Überlandreise angetreten hatte, erkrankte er an einem Fieber. Als aristokratischer römischer Herr, der selten reiste, war Plinius gewohnt, im Luxus seiner Landhäuser den Sommer zu verbringen. Von der Hitze und dem Fieber überwältigt, änderte er seine Pläne; er mietete ein kleines Schiff und fuhr die letzte Strecke der Reise mit einem Küstensegler.

Am 17. September traf er in Bithynien ein, um sein Amt als Statthalter der Provinz und als Vertreter des Kaisers M. Ulpius Trajanus anzutreten. Im ersten von rund 60 Briefen, die er im Laufe der nächsten anderthalb Jahre an Trajan schreiben sollte, berichtete er, daß er eine seiner Hauptaufgaben, die Untersuchung der finanziellen Angelegenheiten der Städte Bithyniens, schon in Angriff genommen hätte: „Ich hatte gehofft, früher hier anzukommen; doch ich kann mich über den Verzug nicht beklagen, da es mir, was von der glücklichsten Vorbedeutung war, zuteil wurde, Dein Geburtstagsfest in der Provinz zu feiern. Gegenwärtig untersuche ich die Ausgaben, Einkünfte und Außenstände der Stadt Prusa; und ich sehe bei der Prüfung der Geschäfte immer mehr, wie notwendig dies ist" (*Ep.* 10.28).

Der Werdegang eines römischen Beamten

Als Plinius in jenem Sommer die Reise nach Kleinasien antrat, schaute er mit Genugtuung auf eine bemerkenswerte Laufbahn im öffentlichen Leben zurück. Die Ernennung zum Legaten des Kaisers war nur die jüngste und, wie Plinius meinte, schon längst verdiente Ehre, die ihm in den 30 Jahren erwiesen wurde, seit er ein erstes Amt im öffentlichen Leben bekleidet hatte. Er wurde 50 Jahre früher, im Jahre 62 n. Chr., in Comum (Como) geboren, einer Stadt, die nicht allzu weit vom jetzigen Mailand entfernt am Fuße der Alpen liegt; er trat zum ersten Mal in den Jahren 79/80 in das öffentliche Leben ein. Über Plinius' Vater weiß man wenig, aber die Familie seiner Mutter gehörte dem mit Ländereien begüterten niederen Stadtadel Norditaliens an. Ihr Bruder, G. Plinius Secundus (der Ältere), adoptierte Plinius (den Jüngeren) als Jüngling und verschaffte ihm den Stammbaum, der für Beförderung im öffentlichen Leben notwendig war.

Der Onkel von Plinius, der Verfasser einer monumentalen Enzyklopädie in 37 Bänden, der *Naturgeschichte*, war ein berühmter römischer Bürger, der zur Gesellschaftsklasse der Senatoren gehörte. Er stand auf vertrautem Fuß mit mehreren Kaisern; er soll die Gewohnheit gehabt haben, vor Tagesanbruch den Kaiser Vespasian zu besuchen (die Römer standen früh auf), um mit ihm Staatsangelegenheiten zu besprechen; einem anderen Kaiser, nämlich Titus, hat er seine *Naturgeschichte* gewidmet. Im Jahre 79 n. Chr. starb der ältere Plinius in den Flammen und der Lava bei einem Ausbruch des Vesuv. Seine wissenschaftliche Neugier hatte ihn zu nahe an den Gegenstand seiner Forschung geführt. Von ihm hat der jüngere Plinius das tuskanische Gut der Familie geerbt, das jährlich 400.000 Sesterzen einbrachte. Durch die Familie seiner Mutter hatte Plinius also die Voraussetzungen für eine erfolgreiche Laufbahn erlangt: eine gute Familie und Reichtum.

Wie es bei aristokratischen Römern üblich war, erhielt Plinius seine frühe Erziehung zu Hause von Privatlehrern. Selbst als die Kinder Säuglinge waren, haben reiche Römer dafür gesorgt, daß ihnen Kindermädchen zugeteilt wurden, die richtig sprechen konnten. Von Anfang an wurde es als wichtig erachtet, daß sich das Kind an einen Redestil gewöhne, der nicht später korrigiert werden müßte. Zur Zeit des Plinius bestand die römische Erziehung hauptsächlich darin, die Rhetorik zu erlernen; eine Kenntnis, die ein unternehmungslustiger junger Mann für ein Leben in den Gerichtshöfen oder für eine Stellung im Staatsdienst am nötigsten brauchte. Die Grammatik, das Vortragen, die Analyse von Texten der klassischen Literatur, die Nachahmung der großen Stilisten bildeten den Großteil von Plinius' Erziehung. Im Alter von 14 Jahren wurde er nach Rom geschickt, um Rhetorik unter Quintilianus zu studieren; dieser war der größte Rhetor in der römischen Geschichte, ein Mann, der einen vom Kaiser gegründeten Lehrstuhl innehatte. Durch ihn hat Plinius die Liebe zur Sprache und zur Literatur gewonnen. Er gab selbst zu, daß es ihm die größte Freude bereitete, die literarischen Qualitäten der Reden zu erörtern, die entweder von ihm selbst oder von seinen Freunden vor dem Senat gehalten wurden, abends seiner Frau Gedichte vorzutragen oder die langen Nachmittage damit zu verbringen, in den Gärten seiner Villa zu lustwandeln und dabei griechische oder lateinische Dichtung oder Prosa anzuhören.

Plinius hegte zwar literarische Ambitionen; da er jedoch in der Dichtkunst wenig Erfolg hatte, begnügte er sich damit, Briefe zu schreiben. Diese Briefe, die neun Bücher von je 20 bis 30 Briefen aus verschiedenen Perioden seines Lebens umfassen, sowie ein zehntes Buch von 60 an Kaiser Trajan geschriebenen Briefen aus der Zeit seiner Statthalterschaft in Bithynien sind die Hauptquelle für Plinius' Leben. Sie geben uns die zuverlässigste Auskunft über den Mann und die Welt, in der er lebte, sowie über seinen Interessenbereich.[1] In einem Kommentar zu diesen Briefen schrieb Ronald Syme, der Biograph von Tacitus, einem Zeitgenossen und engen Freund von Plinius:

„[Plinius] zeigt Leute bei ihren täglichen Geschäften oder wie sie wichtigen Geschehnissen im Leben der mittleren und oberen Gesellschaftsschichten begegneten, in einer stabilen Gesellschaft, die durch Sorgenlosigkeit und Bildung gekennzeichnet war. Verlobung und Vermählung, Testamente und Vermächtnisse, die Erkrankung eines Freundes oder der Todesfall in einer Familie, das erste Aufblühen dichterischen oder rhetorischen Genies, die ersten Stadien jugendlichen Ehrgeizes in der Ehrenlaufbahn, die mannigfaltigen Beschäftigungen, die das Leben in der Hauptstadt mit sich bringt, die feierliche Bestattung von berühmten Männern – derart sind die Themen von Plinius' Briefabhandlungen."[2]

Nach Abschluß seiner Erziehung fing die Laufbahn des Plinius in herkömmlicher Weise an. Er wurde Advokat am Zivilgerichtshof, einem niedrigeren Gerichtshof, wo Fälle bezüglich Eigentum und Erbschaft verhandelt wurden. Dort blieb er nur kurze Zeit, denn er hatte den Militärdienst noch nicht absolviert. Da militärische Erfahrung eine Voraussetzung für eine erfolgreiche politische Laufbahn war, ging Plinius nach Syrien, um bei einer dortigen Einheit als Tribun zu dienen. Jedoch der Militärdienst interessierte ihn wenig. Ohne den Wunsch, über Legionen zu befehligen oder Kriegsheld zu werden, entdeckte er, daß er auch beim Militär seine Verwaltungs- und Finanzfähigkeiten verwenden konnte. Er verschaffte sich eine Aufgabe fern von der Truppe, nämlich die amtliche Rechnungsprüfung bei Hilfslegionen.

Plinius' kurze Militärdienstzeit in Syrien war das einzige Mal in seinem Leben, daß er außerhalb Italiens lebte – bis zu seiner Ernennung zum Statthalter in Kleinasien im Jahre 111 n. Chr. Er pendelte hin und her zwischen Rom und seinen verschiedenen Landhäusern, gelegentlich besuchte er seine Heimatstadt Comum in Norditalien; aber fast bis zu seinem fünfzigsten Lebensjahr wohnte er, abgesehen von der kurzen Zeit beim Militär, nirgends sonst außer in Rom. Seine geographische Heimat war auch seine geistige. Plinius machte keine große Mittelmeerreise zum Vergnügen oder um Neues zu erleben; er reiste nicht nach Athen, wie einige Römer es getan hatten, um Philosophie zu studieren; er reiste auch nicht nach Ägypten, um nach der Weisheit des Orients zu suchen. Seine Welt war diejenige der privilegierten oberen Gesellschaftsschicht von Rom, seine Grundwerte waren die der politischen und moralischen Überlieferungen seiner Vorfahren, und sein geistiger Horizont war der der lateinischen rhetorischen Bildung. Zeitweise war er anscheinend mit einer Gruppe von Philosophen befreundet; aber Plinius und seine Freunde beschäftigten sich hauptsächlich mit der Politik und mit der Verwaltung der Staats- und Finanzangelegenheiten von Rom. Durch Erziehung und von Natur konservativ, hatte Plinius ein gesichertes Leben in der Welt, die er von seiner Familie, von seinen Mitaristokraten und seinen Landsleuten geerbt hatte. „Plinius bewegt sich unter aktiven Männern der Berufswelt, die ihre Verpflichtungen ernst nehmen; viele von ihnen verdanken ihre Stellung im Senat der Anerkennung ihrer Verdienste durch den Kaiser; und keiner kann es sich leisten, sein Kapital zu verschwenden oder seine Verpflichtungen zu vernachlässigen."[3]

Wie lange Plinius in Syrien blieb, wissen wir nicht. Anscheinend nach kurzer Zeit langweilte ihn das Leben in der Garnison, und er wollte dringend nach Hause zurückkehren, um seine politische Laufbahn bei der Regierung anzufangen. Nach Rom zurückgekehrt wurde er zum Quästor ernannt, dem ersten Amt auf der Ehrenleiter, und dem herkömmlichen Tor, durch das Männer auf dem Weg zum Senat gehen mußten. Plinius war Mitte zwanzig. Das Amt eines Quästors war eine niedrige Magistratur im Staatsdienst. Doch ist die Ernennung des Plinius darin ungewöhnlich, daß er als *quaestor augusti* (Quästor des Kaisers) bezeichnet wurde, eine Ehre, die Männern von hoher Geburt vorbehalten war. Zur Zeit als Plinius dieses Amt übernahm, regierte der grausame und rücksichtslose Cäsar Domitian. Als Quästor des Kaisers hatte Plinius die heikle Aufgabe, Domitians Botschaften dem Senat zu überbringen, wo auch viele seiner Feinde saßen. Doch Plinius konnte sich unter Domitian halten, ohne Zweifel zum Teil wegen seiner Jugend, aber auch, weil er schon die politische Kunst des Kompromisses und des Schmeichelns gelernt hatte.

Plinius kletterte schnell die politische Leiter hoch und wurde Volkstribun; ein Amt, das dem Namen nach bedeutender war als im tatsächlichen Einfluß. Aber auch das war nur ein Sprungbrett zu einer höheren Ernennung. Wie es seine Art war, nahm Plinius seine Stellung ernst. Später behauptete er etwas träumerisch, daß er als Tribun seine private Anwaltspraxis am Gerichtshof ganz aufgegeben hätte, um dem ganzen Volk zu dienen und „nicht bloß den Wenigen meinen beruflichen Dienst zu erweisen".

Nach seiner Amtszeit als Tribun wurde Plinius Prätor – das höchste Ehrenamt in Rom nach dem Konsul. Dann nahm er mehrere Verwaltungsstellungen bei der Regierung an – zunächst als Präfekt für Militärfinanzen und später als Präfekt des Staatsschatzes. In der ersten Stellung verwaltete er einen Rentenfonds für kriegsgeschädigte Soldaten. Diese Stellung hatte er bis zum Jahr 96 n. Chr., in dem Domitian ermordet wurde, inne. Obwohl Plinius es unter Domitian gut hatte, war für ihn wie für die meisten gut situierten Römer der Tod von Domitian eine Erleichterung. Domitian hatte Rhetoren und Philosophen aus Rom verbannt, willkürlich und unterschiedslos angesehene Bürger in die Verbannung geschickt, einige der eigenen Provinzstatthalter des Hochverrats beschuldigt und gute und fähige Männer aus dem öffentlichen Leben vertrieben. „Er beraubte Rom seiner besten und edelsten Söhne, ohne Widerstand zu finden. Keiner hat die Hand erhoben, um sie zu rächen", schrieb der Dichter Juvenal.

In dieser Atmosphäre von Angst und Verdächtigungen hüteten sich kluge Menschen, den Freunden ihre Meinung zu sagen, damit sie nicht als Verräter betrachtet und kurzerhand in die Verbannung oder in den Tod geschickt würden.

Im Jahre 100 n. Chr. wurde Plinius Konsul, zusammen mit seinem langjährigen Freund Cornutus Tertullus. Das Amt des Konsuls war größtenteils zeremonieller Natur und hatte wenig mit dem eigentlichen Regieren des Reiches zu tun. Die Amtszeit dauerte zwei Monate. Zu den Verpflichtungen des Konsuls gehörte es, im Senat den Vorsitz zu führen, Prozesse zu leiten und Spiele und Feste zu Ehren des Kaisers zu veranstalten. Aber wie bei vielen anderen, von Plinius bekleideten Ämtern bahnte auch dieses den Weg zu weiterer Beförderung. Nach dem Konsulat, dem letzten Amt auf der Ehrenleiter, war Plinius immer noch ein junger Mann – noch keine 40 Jahre alt. Er kehrte in die juristische Privatpraxis zurück, um auf eine neue Ernennung vom Kaiser zu warten. Seit Trajan im Jahre 98 n. Chr. den Kaiserthron bestieg, hatte Plinius darauf gewartet, zu einem der offiziellen Staatspriesterämter ernannt zu werden – eine übliche und begehrte Ehre.

Die Priesterämter, in vier Hauptgruppen eingeteilt, waren öffentliche Ämter für Personen von hoher Geburt, die der Stadt hervorragende Verdienste geleistet hatten. Daß es nur 60 Ämter gab für zwei- bis vierhundert Männer, die dafür in Frage kamen, machte die Ehre besonders begehrenswert. Oft mußte man jahrelang warten, bis ein solches Amt frei wurde. Da die Römer meinten, die offiziellen Kulte seien ein wesentlicher Teil des öffentlichen Lebens der Stadt, war es für sie selbstverständlich, daß die Priesterämter den in Gesellschaft und Politik hervorragendsten Gestalten angeboten werden sollten. Diese Praxis war durch Cicero verteidigt worden, der sagte, daß „die berühmtesten Bürger durch eine gute Staatsverwaltung die Religion und deren kluge Ausübung schützen" (*Dom.* 1). In Rom war die Ausübung der Religion eine öffentliche Angelegenheit.

Die Ernennung des Plinius ließ mehrere Jahre auf sich warten. Als sie jedoch ausgesprochen wurde, war sie mehr, als er gehofft hatte. Im Jahre 103 n. Chr. wurde er zur Übernahme der freigewordenen Stelle von Julius Frontinus berufen, einem vornehmen und berühmten Bürger, der das Augurenamt innegehabt hatte; dasselbe Priesteramt, das der große römische Staatsmann und Redner Cicero 150 Jahre davor bekleidet hatte. Und Plinius freute sich besonders darüber, daß er in jungen Jahren schon zum Auguren ernannt wurde. Der Vergleich mit Cicero ist ihm nicht entgangen. An einen Freund schrieb er: „Du wünschst mir Glück, daß ich die Augurwürde erhalten habe, und Du wünschst mir es mit Recht ... Wollte der Himmel, ich könnte, wie ich gleich ihm die Priesterwürde und auch das Konsulat selbst noch jünger als Cicero erlangte, so auch als Greis seinen Geist wenigstens in einiger Hinsicht erreichen" (*Ep.* 4.8). Diese Bemerkung klingt eitel und überheblich, doch darin waren die Römer nicht so empfindlich wie wir. Sie lobten ganz offen die eigenen Leistungen und genierten sich nicht, den Ruhm zu suchen. An einen anderen Freund, den Historiker Tacitus, schrieb Plinius: „Ich ahne – und meine Ahnung täuscht mich nicht –, daß Deine Geschichtswerke unsterblich sein werden; um desto mehr wünsche ich, ich bekenne es freimütig, in diesen aufgenommen zu werden" (*Ep.* 7.33).

Kurz nach seiner Ernennung zum Auguren wurde Plinius zum Vorsitzenden des Tiber-Verwaltungsrats berufen, der dafür zuständig war, die Flußufer und die Kanalisation von Rom in gutem Zustand zu erhalten. In einer modernen Stadt wäre er Leiter des Gesundheits- oder des Umweltschutzamtes gewesen. Die Fähigkeiten des Plinius lagen auf den Gebieten der Geldwirtschaft, der Verwaltung und des Rechts; er konnte diese Fähigkeiten in verschiedenen Verwaltungstätigkeiten einsetzen. Als ein Mann der Praxis und des Geschäfts war er für die Stelle durchaus geeignet, an dieser Herausforderung hatte er seine Freude.

Schließlich wurde er jedoch auch hier unruhig, nicht so sehr wegen seines Amtes, als vielmehr durch seinen Ehrgeiz. Er wurde sich darüber klar, daß er bald jenes Lebensalter erreicht haben würde, wo ein hohes politisches Verwaltungsamt zu erwarten sein sollte. Für einen Mann in seiner Lage würde der wahrscheinlichste nächste Schritt eine Stellung als Statthalter in einer der Provinzen sein. In Erwartung einer solchen Ernennung zeigen seine Briefe ein wachsendes Interesse an Angelegenheiten der Provinzen, sodaß er mit den Vorbereitungen für ein solches Amt immer mehr in Anspruch genommen wurde. Plinius wurde nicht enttäuscht. Im Jahre 109 (oder 110) wurde er zum persönlichen Gesandten des Kaisers in der asiatischen Provinz von Bithynien-Pontus ernannt. Damit wurde er Mitglied eines vornehmen Klubs von mehreren Dutzenden von Männern, die in fernen Ländern Roms Macht ausübten und die in den Provinzen Symbole der Autorität sowie Richter und Schiedsrichter in

Rechtsstreitigkeiten waren. In der Annahme, daß dies seine letzte Stellung vor dem Ruhestand sein würde, war Plinius entschlossen, seiner Laufbahn durch eine hervorragende Amtszeit ihren Höhepunkt zu setzen. Er wollte kein „häßlicher Römer" sein, seine Herrschaft sollte klug, gerecht, verständnisvoll und ehrlich sein und die Ortstraditionen achten. In einem Brief an einen Freund, der die Provinz Achaia in Griechenland regierte, stellte Plinius die Grundsätze auf, die seines Erachtens dieses Amt bestimmen sollten. Diesem Freund Maximus legte er nahe, die Ortsgötter zu achten, die Vergangenheitslegenden des Volkes zu ehren, seine Würde oder seinen Stolz nicht zu schmälern und nicht anmaßend zu sein.

„Kann wohl der Mann verächtlich werden, der die höchste Gewalt und den Herrscherstab führt, wenn er nicht sonst ein niedriger, schmutziger Mensch ist und sich selbst zuerst verächtlich macht? Es ist nicht gut, wenn die Obergewalt ihre Stärke in der Mißhandlung anderer Menschen versucht; nicht gut ist es, wenn man durch Schrecken sich Ansehen verschafft; denn Liebe ist viel wirksamer als Furcht, um das zu erlangen, was man will. Die Furcht weicht, wenn man sich entfernt; die Liebe aber bleibt; wie jene in Haß übergeht, so geht diese in Hochachtung über. Vor allem aber obliegt es Dir, ich sage es noch einmal, eingedenk der Bestimmung Deines Amtes zu sein und Dir selbst zu verdeutlichen, welch ein gewichtiger Auftrag es ist, die Verfassung freier Staaten zu ordnen. Denn was ist gemeinnütziger als die Bürgerverfassung und was kostbarer als die Freiheit?" (*Ep.* 8.24)

Solche Gedanken hegte Plinius, als er begann, Pläne für seine Reise nach Kleinasien zu machen.

Die Reisen eines Provinzstatthalters

Bithynien-Pontus lag an der Nordküste Kleinasiens. Zwei Provinzen, jede mit der eigenen Geschichte vor ihrer Einverleibung in das Römische Reich, jetzt aber in einer Verwaltungseinheit miteinander verbunden, umfaßten einen schmalen, 50 bis 70 Meilen breiten Landstreifen am Südufer des Schwarzen Meeres. Bithynien im Westen war dichter bevölkert und stärker griechisch geworden, während Pontus nur wenige größere Städte hatte und immer noch Spuren der ursprünglichen Kultur zeigte. Es war ein gebirgiges Land, doch durch

Täler und Flachland unterbrochen, die sich für den Ackerbau eigneten; es gab genügend Weideland. Die Wolle von den Schafen war sehr gefragt, besonders in den Nachbarprovinzen, wo sie knapp war. Reiche Wälder auf den Bergen lieferten gutes Holz für den Schiffsbau und für die Herstellung von Möbeln. Nach dem Geographen Strabo (*Geographia* 12.3.2) eigneten sich besonders der Ahorn und der Bergnußbaum für die Möbelherstellung. Der ertragreiche Boden und der gute Fischfang in den Küstengewässern machte Bithynien-Pontus für die römische Welt wirtschaftlich bedeutend.

Im Jahre 75 v. Chr. hatte Nicomedes IV., König von Bithynien, sein Reich an Rom übergeben, als die Römer dabei waren, das Reich ins östliche Mittelmeer auszudehnen. Einige Jahre später, im Jahre 64 v. Chr., annektierte Rom auch die Region Pontus. Während der Neugestaltung des Reiches unter Pompejus im Jahre 27 v. Chr. wurde das Gebiet eine Senatsprovinz; das heißt, daß ihr Statthalter vom Senat ernannt wurde und ihm, nicht dem Kaiser verantwortlich war. Trajans Entschluß, Anfang des 2. Jahrhunderts n. Chr. Plinius als seinen persönlichen Gesandten zu schicken, deutet darauf hin, daß er glaubte, die Provinz bedürfte einer viel genaueren Aufsicht als bisher.

Plinius traf in Bithynien ein zu einer Zeit, die Edward Gibbon die glücklichste in der Geschichte der Menschheit nannte: „Im zweiten Jahrhundert der christlichen Zeitrechnung", schrieb er, „umfaßte das Römische Reich die schönsten Länder der Erde und den zivilisiertesten Teil des Menschengeschlechts. Alter Ruhm und disziplinierte Tapferkeit wachten an den Grenzen dieser ausgedehnten Monarchie. Der gelinde, aber mächtige Einfluß der Gesetze und Sitten hatte die Vereinigung der Provinzen allmählich festgekittet. Ihre friedfertigen Einwohner genossen, aber mißbrauchten auch die Vorteile des Reichtums und des Luxus. Das Scheinbild einer freien Verfassung wurde mit loyaler Haltung beibehalten, es hatte den Anschein, als ob der römische Senat die souveräne Macht besäße und den Kaisern die ganze vollziehende Gewalt nur übertrüge. Während einer glücklichen Periode von mehr als 80 Jahren wurde die öffentliche Gewalt durch die Tugenden und Talente eines Nerva, Trajan, Hadrian und der beiden Antonine geleitet."[4]

Gibbons begeisterte Beschreibung des 2. Jahrhunderts ist übertrieben, aber aus der Sicht des Plinius dürfte die Schilderung des damaligen Lebens nicht weit von der Wahrheit sein. Die Unruhe der vergangenen 50 Jahre – Streit und Uneinigkeit zu Hause, Unruhen an den Grenzen, Bürgerkrieg und vor allem die Bitterkeit und der Ärger über die willkürliche und unberechenbare Herrschaft von Domitian – war einer Zeit des Friedens, des Wohlstandes und der Stabilität gewichen. Der Kaiser Trajan, obwohl nur ein Soldat aus Spanien, war späteren Generationen als Symbol der Güte im Gedächtnis geblieben. Der alte griesgrämige Satiriker Juvenal hat wohl gedacht, daß die Welt aus den Fugen geraten sei – all diese Griechen und Syrer, die Rom mit ihren fremden und geheimen Bräuchen füllten. Aber Plinius unterstützte und förderte die neue Generation, er glaubte nicht, daß die Männer der Vergangenheit besser waren als die Männer der Gegenwart. Er schaute hinaus auf eine Welt, wo es allgemein besser ging als seit Generationen.

Die Städte in dem Gebiet, wohin Plinius entsandt wurde, gediehen. Aber einige hatten ihre Geldmittel mißbraucht. Sie waren offensichtlich bestrebt, ihre Nachbarn mit einem neuen Amphitheater oder einem geräumigen Gymnasion auszustechen. Doch einigen Städten fehlten einfach die Geldmittel zur Durchführung ihrer Bauprojekte. So wurde Bauerlaubnis verlangt, um dem Bauen Einhalt zu gebieten, wo „es sich um das Wetteifern mit einer anderen Stadt handelt". Das normale Bauen blieb unkontrolliert, aber die Konkurrenzbauten wurden eingeschränkt. „Diese armen Griechen lieben alle ein Gymnasion", sagte der Kaiser Trajan. Die Rivalität dieser alten Städte erinnert an heutige Großkonzerne, die in schimmernden Glastürmen, umgeben von rosaroten Terrazzos, Springbrunnen aus Marmorstein und Bronzeskulpturen, ihre Selbstdarstellung zur Schau bieten.

Ein Hauptgrund für die Entsendung des Plinius nach Bithynien-Pontus war es, die Städte zu inspizieren und ihnen bei ihren finanziellen Problemen zu helfen. Doch es gab auch andere Probleme. Dem Kaiser war über politische Unruhe und Zwietracht berichtet worden. Dio Chrysostomus, ein Zeitgenosse von Plinius, war ob der wachsenden Zahl politischer Gruppen besorgt, die miteinander wetteiferten und unnötige Spaltungen in den Städten verursachten. Aufruhr ist vielleicht ein zu starkes Wort. Aber Dio war so besorgt, daß er eine Anzahl öffentlicher Reden hielt, in denen er davor warnte, die Angelegenheiten der Stadt „vermittels politischer Klubs" zu verwalten (*Or.* 45.8). Um wieviel besser wäre es, sagte er, wenn die Bürger in Eintracht miteinander lebten statt einander zu beschimpfen. Es gab auch Anzeichen für soziale Unruhen. Nach einer beträchtlichen

Preissteigerung in Nikomedia, einer der bedeutenderen Städte in Bithynien, fand es der dortige Stadtrat schwer, die Bevölkerung unter Kontrolle zu halten. Er mußte den römischen Prokonsul bitten, die Autorität wiederherzustellen. Es kann sein, daß es eine der Anweisungen Kaiser Trajans an Plinius war, alle „Vereinigungen" oder „Klubs" – ob politischer Natur oder nicht – aufzulösen, in der Hoffnung, damit in der Provinz die Ordnung aufrechtzuerhalten.

Als Statthalter hatte Plinius folgende Aufgaben: a) die Unregelmäßigkeiten bei der Verwaltung von Geldern zu untersuchen (einige Städte waren am Rande des Bankrotts); b) die Stadtverwaltungen zu untersuchen; c) jede politische oder latent politische Unruhe zu bekämpfen; d) schwebende Kriminalfälle zu behandeln; e) die militärische Lage in den Provinzen zu untersuchen.

In Prusa, einer im westlichen Teil von Bithynien liegenden Stadt, begann Plinius seine Reise durch die Provinz. Seine Tätigkeit dort erläutert anschaulich die Probleme, vor denen er als Statthalter stand, aber auch seinen Verwaltungsstil. Bei der Prüfung der Finanzen von Prusa entdeckte er, daß einzelne Privatpersonen Gelder der öffentlichen Hand veruntreut hatten, die für Bauprojekte vorgesehen waren. Er schrieb dies an Trajan, der ihm riet, die Finanzen der Stadt in Ordnung zu bringen. Dann erfuhr er, daß es ein Problem mit den Wärtern des Ortsgefängnisses gab. Auch dies schrieb er an Trajan und bat um eine Anweisung. Ein Präfekt von der Küste kam zu Plinius mit der Bitte, ihm mehr Soldaten zuzuteilen. Trajan antwortete, daß auch er von dem Präfekten gehört hätte; Plinius solle selbst entscheiden, ob der Präfekt tatsächlich mehr Soldaten benötige oder ob er einfach seine Autorität erweitern wolle. „Wir müssen uns einzig und allein um das öffentliche Wohl kümmern", schrieb Trajan, „und uns möglichst an die Regel halten, daß Soldaten nicht aus dem aktiven Dienst abgezogen werden dürfen." Schließlich inspizierte Plinius die öffentlichen Thermen und sandte das Ersuchen der Stadt nach Rom, neue Thermen bauen zu dürfen. Trajan antwortete, daß die Stadt die Thermen bauen dürfe, wenn das keine zu starke Inanspruchnahme der Stadtfinanzen bedeuten würde (*Ep.* 10.17–24). Derartige Angelegenheiten nahmen seine Zeit und seine Kraft in Anspruch, als Plinius in die nächste Stadt auf seinem Reiseplan, nach Nikomedia, aufbrach.

Nikomedia war die Hauptstadt der Provinz von Bithynien; sie war lange Zeit eine der Lieblingsstädte der römischen Kaiser gewesen. Schon zur Zeit von Cäsar Augustus hatten ihre Bürger einen

Tempel zu Ehren Roms und einen zu Ehren des Augustus errichtet. Über viele Jahre überragte Nikomedia seine Nachbarstädte in der Größe und in der Zahl seiner öffentlichen Bauten. Trotzdem wurde mit den Finanzen nicht gut gewirtschaftet. Es gab soziale Probleme, zum Beispiel fast einen Aufruhr wegen knapper Lebensmittel, wie schon erwähnt. Als Plinius zum ersten Mal dort ankam, regelte er eine Anzahl gewöhnlicher Angelegenheiten. Doch während eines kurzen Abstechers nach Claudiopolis, einer in der Nähe liegenden Stadt, entstand ein akutes Problem: Ein Großfeuer hatte die Stadtmitte verwüstet und mehrere Privathäuser, ein Klubhaus für ältere Bürger und einen großen Isistempel vernichtet. Nachdem er die Nachwirkungen des Feuers untersucht hatte, kam er zu dem Schluß, daß dieser umfangreiche Schaden vermeidbar gewesen wäre, wäre das Volk dafür besser organisiert gewesen, Feuer zu bekämpfen. Es gab keine organisierte öffentliche Feuerwehr, und da niemand dafür verantwortlich war, wurde auch nichts zur Bekämpfung des Feuers getan. „Denn es ist hinlänglich erwiesen, daß die Menschen sich als müßige Zuschauer eines so großen Unglücks verhielten, ohne sich zu rühren. Überdies war nirgends in der Stadt eine Wasserpumpe, nirgends ein Wassereimer; kurz, es war kein einziges Werkzeug vorhanden, um dem Brand Einhalt zu gebieten. Diese Werkzeuge werden nun, wie ich bereits befohlen habe, angeschafft" (*Ep.* 10.42).

Sollte es nicht irgendeine öffentliche Organisation für die Feuerabwehr geben? Plinius meinte, die vernünftigste Lösung wäre, „eine Zunft von Zimmerleuten *(collegium fabrorum)* zu errichten, um zukünftiges Unheil zu vermeiden". In den westlichen Provinzen und in Rom gab es normalerweise eine derartige Feuerwehr. In seinem Brief an Trajan bittet er um desgleichen: „Du aber, Herr, mögest ermessen, ob man eine Zunft von Feuerwehrleuten, wenn auch nur von hundertfünfzig Mann, errichten sollte. Ich würde darauf achten, daß niemand, der nicht wirklicher Feuerbekämpfer ist, darin aufgenommen werde und daß er die ihm gestatteten Rechte zu etwas anderem mißbrauche. Auch wird es nicht schwer sein, eine so geringe Anzahl Personen unter Aufsicht zu halten" (*Ep.* 10.42).

Die Bitte klingt harmlos. Doch die vorsichtige Formulierung des Briefes deutet darauf hin, daß Plinius wußte, Trajan könnte gegen die Errichtung jeder Zunft sein, ganz gleich wie harmlos sie auch scheinen mag. Es waren gerade solcherart Zünfte, ursprünglich für nichtpolitische Zwecke errichtet, die in der Provinz zu Unruhen geführt hatten.

Daher waren seit den Tagen der ehemaligen Republik die Tätigkeiten von Vereinigungen und Zünften eingeschränkt worden. Alle bedurften einer behördlichen Genehmigung, um zu verhindern, daß solche Klubs zu politischen Problemen führten. Doch Trajan glaubte, größere Einschränkungen seien notwendig:

„Du bist zwar nach dem Vorbild mehrerer anderer auf den Gedanken gekommen, daß man eine Gilde von Feuerwehrleuten bei den Nikomediern errichten könne. Allein, laß uns bedenken, daß jene Provinz und vorzüglich diese Städte durch dergleichen Vereinigungen schon gelitten haben. Welchen Namen wir auch aus was für einem Beweggrund solchen Vereinigungen geben wollen, es werden daraus Körperschaften, wenn auch nur auf kurze Zeit, entstehen. Besser ist es daher, das anzuschaffen, was zur Löschung des Feuers von Nutzen sein könnte, und die Besitzer der Grundstücke aufzufordern, daß sie teils selbst Hand anlegen, teils, wenn es die Sache erfordern sollte, sich des herbeigelaufenen Volkes bedienen" (*Ep.* 10.43).

Der Ausdruck, der in diesem Brief für „Klub" *(hetaeria)* gebraucht wird, ist dasselbe Wort, das Plinius später verwenden wird, als er an Kaiser Trajan über die Christen schrieb. Es mag überraschen, daß derselbe Ausdruck, der für eine Vereinigung von Feuerwehrleuten gebraucht wird, auch verwendet wird, um eine Gruppe von Christen zu beschreiben. Aber unter den Umständen und aus der Sicht des Plinius war die Bezeichnung angemessen, wie wir sehen werden, wenn wir im nächsten Kapitel diesen Aspekt seines Briefes erörtern. Trajan hatte also gute Gründe, die Errichtung einer Vereinigung von Feuerwehrleuten zu verbieten. Vereinigungen dieser Art, die von Mitgliedern desselben Handwerks oder derselben Beschäftigung errichtet wurden, beschränkten ihre Tätigkeiten nicht auf Angelegenheiten von „beruflichem" Interesse. Die Klubs waren auch gesellschaftliche Einrichtungen; die Mitglieder trafen regelmäßig zusammen zum Essen und Trinken, zur Unterhaltung und Entspannung und um sich in schlechten Zeiten gegenseitig zu unterstützen. Infolgedessen waren sie ein natürlicher Nährboden für das Nörgeln über die Verwaltung der städtischen Angelegenheiten; oft griffen sie in die Politik ein. Solche Klubs präsentierten ihre Kandidaten für ein Amt in der Stadt, sie führten Wahlkämpfe und schrieben Wahlsprüche an die Wand von Gebäuden. Alte Inschriften bezeugen die politische Tätigkeit solcher Vereinigungen: „Einmütig empfehlen die Obsthändler die Wahl von Marcus Holconius Priscus zum Duovir mit richterlicher Gewalt." – „Einmütig empfehlen die Goldschmiede die Wahl von Gaius Cuspius Pansa zum Aedil." – „Einmütig empfehlen die Isisverehrer die Wahl von Gnaeus Helvius Sabinus zum Aedil."[5] Trajan glaubte also, die Klubs in Bithynien wären außer Kontrolle geraten; daher wollte er ihrem Wachstum Einhalt gebieten.

Nachdem er mehr als ein Jahr in der westlichen Hälfte der beiden Provinzen verbracht hatte, machte sich Plinius allmählich auf den Weg zu den fernen Städten in Pontus im Osten. Hier fand er ähnliche Probleme wie in Bithynien. In Sinope, einer schönen Stadt auf einer Halbinsel im Schwarzen Meer und einer der Haupthandelsstädte der Region – es war auch die Heimat von Marcion, einem frühchristlichen Häretiker –, wurde Plinius einem Problem gegenübergestellt, das die Wasserversorgung für die Stadt betraf. Sofort ging er daran, das Sinope umliegende Gelände zu untersuchen. Dann schlug er vor, daß man den Boden, der sehr sumpfig war, prüfen sollte, um herauszufinden, ob er das Gewicht einer Wasserleitung tragen konnte, die frisches Wasser in die Stadt bringen würde (*Ep.* 10.90–91). Trajan hatte offensichtlich den richtigen Mann nach Bithynien geschickt, denn mit derartigen Problemen fertig zu werden, war Plinius gut vorbereitet.

Dann setzte Plinius seine Reise weiter ostwärts entlang der Küste fort und erreichte Amisus, eine alte griechische Stadt, die im 1. Jahrhundert v. Chr. unter römische Herrschaft gefallen war. Dort mußte er sich mit einer Situation befassen, die der in Nikomedia ziemlich ähnlich war. Die Bürger der Stadt hatten eine Bitte vorgebracht, daß „Wohltätigkeitsvereine" erlaubt werden. Obwohl Trajan in einem früheren Erlaß ganz klar verordnet hatte, daß neue Vereinigungen nicht erlaubt sein würden, schickte Plinius trotzdem die Bitte an den Kaiser weiter; und zwar wegen des einmaligen Status der Stadt. Amisus war eine „freie und verbündete Stadt", das heißt, daß sie Sonderprivilegien besaß – vornehmlich die Befreiung vom Eingreifen des Provinzstatthalters in die inneren Angelegenheiten. Es wurde ihr gestattet, die eigenen Gesetze zu befolgen wie es vor der Herrschaft der Römer war. Nur die Außenpolitik war der römischen Herrschaft untergeordnet. Aus diesem Grund war sich Plinius klar darüber, daß jeder Versuch, den kaiserlichen Erlaß über Vereinigungen durchzusetzen, bei den Bürgern eine heikle Sache war. Ein weiterer Umstand, der Plinius bei der Handhabung der Angelegenheit beeinflußt hatte, war der, daß die Vereine, um deren Zulassung die Bürger gebeten hatten, „Wohltätigkeitsvereine" waren. Er gebraucht den Ausdruck „*eranus*" dafür, ein anderes Wort als der etwas mehr politische Ausdruck „*hetaeria*". Wohltätigkeitsvereine waren von ganz besonderer Art. Gewöhnlich setzten sie sich größtenteils aus armen Leuten zusammen, die sich zusammentaten, um einander zu helfen, besonders bei der Bestreitung von Bestattungskosten oder in Zeiten der Not. Jedoch trafen sie sich auch zu gemeinsamen Mählern und zur Unterhaltung und konnten unter Umständen genauso politische Spaltungen verursachen wie die Gruppe in Nikomedia.

Also schrieb Plinius an Trajan, um die Bitte der Bürger zu übermitteln. Trajan antwortete: „Wenn es den Amisenern, deren Schrift Du Deinem Bericht beigefügt hast, nach den Gesetzen, welcher sie sich kraft ihres Bündnisses (mit uns) bedienen, gestattet ist, Kollekten zu veranstalten, so können wir nicht hindern, daß sie dieses tun; umso mehr, wenn sie dergleichen Sammlungen nicht für unzüchtiges Handeln und für unerlaubte Zusammenkünfte, sondern zur Steuerung der Not bei Hilfsbedürftigen anwenden. In den übrigen Städten, die an unsere Gesetzgebung gebunden sind, muß man dergleichen Dinge zu verhüten suchen" (*Ep.* 10.94). Obwohl es Trajan offensichtlich lieber gewesen wäre, die Tätigkeit von privaten Vereinigungen in allen Städten einzuschränken, hat er die Vereinigung in Amisus nicht verboten. Er wußte, daß solche Vereine gefährlich werden könnten; doch er achtete den einzigartigen Status von Amisus.

Eine christliche „Vereinigung"

Nach Amisus ist die Reiseroute des Plinius ungewiß. Der nächste geographische Hinweis in seinen Briefen betrifft Amastris (*Ep.* 10.99), eine Stadt fast 100 Meilen westlich von Amisus auf dem Weg zurück nach Bithynien. Zwischen dem in Amisus geschriebenen Brief und dem Brief aus Amastris schrieb Plinius seinen berühmten Brief (*Ep.* 10.97) über die Christen. Da er die Stadt nicht erwähnt, aus der er schrieb, wohl in der Annahme, daß Trajan wisse, wo er war, können wir nicht sagen, ob sich Plinius in Amisus, in Amastris oder in einer anderen dazwischenliegenden Stadt mit den Christen befaßte. Wir können nur sagen, daß der Brief im Herbst des Jahres 112 n. Chr. aus einer der Küstenstädte von Nordpontus geschrieben wurde.[6]

Kurze Zeit nach der Ankunft des Plinius in der Stadt hat sich eine Gruppe von Bürgern an ihn gewandt, um sich über „Christen" zu beschweren, die in der Nähe wohnten. Was genau die Beschwerde war, wissen wir nicht. Aber aus mehreren in dem Brief enthaltenen Andeutungen kann man schließen, daß die Anklage von Kaufleuten vorgebracht wurde, vielleicht von Metzgern und anderen, die mit dem Schlachten und dem Verkauf von Opferfleisch zu tun hatten. Das Geschäft war nicht gut, weil die Leute keine Opfer brachten. Gegen Ende des Briefes, der erst geschrieben wurde, nachdem sich Plinius mit dem Problem befaßt hatte, bemerkte er, daß „das Fleisch von Opfertieren überall zu kaufen ist, obwohl es bis vor kurzem kaum jemand kaufen wollte". Zweifellos hatte es zwischen Christen und anderen Bewohnern in der Stadt Streit gegeben. Dies war aber ungewöhnlich. In den meisten Gebieten des Römischen Reiches lebten Christen eher ruhig und friedlich unter ihren Nachbarn und gingen ungestört ihren Angelegenheiten nach. Im ersten Petrusbrief jedoch, der gegen Ende des 1. Jahrhunderts an Christen, die in Pontus und Bithynien (und auch in anderen Orten in Kleinasien) wohnten, geschrieben wurde, wird erwähnt, daß Leute „euch [Christen] als Übeltäter verleumden" (1 Petr 2,12).[7] Aber nur in den Orten, wo es Konflikte gab, waren die Ortsrichter gezwungen, Anklagen gegen die Christen vorzubringen oder einen Prozeß einzuleiten. Was genau die Feindseligkeit in Pontus verursacht hatte, sagt Plinius nicht.

Dem Plinius war das Christentum nicht unbekannt. Aber in keinem der übrigen Briefe werden Christen erwähnt; und seine Kenntnisse über die neue Bewegung müssen gering und größtenteils vom Hörensagen gewesen sein.

„Nie bin ich bei Untersuchungen über Christen zugegen gewesen. Ich weiß also nicht, was und inwiefern man hier zu strafen oder zu untersuchen pflegt. Auch darüber bin ich in keiner geringen Ungewißheit, ob das Alter hier einen Unterschied macht oder ob selbst noch so zarte Personen sich in nichts von gereifteren unterscheiden; ob der Reue Verzeihung gebühre oder ob es einer Person, wenn sie jemals Christ war, nicht zustatten komme, wenn sie wieder abfiel; ob der Name allein, auch wenn die Person frei von Verbrechen ist, ein Gegenstand der Bestrafung sei, oder ob es nur die Verbrechen *(flagitia)* sind, die mit dem Namen zusammenhängen" *(Ep.* 10.97).

Plinius wußte von früheren Gelegenheiten, daß sich römische

Beamte mit störenden ausländischen religiösen Gruppen befassen mußten – zum Beispiel mit den Druiden, den Bacchanten, den Juden. Der römische Historiker Livius, dessen Werke Plinius kannte, berichtet über einen besonders gut bekannten Fall Anfang des 2. Jahrhunderts v. Chr., als der römische Senat die Verbreitung der bacchantischen Feiern in Italien verbot. Die nächtlichen Riten des Kults, die aus Griechenland nach Etrurien in Italien verpflanzt worden waren, entsetzten das nüchterne römische Empfinden. Nach Livius umfaßte der geheime Ritus die „Freude des Weins und des Festmahls" und ekstatische Tänze im Wald außerhalb der Stadt. Die Schilderung der bacchantischen Orgien im Geschichtswerk des Livius, das während der Herrschaft von Augustus (27 v. Chr. bis 14 n. Chr.) geschrieben wurde, beeinflußte die spätere römische Einstellung gegenüber ausländischen religiösen Gruppen. Einige der von Livius berichteten Dinge, z. B. daß sich Männer und Frauen in kultischen Orgien wahllos sexuell vereinigten und dabei die Sittsamkeit preisgaben, erscheinen auch in Berichten über die Christen. Im Falle der Bacchanten sind die römischen Behörden energisch vorgegangen; die „Bacchanalien" wurden aus Rom und aus Italien verbannt. Die einzige Konzession war die: Wenn der Ritus schon lange Zeit ausgeübt wurde und deshalb zur Tradition geworden war, war er erlaubt. Aber die Teilnehmer mußten sich vor dem Prätor der Stadt eintragen, der seinerseits dem Senat in Rom darüber berichten mußte. Die Zahl der Teilnehmer sollte genau begrenzt werden. Der Kultgemeinde wurde es nicht gestattet, „eine gemeinsame Kasse, einen Leiter der Opfer oder einen Priester" zu haben (*Livius* 39.18).

Als Plinius über die Anwesenheit einer christlichen Gruppe in Bithynien in Kenntnis gesetzt wurde, ist es möglich, daß er Ähnlichkeiten zwischen den Christen und den Bacchanten gesehen hat. Er wußte, daß Christen zur Feier eines geheimen Ritus zusammentrafen; und er muß sich wohl gefragt haben, was bei diesen Zusammenkünften vor sich ging. Möglich, daß er auch andere Gerüchte über diesen neuen Kult gehört hat. Er hat angedeutet, er erwarte, den Beweis dafür zu finden, daß sich Christen „Verbrechen" schuldig gemacht hätten. Allerdings hat er diese Verbrechen nicht näher beschrieben. Es hätten übliche Verbrechen wie Raub, Diebstahl, Ehebruch und Betrug sein können. Aber er könnte auch Geschichten von sexuellen Orgien und rituellem Kindermord bei christlichen Zusammenkünften gehört haben.

Denn kurze Zeit nach Plinius wurden Christen beschuldigt, geheime Riten zu feiern, sexuelle Orgien abzuhalten und rituelle Festmähler mit Menschenfleisch zu veranstalten; die sogenannten „Thystesfestmähler" (Thystes, der die Frau seines Bruders verführt hatte, wurde zu einem Festmahl eingeladen, bei dem ihm seine Söhne aufgetischt wurden) und „Ödipusvereinigungen" (Athenagoras, *Legatio* 3.1; 31–32). Gegen Ende des 2. Jahrhunderts waren derartige Beschuldigungen weit verbreitet. Wir wissen nicht, ob zur Zeit des Plinius Geschichten dieser Art schon im Umlauf waren. Aber ein Satz in seinem Brief an Kaiser Trajan, daß Christen lediglich „ein gemeinschaftliches und unschuldiges Mahl einnahmen", läßt vermuten, daß er Gerüchte über dunkle Aktivitäten bei den Zusammenkünften der Christen gehört haben mag. Beschuldigungen der Unsittlichkeit und der Zügellosigkeit wurden oft gegen abweichende Personen oder Gruppen vorgebracht.

Die späteren Berichte über die Ausschweifungen der Christen sind oft sehr genau, und die Beschuldigungen folgen einem gemeinsamen Muster. Zum Beispiel ein griechischer Roman, von einem gewissen *Lollianus* geschrieben und kürzlich auf einem Papyrus aus dem 2. Jahrhundert n. Chr. zu Köln entdeckt, könnte etwas Licht auf den Hintergrund der Beschuldigungen werfen, daß Christen sich an sexuellen Orgien und an Ritualmord beteiligten. Der Papyrus beschreibt einen Einweihungsritus, der den Ritualmord eines Knaben, die Entfernung des Herzens des Opfers, einen Eid, das Verzehren des Herzens und das Trinken des Blutes sowie eine sexuelle Orgie umfaßt. Der Ritualmord wird folgendermaßen beschrieben:

„In diesem Augenblick traf noch ein nackter Mann ein mit einem purpurnen Gürtel um die Lenden. Er warf den Leichnam des Knaben auf den Rücken, schlug auf ihn ein, öffnete ihn, entfernte das Herz und legte es über das Feuer. Dann nahm er das gebratene Herz vom Feuer und schnitt es in zwei Hälften. Er sprenkelte es mit Gerstenmehl und tauchte es in Öl ein. Als es genügend zubereitet war, teilte er den Eingeweihten Stücke davon aus. Und als sie diese (in den Händen) hielten, ließ er sie bei dem Blut des Herzens einen Eid leisten, keinen im Stich zu lassen und keinen zu verraten – auch dann nicht, wenn sie verhaftet oder gefoltert oder ihnen die Augen ausgestochen würden."[8]

Natürlich können wir nicht sagen, ob Plinius einen derartigen grausamen Kult im Sinne hatte. Wenn ja, würde das erklären, warum er so übereilt handelte. Aber es scheint unwahrscheinlich. Wohl wissen wir, daß derartige Beschuldigungen später gemacht wurden. *Minucius Felix*, ein lateinischer Apologet der Christen aus dem 3. Jahrhundert, gab einen düsteren Bericht über christliche Zügellosigkeit wieder, den er angeblich von *Marcus Cornelius Fronto* (100–166 n. Chr.), einem lateinischen Rhetor und dem Lehrer des Marcus Aurelius, erhalten hatte:

„Ein kleines Kind wird mit Mehl überschüttet, um den Nichtsahnenden zu täuschen. Dann wird es der Person übergeben, die in die Riten eingeweiht werden soll. Der Neuling wird aufgefordert, auf das Kind einzuschlagen. Wegen der Mehlüberdeckung scheinen die Schläge harmlos zu sein. So wird das Kind durch Verwundungen getötet, die unsichtbar und versteckt bleiben. Das Blut dieses Kindes ist es – es schaudert mich bei der Erwähnung –, dieses Blut ist es, das sie mit gierigen Lippen lecken; das sind die Glieder, die sie so eifrig austeilen; dies ist das Opfer, mit dem sie ihr Bündnis besiegeln ...

An einem bestimmten Tag versammeln sie sich zu einem Fest mit sämtlichen Kindern, Schwestern, Müttern – jeden Geschlechts und Alters. Erhitzt durch ein Festmahl fangen sie an, vor blutschänderischen Begierden zu brennen. Einen an die Stehlampe angebundenen Hund treiben sie dazu an, nach einem Stückchen Futter zu springen, das sie außer Reichweite seiner Kette hingeworfen haben. Hierdurch wird die Lampe umgestoßen und das Licht erlöscht – und damit auch die allgemeine Kenntnis ihrer Handlungen. Im schamlosen Dunkel paaren sie sich aufs Geratewohl mit unsagbarer Wollust, wobei sich alle der Blutschande schuldig machen, einige durch die Tat, aber jeder durch die Mitschuld..." (*Octavius* 9.5–6).[9]

War der Verdacht einmal erregt, daß Christen sich an solchen heimlichen Riten beteiligen, konnten sich derartige Geschichten verbreiten. Allerdings darf man die Möglichkeit nicht ausschließen, daß es für solche Beschuldigungen auch reelle Gründe gab. Eine Anzahl christlicher Schriftsteller erwähnt derartige Riten, die von gewissen christlichen Sekten praktiziert wurden; zum Beispiel von der gnostischen Sekte der *Karpokraten*. *Klemens von Alexandrien*, der Anfang des 3. Jahrhunderts schrieb, sagt, daß die Karpokraten ein „Liebesfest" feierten, bei dem die Teilnehmer Geschlechtsverkehr hatten, „wann immer und mit wem immer sie wollten" (*Strom.* 3.2.10). *Justinus der Märtyrer*, der Mitte des 2. Jahrhunderts schrieb, hatte Geschichten über christliche Gruppen erfahren, die „die Lampe umstießen", um freien Geschlechtsverkehr zu betreiben und Menschenfleisch zu verzehren (*I. Apol.* 26.7). Er war darüber besorgt, daß Leute glauben könnten, dieses Benehmen sei für alle Christen typisch. Aber der dramatischeste Bericht stammt von einem späteren christlichen Autor, *Epiphanius von Zypern*, der behauptet hat, von einer christlichen Gruppe der *Philibioniter* Kenntnis zu haben, die rituellen Geschlechtsverkehr und das Verzehren eines ungeborenen Kindes praktizierten:

„Als sie so zusammen aßen und sozusagen ihre Adern aus dem Überfluß ihrer Kraft auffüllten, wandten sie sich dem Aufregenden zu. Der Mann, indem er seine Frau verläßt, sagt zur eigenen Gattin: ‚Steh auf und feiere mit dem Bruder das Liebesfest.' Dann vereinigen sich die Unglücklichen. Und da ich, offen gesagt, mich schäme, die unanständigen Dinge zu erwähnen, die sie betreiben – denn nach dem heiligen Apostel ist es schon unanständig, die Dinge auch nur zu erwähnen, die durch sie geschehen; und trotzdem will ich mich nicht schämen, diejenigen Dinge zu sagen, die zu tun sie sich nicht schämen, damit ich in jeder Hinsicht einen Abscheu in denen erwecke, die von ihren schändlichen Gewohnheiten erfahren. Nachdem sie in der Wollust der Unzucht Geschlechtsverkehr gehabt haben, erheben sie gegen den Himmel die eigene Gotteslästerung. Die Frau und der Mann nehmen in ihre Hände die Samenflüssigkeit des Mannes; sie stehen, wenden sich gegen den Himmel, ihre Hände mit der Unreinheit besudelt; sie beten wie Leute, die *stratiotikoi* und *gnostikoi* genannt werden; sie bringen dem Vater die Natur all dessen dar, was sie auf den Händen haben, indem sie sagen: ‚Wir bringen Dir dieses Geschenk dar, den Leib Christi.' Und dann trinken sie es, die eigene Schändlichkeit, und sagen: ‚Dies ist der Leib Christi und dies ist das Passafest, um dessentwillen unsere Körper leiden und dazu gezwungen sind, das Leiden Christi zu bekennen.' Ähnlich tun sie es bei der Frau, wenn sie zufällig ihre Periode hat; sie sammeln das Menstruationsblut ihrer Unreinheit, trinken es zusammen und sagen: ‚Dies ist das Blut Christi'" (*Panarion* 26.4–5).

Wie sehr man aus derartigen Berichten auf die frühere Zeit schließen soll, darüber läßt sich streiten. *Epiphanius* behauptet, zuverlässige Quellen zu haben; aber er lebte im 4. Jahrhundert. Er ist also ein weit entfernter Zeuge für die Situation zur Zeit des Plinius. Der heidnische Kritiker *Celsus*, der gegen Ende des 2. Jahrhunderts schrieb, macht Andeutungen, daß gewisse Gnostikergruppen, in die er die Karpokraten einschließt, sich an unsittlichen und schändlichen Bräuchen beteiligten; aber seine Bemerkungen sind unklar (c. Cels. 5.62–63). Außerdem sind die Berichte christlicher Schriftsteller (Justinus der Märtyrer, Klemens von Alexandrien) sehr polemisch und folgen demselben stilistischen Muster wie die Beschuldigungen der Heiden gegen die Christen. Auch wenn wir es mit einer stereotypen Kritik zu tun haben, so bin ich nicht der Meinung, daß man solche Berichte sofort ablehnen sollte. Wenn gewisse christliche Sekten tatsächlich rituelle Orgien feierten, so trugen sie, als derartige Bräuche bekannt wurden, zu den Gerüchten bei, daß alle Christen dieser Verbrechen schuldig seien. Die Gerüchte wurden möglicherweise durch die Bräuche extrem gnostischer Randgruppen genährt.[10] Feierte eine Christensekte in einer Stadt unbekleidet die Eucharistie oder beteiligte sie sich an einem Ritus, wo menschlicher Samen Gott dargebracht und getrunken wurde, so kann man sich leicht vorstellen, wie dann derartige Geschichten verbreitet wurden, daß Christen im allgemeinen verdorben und unbestimmter „Verbrechen" schuldig seien. Von den Außenstehenden konnte man kaum erwarten, daß sie die eine von der anderen christlichen Gruppe unterscheiden konnten.

Aber den oben skizzierten Hintergrund können wir nicht einfach in die Reaktion des Plinius auf die Christen in Pontus Anfang des 2. Jahrhunderts hineinlesen. Wie wir schon gesehen haben, stammen die Kenntnisse von christlichen „Verbrechen" größtenteils aus späteren Quellen. Jedoch daß Plinius sich angelegen sein ließ, Trajan zu erklären, daß das „Essen" der Christen harmlos war, läßt vermuten, daß derartige Gerüchte schon im Umlauf waren. Solche Gerüchte verbreiteten sich schnell; woher sie auch stammten und ob sie wahr oder falsch waren, sie spielten in der Umwelt, in der sich die christliche Bewegung entwickelte, eine Rolle. Wären derartige Gerüchte nicht im Umlauf gewesen, wäre es unsinnig, daß christliche Apologeten die Beschuldigungen widerlegten. Auf der anderen Seite muß man darauf hinweisen – ja unterstreichen –, daß die Beschuldigungen der kultischen Promiskuität und des Ritualmordes lediglich bei christlichen Autoren aufscheinen. Sie sind in den Schriften von heidnischen Kritikern des Christentums nicht vorhanden.[11]

Kehren wir zu Plinius zurück. Obwohl er es erwartet hatte, den Beweis für Verbrechen der Christen zu finden, hat er keinen gefunden. Er entdeckte statt dessen, daß die Riten harmlos waren:

„Sie versicherten aber, der eigentliche Tatbestand ihrer Schuld oder ihres Irrtums sei der, daß sie gewohnt seien, an einem bestimmten Tag vor Tagesanbruch zusammenzukommen und ein Loblied auf Christus wie auf seine Gottheit anzustimmen, sich durch ein Gelöbnis zu verpflichten, aber nicht zu irgendeinem Verbrechen, sondern daß sie keine Diebstähle, keinen Straßenraub, keinen Ehebruch begehen, daß sie ihr Wort nicht brechen, noch eine in Verwahrung genommene Sache, wenn sie darum wieder angegangen würden, ableugnen wollten. Danach würden sie auseinandergehen und dann wieder zusammenkommen, um ein gemeinschaftliches und unschuldiges Mahl einzunehmen."

Plinius hat einen *„Aberglauben"*, einen ausländischen Kult gefunden, sonst nichts.

Deswegen war Plinius unsicher, wie er mit dem Problem fertig werden sollte. Er übergab die Sache an Trajan. Doch seltsamerweise hat er eine Antwort nicht abgewartet, bevor er handelte. Ehe er den Brief abschickte, hatte er sich schon für ein vorläufiges Verfahren entschieden. Und erst dann, nachdem er es durchgeführt hatte, bemühte er sich um Rat und Anweisung. Sein Verhalten scheint impulsiv zu sein und im Widerspruch zu seiner üblichen Bedachtsamkeit zu stehen. Das könnte vermuten lassen, daß er unter starkem Druck von seiten der Ortsrichter stand und daß die Lage sofortiges Handeln erforderte. Oder es kann sein, daß Plinius mehr über früher gegen die Christen geführte Prozesse wußte, als er vorgab, und daß er sich der Rechtsgrundlage für sein Handeln sicher war.[12]

Sein erster Schritt, nachdem er die Anklage angehört hatte, war es, die Christen vorzuladen. Die Gruppe umfaßte sowohl alte wie junge Leute; das heißt Familien und Personen, die offen mit der christlichen Bewegung verbunden waren; Leute, die früher Christen gewesen sind, es jedoch jetzt nicht mehr waren; Leute aus verschiedenen Gesellschaftsschichten. Es gibt keine Andeutung, daß die Christen irgend etwas mit Juden zu tun hatten oder daß sie von einem jüdischen Hintergrund herkamen. Wahrscheinlich waren einige von ihnen bekehrte Juden. Aber Plinius behandelte die Christen als eine unabhängige Sekte. Die Mehrheit der Gruppe kam zweifelsohne aus kleinen Verhältnissen, Freigelassene und Sklaven, ungelernte Arbeiter, Handwerker. Jedenfalls mußte diese sich fürchtende Gruppe ungebildeter Provinzbürger in den Gerichtssaal, wo der mächtige Statthalter aus Rom den Vorsitz führte.

Zuweilen wählten die Römer ein Gerichtsverfahren, das als

cognitio extra ordinem bekannt war. Dieses Verfahren war einfacher und schneller als die normalen Prozesse; es benötigte nicht mehrere Richter und Rechtsanwälte, kein Richterkollegium. Die *cognitio extra ordinem* erforderte einfach, daß der Beklagte bzw. die Beklagten vor dem Statthalter erschienen, daß dieser die Zeugnisse anhörte und dann kraft der eigenen Vollmacht das Urteil sprach. Plinius fragte zunächst jeden, ob er ein Christ sei. Dabei machte er ihn darauf aufmerksam, falls er mit ja antworte, würde er hingerichtet werden. Nachdem er jeden einzelnen zum ersten Mal gefragt hatte, stellte er ihm ein zweites und drittes Mal die gleiche Frage.

Als er von einigen Mitgliedern der Gruppe ein entschiedenes „Ja" erhielt, schickte sie Plinius zur Hinrichtung. In seinem Brief an Trajan hatte er gefragt, „ob der Name allein, auch wenn die Person frei von Verbrechen ist, ein Gegenstand der Bestrafung sei, oder ob es nur die Verbrechen *(flagitia)* sind, die mit dem Namen zusammenhängen". Aber er handelte in der Annahme, daß die Christen allein wegen des Namens strafbar waren. Ohne Zweifel hatte Plinius einen Präzedenzfall im Sinne (seine Handlung ist von Trajan bestätigt worden), und auf Grund dessen handelte er. Immerhin äußerte er einige Bedenken. „Die Sache, zu der sie sich bekennen, sei welche sie wolle, aber die Hartnäckigkeit und der unbeugsame Starrsinn (in ihnen) muß bestraft werden." Mißachtung und Trotz dem Richter gegenüber machte schon strafbar. Eine ähnliche Anklage kam in der Geschichte mehrerer Märtyrer vor. „Da sie unnachgiebig und starrsinnig blieben, habe ich sie verurteilt", sagte ein anderer römischer Richter. Ein Prokonsul in Sardinien beschuldigte mehrere christliche Gemeinden der *contumacia* (Hartnäckigkeit), weil sie sich weigerten, eine Regelung betreffend die Stadtgrenzen zu achten. Gelegentlich wurden Magier desselben Vergehens beschuldigt.

Einige unter denen, die vor Plinius gebracht wurden, besaßen römisches Bürgerrecht. Sein *imperium* als Provinzstatthalter gestattete ihm nicht, römische Bürger abzuurteilen und sie kurzerhand zur Hinrichtung zu schicken. Demgemäß ließ er diese paar Leute ins Gefängnis bringen, ihre Namen der Liste einiger schon eingesperrter Bürger hinzufügen; und er traf die Vorbereitung, um sie nach Rom zum Prozeß schicken zu lassen. Was mit ihnen geschehen ist, wissen wir nicht.

An dieser Stelle wandte sich Plinius anscheinend anderen Angelegenheiten der Stadt zu, wie er das in anderen Orten auf seiner

Reise nach Osten getan hatte. Doch bald danach mußte er sich erneut mit der Sache der Christen befassen. Jetzt wurde ihre Lage zu einer öffentlichen Angelegenheit, denn andere Bürger fingen an, weitere Anklagen vorzubringen. Plinius war nicht überrascht: „Bald haben sich unter den Verhandlungen selbst, wie es zu geschehen pflegt, während das Verbrechen sich weiter verbreitete, mehrere Fälle ereignet." Auch wenn er es nicht ausdrücklich sagt, so deuten seine Bemerkungen doch an, daß die Christen in der Stadt bei der Bürgerschaft unbeliebt waren. Wir können einige der Gründe dafür vermuten: Die Christen blieben unter sich; sie verachteten die herkömmliche Götterverehrung; ihre Konvertiten stammten hauptsächlich aus den niederen Schichten; sie lehnten es ab, über ihre Religion mit gebildeten Leuten zu diskutieren; von anderen verlangten sie, „nur (zu) glauben, keine Fragen (zu) stellen"; und sie wurden unbestimmter „Verbrechen" beschuldigt. Doch trotz solcher Einstellungen gibt es so gut wie keinen Beweis für eine Christenverfolgung; und die Fälle, von denen wir wissen, sind sporadisch und auf bestimmte Ortschaften begrenzt. Anscheinend hatten die Christen in Pontus die Bürger des Orts dermaßen geärgert, daß diese sofort die Gelegenheit wahrgenommen haben, die ihnen die Anwesenheit des Plinius bot, um die Sekte loszuwerden.

Die neuen Beschuldigungen kamen in der Form einer anonymen Schrift, die die Namen einer Anzahl angeblicher Christen enthielt. Diese Gruppe unterschied sich in mancher Hinsicht von der ersten. Diese Liste umfaßte Namen von Leuten, die es bestritten, daß sie Christen waren. Andere gaben zunächst zu, Christen zu sein; später leugneten sie es mit der Behauptung, sie hätten einst zu der Sekte gehört, diese jedoch vor zwei oder mehr Jahren verlassen. Einige sagten, sie wären vor vielen Jahren Christen gewesen, vor mehr als 20 Jahren, jedoch hätten sie es aufgegeben. Christen hatten diese Leute „Abtrünnige" genannt, weil sie ihren früheren Glauben ablehnten. Aber historisch und soziologisch (nicht kirchlich oder theologisch) betrachtet mag eine andere Erklärung treffender sein. In dieser frühchristlichen Geschichtsperiode ist nicht jeder, der Christ wurde, für den Rest seines Lebens Christ geblieben. Einige Leute sind der christlichen Sekte beigetreten, weil sie die Gestalt Jesu anziehend fanden, andere weil sie durch das Verhalten eines Freundes von der Überlegenheit der christlichen Lebensweise überzeugt wurden, andere weil sie Christen geheiratet hatten. Aber in einem Zeitalter, wo religiöse Unterschiede verwischt waren, wechselte man oft die Glaubenstreue; viele gehörten im Laufe ihrer Lebenszeit zu mehreren religiösen Gruppen. Infolgedessen gab es viel Bewegung in den religiösen Gruppen, Migration über die Organisationsgrenzen hinaus. Wo das Christentum den Erwartungen der Leute nicht entsprach, verloren sie das Interesse daran.

Opfergaben von Wein und Weihrauch

Diese unscharfen Grenzen der christlichen Sekte stellten Plinius vor ein neues Problem. Wie sollte er wissen, wann Leute die Wahrheit sagten? Was würde geschehen, wenn nach seiner Abreise aus der Stadt diejenigen, die behaupteten, sie wären keine Christen, zum christlichen Glauben zurückkehrten und eine christliche Gruppe reorganisierten? Was konnte Leute daran hindern, zu sagen, sie seien keine Christen, doch später den Glauben zu fördern, den sie geleugnet hatten? Er löste sein Dilemma mit einer „Probe", die feststellen sollte, wer Christ sei und wer nicht. Er ließ Standbilder von Kaiser Trajan und den drei Gottheiten des Kapitols (Jupiter, Juno und Minerva) in den Saal bringen. Diejenigen, die die Anklage bestritten hatten, forderte er auf, nach ihm eine „Formel des Bittgebets an die Götter" zu wiederholen und „Opfergaben von Wein und Weihrauch" dem Standbild von Trajan darzubringen. Ebenso befahl er ihnen, „den Namen Christi zu schmähen".

Diese Probe des Plinius gibt aber Rätsel auf. Die christliche Tradition hat den Märtyrern einen romantischen Charakter verliehen, weil sie sich weigerten, in die Flammen römischer Altäre eine Prise Weihrauch zu werfen. Doch die meisten dieser Berichte stammen aus einer späteren Periode, nicht aus der Zeit von Plinius. Das idealisierte Bild des Märtyrers hat den Eindruck erweckt, daß der Gebrauch solcher „Proben" ein weit verbreitetes übliches Verfahren im Römischen Reich war. Allein das von Plinius befolgte hat wenige – wenn überhaupt – wirkliche Präzedenzfälle in der römischen Geschichte. Es ist zum Teil auf seine Gerichtspraxis in Pontus, zum Teil auf die Veröffentlichung seiner Briefe zurückzuführen, daß dieser Brauch so viel Aufmerksamkeit erregte. Wie es überhaupt dazu kam, diese „Probe" anzuwenden, das bedarf einer Erklärung.

Der von Plinius gebrauchte Ausdruck, „Weihrauch und Wein" zu opfern, hat in der römischen Religion eine lange Geschichte. In früheren Jahrhunderten war bei nationalen Unglücksfällen wie Naturkatastrophen oder Niederlagen im Krieg oder bei öffentlichem Jubel etwa über einen siegreichen Krieg das römische Volk zu den Tempeln geströmt, entweder um die Götter um Hilfe anzuflehen oder aber um sein Glück zu feiern. Bei diesen Anlässen brachten die Bittsteller die übliche Art von unblutigen Opfergaben, nämlich Wein und Weihrauch, dar, wie sie es zu Hause bei der Verehrung der Hausgötter der Familie zu tun gewohnt waren. Was ursprünglich lediglich bei außergewöhnlichen Gelegenheiten geschah, wurde allmählich zur Regel als eine übliche Form der Götterverehrung. Fürbitten wurden zu einer normalen religiösen Handlung bei der Gedenkfeier für denkwürdige Ereignisse wie die Geburt oder die Thronbesteigung eines Kaisers, den Jahrestag einer Schlacht und ähnliche Anlässe. Weil eine Opfergabe, die darin bestand, Wein auf einen Altar auszugießen und Getreide darauf zu streuen, billiger war, als ein Schwein oder einen Stier zu schlachten und zu braten, wurde sie als einfache Form der Götterverehrung immer beliebter. Sie konnte zum Beispiel andere öffentliche und rituelle Feiern begleiten. Zur Zeit des Kaisers Augustus schrieb der Historiker *Suetonius*, daß Augustus Vorsorge dafür traf, daß „jedes Mitglied (des Senats), ehe es seinen Platz einnahm, am Altar des Gottes, in dessen Tempel die Versammlung abgehalten wurde, eine Opfergabe von Wein und Weihrauch darbringen sollte" (*Suet. Arg. 35.3*). Bei seiner Thronbesteigung folgte des Augustus Nachfolger Tiberius selbst diesem Brauch: „Am ersten Tag, als er nach dem Tod von Augustus den Senat betrat, um den Forderungen der Frömmigkeit und der Religion zugleich zu genügen, brachte er ein Opfer dar ... mit Wein und Weihrauch."

Als der Ritus beliebter wurde, führten die römischen Behörden den Brauch ein, gewisse Tage zu bestimmen, an denen das Volk solche Opfer darbringen konnte. Nach dem Sieg von Gnaeus Pompeius im Krieg gegen Mithridates (63 v. Chr.) wurden zehn Tage für Fürbitten bestimmt. Als man den Brauch der Fürbitten bei derartigen Gelegenheiten häufiger in Anspruch nahm, wurde der Unterschied zwischen Opfergaben für die Götter und für hervorragende Männer verwischt. Cicero zum Beispiel bemerkt stolz, nachdem er die Verschwörung von Catilina aufgedeckt hatte, habe der Senat Fürbitten angeordnet. Nach diesen Präzedenzfällen begannen auf Inschriften Fürbitten aufzuscheinen, die die Heldentaten von

Kaisern ehrten. In der berühmten zu Ankara (früher Ancyra) in der Türkei gefundenen Inschrift, in der Augustus die eigenen Leistungen aufzählt, sagt er: „Für die auf dem Land und auf dem Meer durch mich oder durch meine Legaten unter meiner Leitung errungenen Erfolge verordnete der Senat fünfundfünfzigmal, daß Opfergaben den unsterblichen Göttern dargebracht werden. Ferner, die Zahl der Tage, an denen durch Verordnung des Senats solche Opfergaben dargebracht wurden, beläuft sich auf 890."[13] An einer anderen Stelle in derselben Inschrift erwähnt er, daß einzelne Bürger und Mitglieder von Stadtverwaltungen in Tempeln und an Altären für seine Gesundheit gebetet hatten. Ereignisse im Leben des Kaisers — seine Geburt, militärische Siege, der Jahrestag seiner Thronbesteigung — werden also Anlässe zu Fürbitten. In seinen Briefen erwähnt Plinius regelmäßig solche Anlässe.

Derartige oben erwähnte Bräuche zusammen mit der Volksauffassung, daß man sich dem städtischen Kult nicht fernhalten darf, mag wohl hinter der Anwendung einer Probe durch Plinius stecken, die die Darbringung der Opfergaben von Wein und Weihrauch einschließt. Was bei der Handlung des Plinius neu scheint, ist der Gebrauch einer Ritualhandlung, bei der Wein und Weihrauch dargebracht wurden — als Probe einer religiösen Treue. Möglicherweise ist ihm die Idee durch das gekommen, was er über die Prozesse gehört hatte, die Jahrzehnte vorher den Christen unter Domitian gemacht worden waren. Flavia Domitilla und ihr Gatte Flavius Klemens wurden wegen der Anklage des „Atheismus" verurteilt. Das bezog sich wahrscheinlich auf eine Verbindung mit dem Judentum, einem „Aberglauben" *(superstitio)* in den Augen der Römer *(Suetonius, Dom.* 15; *Dio Cassius* 67.14.2). Bezüglich dieser Sache sagte Sherwin-White, der Fachmann für römisches Recht und Kommentator der Plinius-Briefe, Plinius selbst hätte dabei „kaum abwesend sein können".[14] Es ist auch möglich, daß das Buch der Geheimen Offenbarung des Johannes auf einen derartigen Brauch hinweist, wenn der Verfasser schreibt, daß einige hingerichtet wurden, „weil sie für Jesus Zeugnis abgelegt hatten und um des Wortes Gottes willen; sie, die das Tier und dessen Bild nicht angebetet und sein Siegel weder auf der Stirn noch an der Hand getragen hatten" (Offb. 20,4). Was auch immer der Präzedenzfall gewesen sein mag, Plinius hatte eine einfache, aber wirksame Probe entdeckt, um festzustellen, wer ein Christ war; obwohl der Brauch weder dermaßen weit verbreitet noch so bedeutend war, wie allgemein geglaubt wurde.[15] Diese Kenntnisse konnten einem Richter helfen, den Christen einen Prozeß zu machen. Wie es bei Trajan Brauch war, antwortete er auf den Brief des Plinius. Dieser Antwortbrief ist in der Sammlung der Plinius-Briefe enthalten:

„Du hast, mein Sekundus, bei Erörterung der Angelegenheit solcher, welche bei Dir als Christen angezeigt wurden, das Verfahren befolgt, welches Du hier befolgen mußtest. Denn hier kann im allgemeinen nichts festgesetzt werden, was als bestimmte Norm gelten könnte. Aufspüren muß man sie nicht. Werden sie aber angezeigt und überführt, so müssen sie bestraft werden; doch so, daß derjenige, welcher leugnet, ein Christ zu sein und dies durch die Tat selbst, nämlich durch Anrufung unserer Götter offenbar macht, Begnadigung seiner Reue wegen erhalte, wenngleich er sich früher verdächtig gemacht haben sollte. Anzeigen hingegen, die ohne Verfasser eingegeben werden, dürfen bei keinem Verbrechen berücksichtigt werden. Denn sie würden ein gar böses Beispiel geben und nicht mit unserer Gewohnheit übereinstimmen" (*Ep.* 10.98).

Trajan unterstützte also die Handlungen des Plinius. Er bestand zugleich darauf, wie auch Plinius es getan hatte, daß die Christen gerecht behandelt würden und nicht wegen falscher Anschuldigung und Verleumdung leiden dürften.

Nachdem Plinius die Sache zu seiner Zufriedenheit geregelt hatte, ging er wie vorher seinen Geschäften nach, ohne nochmals das Christentum zu erwähnen. Er setzte seine Reise durch die Städte fort. Die übrigen Briefe in der Sammlung behandeln die gleiche Art von Problemen, die früher seiner Aufmerksamkeit bedurften: Eine Stadt brauchte Hilfe bei der Anschaffung von Geldern, um einen Fluß zu überdecken, der zu einer Kloake geworden war; in einer anderen Stadt wurde er gebeten, eine Bitte um die Verleihung des römischen Bürgerrechts an drei Personen nach Rom weiterzuleiten; in Amisus erhob der Fiskus der Stadt bei Plinius den Anspruch auf eine große Summe Geldes, die man der Stadt seit 20 Jahren schuldete. Und in einer anderen Stadt schrieb Plinius an Trajan um dessen Rat, ob jemand, der in den Stadtrat gewählt wurde, Aufnahmegebühr zu zahlen habe.

Der Brief über die Christen befindet sich unter den letzten im Briefwechsel des Plinius mit Trajan; er wurde gegen Ende seines Aufenthalts in Bithynien-Pontus geschrieben. Irgendwann im Laufe des darauffolgenden Jahres starb Plinius, ohne die Gelegenheit gehabt zu haben, nach Rom zurückzukehren. Das Todesjahr 113 n. Chr. steht ziemlich fest, da mehrere seiner letzten Briefe den Jahrestag von Trajans Thronbesteigung (den 28. Januar) und die jährlichen „Gelübde" (Gebete) für das Wohl des Staates (den 3. Januar) erwähnen: „Wir haben die Götter angefleht, sie möchten Dich und den Staat blühend und stark erhalten durch ihre Huld, deren Du Dich durch Deine großen und zahlreichen Tugenden, durch Heiligkeit und Gottesfurcht würdig gemacht hast" (*Ep.* 101;102). Da die Briefe des Plinius vor Trajans Geburtstag (im September 113) aufhören, nimmt man an, daß er irgendwann zwischen Januar und September jenes Jahres gestorben ist.

Die Arbeit des Plinius blieb unvollendet. Ihm folgte als Statthalter von Bithynien-Pontus Cornutus Tertullus nach, ein Freund, der etliche Jahre vorher mit ihm zusammen das Konsulat innehatte, der aber 20 Jahre älter war. Plinius hatte seine hohen Ehren in jungen Jahren erhalten. Wenige hatten mit 39 Jahren das Konsulat inne, wenige bekleideten nacheinander zwei Schatzkammerämter wie er. Gemessen an seinen Zeitgenossen war Plinius ein höchst erfolgreicher Staatsdiener und Berufsdiplomat. Er führte zudem ein beispielhaftes Leben, das die höchsten Ideale des alten Rom verkörperte. Auch wenn er keine fesselnde Gestalt war, so ist er doch ein glänzender Vertreter seines Zeitalters. Mehr als sonst jemand zu seiner Zeit spiegelt er jene Tugenden wider, die Rom groß gemacht hatten: Er war ehrlich und gerecht, großzügig, treu, unbestechlich, dem Gemeinwohl ergeben; er achtete den ererbten Lebensstil, er war fromm gegen die Götter. Wie die folgende Inschrift bezeugt, blieb er bei seinen Mitbürgern in guter Erinnerung:

„Gaius Plinius Caecilius Secundus, Sohn des Lucius vom Stamm Oufentina, Konsul, Augur, prätorianischer Bevollmächtigter mit Konsulargerichtsbarkeit für die Provinz Pontus und Bithynien, gemäß dem Erlaß des Senats in jene Provinz entsandt durch den Kaiser Nerva Trajan Augustus, den Sieger über Germania und Dacia, Vater seines Landes; Kurator des Flußbettes und der Ufer des Tibers und der Kanalisation von Rom; Offizial der Schatzkammer des Saturnus; Offizial der Militärschatzkammer; Prätor; Volkstribun; Quästor des Kaisers; Kommissar der römischen Ritter; Militärtribun der dritten gallischen Legion; Richter im Zehnerrat; vermachte öffentliche Thermen zum Preis von ... und zusätzlich 300.000 *sesterces* für deren Ausstattung, mit den Zinsen von 200.000 für deren Unterhalt ...

ebenso seiner Stadt Kapital in Höhe von 1,866.666 *sesterces* für den Unterhalt von einhundert seiner Freigelassenen, und später um ein alljährliches Essen für die Bevölkerung der Stadt zu bestreiten... Auch zu seiner Lebzeit stiftete er 500.000 *sesterces* für den Unterhalt von Jungen und Mädchen der Stadt, und ebenfalls 100.000 für den Unterhalt der Bibliothek..."[16]

2. KAPITEL

Das Christentum als Bestattungsgesellschaft

Schon zu Anfang des 2. Jahrhunderts, als Plinius in Kleinasien lebte, konnte man in vielleicht 40 oder 50 Städten innerhalb des Römischen Reiches christliche Gruppen finden. Die meisten dieser Gruppen waren ganz klein; einige zählten mehrere Dutzend Leute, andere bis zu mehrere hundert. Die Gesamtzahl der Christen innerhalb des Reiches betrug wahrscheinlich weniger als 50.000 — eine winzig kleine Zahl in einer Gesellschaft von 60 Millionen. Die Juden hingegen bildeten eine bedeutende Minderheit, die vier bis fünf Millionen zählte. Die meisten Einwohner des Römischen Reiches hatten vom Christentum nie etwas gehört; nur sehr wenige hatten unmittelbaren Kontakt mit Christen gehabt. Selbst in gebildeten Kreisen wußte man wenig über die christliche Bewegung.

Zu Anfang des 2. Jahrhunderts jedoch fingen griechische und römische Autoren an, der neuen Bewegung Aufmerksamkeit zu schenken. Diese Beobachter lieferten uns jedoch kaum mehr als gelegentliche und nebenbei gemachte Bemerkungen in Schriften, die sich mit anderen Themen befaßten. Erst später in diesem Jahrhundert bemühte sich ernsthaft ein heidnischer Beobachter *(Celsus)* darum, die neue Bewegung zu studieren und sich aus erster Hand mit ihren Bräuchen und ihrem Glauben vertraut zu machen. Auch wenn diese ersten Bemerkungen oberflächlich und nebensächlich sind und oft auf Hörensagen gründen, so haben sie trotzdem eine Bedeutung, denn sie geben uns Hinweise darauf, wie das Christentum gesehen wurde, als es erstmals der Öffentlichkeit sichtbar wurde. Aus der christlichen Perspektive scheinen einige Beobachtungen von Außenstehenden falsch und verdreht zu sein, besonders wenn man sie an anderen Kriterien der christlichen Bewegung mißt. Aus der Perspektive der Gesellschaft jedoch, in der die Christen lebten, spiegeln sie alltägliche Einstellungen wider und sind weder unrichtig noch ungerecht.

Der Schein, heißt es manchmal, trüge. Kenntnisse, die darauf beruhen, was man sieht und hört, sind vermeintlich oberflächlich; denn das, was man hört und sieht, ist niemals das Ganze der Dinge. Und doch ist es ebenso wahr: Wie etwas erscheint und von anderen gesehen wird, ist ein Aspekt dessen, was es ist. Das stimmt besonders in der Gesellschaft, wo die Einstellungen anderer und die den einzelnen und den Gruppen von der Gesellschaft zugeteilten Rollen deren Identität bestimmen und gestalten. Umso mehr ist dies der Fall, wenn man von einer kleinen Minderheit spricht, die unmöglich die Einstellung der größeren Gesellschaft ihr gegenüber gestalten kann. Die Vorstellungen anderer, ob verfehlt oder nicht, bauen unsere Lebenswelt auf. Es wäre naiv, zu glauben, das Selbstverständnis der frühchristlichen Bewegung habe sich unabhängig von den Einstellungen und Vorstellungen der Außenstehenden entwickelt.

In seinem Brief an Trajan hat Plinius zwei Ausdrücke benutzt, um die Christen zu kennzeichnen: „Aberglaube" *(superstitio)* und „politischer Klub" *(hetaeria)*. *Superstitio* wird auch von zwei anderen zeitgenössischen Schriftstellern, *Tacitus* und *Suetonius*, auf das Christentum angewandt. Und Synonyme zu *hetaeria* kommen bei anderen Autoren dieser Zeit vor. Das heißt, daß die Beobachtungen des Plinius uns nicht nur einen Hinweis darauf liefern, wie er die Christen sah, sondern sie geben uns zugleich eine Ahnung davon, wie die römische Gesellschaft die Christen gesehen hat. Eine Untersuchung des gesellschaftlichen und religiösen Hintergrunds dieser Ausdrücke verschafft uns einen Ausgangspunkt dafür, wie die Griechen und Römer Anfang des 2. Jahrhunderts das Christentum gesehen haben, als die christliche Bewegung anfing, in das Blickfeld der Öffentlichkeit zu geraten. In diesem Kapitel befassen wir uns mit dem „politischen Klub", im dritten Kapitel mit dem „Aberglauben".

Kirche oder politischer Klub?

Als Plinius mit dem Christentum in Berührung kam, hatten sich die meisten Christen schon den Ausdruck *ecclesia* (das Wort, das mit Kirche übersetzt wird) als Selbstbezeichnung angeeignet. Ob Christen von einer Ortsversammlung in einer bestimmten Stadt oder von dem Geflecht von Christen im ganzen Mittelmeerraum sprachen, sie haben diesen Ausdruck gebraucht, um ihre Gemeinschaften zu beschreiben. Ein christlicher Bischof in Rom zum Beispiel fing seinen Brief an die Christen in Korinth folgendermaßen an: „Die Kirche *(ecclesia)* Gottes, die zu Rom wohnt, an die Kirche Gottes, die zu Korinth wohnt" (1. *Klem* 1,1). Die Apostelgeschichte spricht um dieselbe Zeit (gegen Ende des 1. Jahrhunderts geschrieben) von der „Kirche in ganz Judäa, Galiläa und Samaria" (*Apg* 9,31).

Die Römer haben den Ausdruck *ecclesia* nicht verwendet, um die neue Bewegung zu bezeichnen. Sie nannten sie einfach „christlich". In der Tat wurde der Ausdruck *Christianus*, der der bezeichnende Name für die sich zu Jesus Bekennenden werden sollte, zum ersten Mal von Außenstehenden verwendet (*Apg* 11,26). Auch Plinius nennt sie *Christiani*, um sie unter Bezug auf ihren Gründer zu identifizieren; so wie die Schüler von Pythagoras Pythagoreer, die Verehrer von Dionysos Dionysianer genannt wurden. Hätte Plinius den Ausdruck *ecclesia* gehört, es hätte ihm zu denken gegeben. Denn nach dem allgemeinen Gebrauch im Griechischen und im Lateinischen bezog sich *ecclesia* auf die politische Volksversammlung einer Stadt – im Gegensatz zur kleineren Gruppe von gewählten Beamten, die den „Rat" (boule) bildete. In einem Brief an Trajan, der einige Wochen nach der Sache mit den Christen geschrieben wurde, erwähnt Plinius die Abstimmung der „*boule* und der *ecclesia* des Ortes" (*Ep*. 10.11). Eine Stelle wie die folgende aus dem Kolosserbrief wäre ihm unbegreiflich: „Nun freue ich mich an den Leiden, die ich für euch erdulde; und was an den Drangsalen Christi noch fehlt, will ich an meinem Fleisch (stellvertretend) ausfüllen zugunsten seines Leibes, das ist die Kirche *(ecclesia)*" (*Kol* 1,24).

Neben dem besonderen Namen *Christiani* hat Plinius auch den allgemeinen Ausdruck *hetaeria* gebraucht, um die christliche Gruppe zu kennzeichnen:

„Sie versicherten aber, der eigentliche Tatbestand ihrer Schuld oder ihres Irrtums sei der gewesen, daß sie gewohnt gewesen seien, an einem bestimmten Tag vor Tagesanbruch zusammenzukommen und ein Loblied auf Christus wie auf einen Gott anzustimmen, daß sie sich durch ein Gelöbnis dazu verpflichten. ... Danach hätten sie die Gewohnheit, auseinanderzugehen und dann wieder zusammenzukommen, um ein gemeinschaftliches und unschuldiges Mahl einzunehmen. Aber eben dies hatten sie seit dem Edikt unterlassen, weil ich nach Deinem Befehl das Bestehen von Brüderschaften *(hetaeriae)* untersagt hatte."

Der Ausdruck *hetaeria*, die Übersetzung eines griechischen Wortes ins Lateinische, wird gewöhnlich mit „politischer Klub" oder „Vereinigung" wiedergegeben. Wie wir im vorigen Kapitel gesehen haben, ist es das gleiche Wort, das Plinius in einem anderen Brief an Trajan gebraucht hat, um eine Vereinigung von Feuerwehrleuten in Nikomedia zu erwähnen. *Hetaeriae* hatten es in sich, politisch zu werden und dadurch in das Leben der Stadt Unruhe zu bringen. Weil derartige Gruppen Zwietracht in den Städten förderten und manchmal soziale und politische Unruhe stifteten, wurde ihre Bildung durch die römischen Behörden verhindert.

Obwohl der Ausdruck *hetaeria* die politischen Aspekte dieser Vereinigungen hervorhebt, waren die meisten Klubs unpolitisch, wie Trajan anerkannte. Seit dem 3. Jahrhundert v. Chr. gab es solche Vereinigungen in der römischen Welt. Nach der Überlieferung sollen einige davon schon zur Zeit der Stadtgründung von Rom gebildet worden sein. Der legendäre König Numa Pompilius soll die Bürger nach ihren Handwerken in *collegia* (Vereinigungen) eingeteilt haben: Flötenspieler, Goldschmiede, Zimmerleute, Färber, Gerber, Kupferschmiede, Töpfer. Jeder Gruppe soll eine eigene Funktion sowie ihr besonderer Gott bzw. ihre Göttin mit ihren besonderen religiösen Riten zugeteilt worden sein. Es ist jedoch eher wahrscheinlich, daß sich diese Vereine erst zu einer viel späteren Zeit entwickelt haben, als Rom größer geworden war und die Menschen Gelegenheit zur Unterhaltung und Gesellschaft unter ihren Mitarbeitern suchten, die mit ihnen gemeinsame Interessen hatten. Oft verpflichteten sich diese Vereine dazu, für ihre Mitglieder eine würdige Beerdigung zu besorgen. Es war üblich, daß ein Verein einen besonderen Gott oder eine Göttin als Patron hatte. Wenn die Mitglieder zu einem gemeinsamen Mahl zusammenkamen, feierten sie religiöse Riten zu Ehren ihrer Schutzgottheit. Auch wenn diese Vereine oft aus Männern desselben Handwerks bestanden, waren sie keine Zünfte und auch keine beginnenden Gewerkschaften. Ihr Zweck war sozialer, unterhaltender und religiöser Natur.

In ähnlicher Weise fingen in der griechischen Welt, besonders seit dem 3. Jahrhundert, als die Stadt *(polis)* ihre Bedeutung als Mittelpunkt der Identität für die Bürger verlor, Klubs und Vereine an, sich auszubreiten. Die griechischen Vereine waren vielfältiger als die römischen; einige organisierten sich um ein Handwerk oder ein Gewerbe; andere waren ausgesprochen religiöser Art, zum Beispiel die *Dionysiastai*, die *Herakleistai* (Verehrer von Dionysos und von Herakles); einige wurden nach dem Gründer benannt; und andere waren einfach Gruppen von Menschen, die sich zum Vergnügen und zur Gesellschaft trafen. Es gab Vereinigungen von Wollverarbeitern, Webern, die Bankiers von Delos, Vereinigungen von Fischern, Bienenzüchtern, Obst- und Gemüsehändlern; *Aigyptioi* (Ägypter), *Salaminioi* und viele andere. Alle verbanden die Götterverehrung mit gesellschaftlichem Umgang, und manchmal boten sie geschäftliche Vorteile und Bildung. Fast alle dieser Gesellschaften waren ortsgebunden, sie bildeten sich aus Menschen, die in einer bestimmten Stadt wohnten. Sie waren nicht „international", das heißt, nicht als Organisation von Vereinigungen über den Mittelmeerraum hinweg zusammengefaßt. Höchstens umfaßten sie Leute von einer bestimmten Insel oder Provinz. Gewöhnlich waren diese Vereine klein, mit einer durchschnittlichen Mitgliederzahl von weniger als 50; nur wenige hatten mehrere hundert Mitglieder. Im Leben dieser Vereinigungen spielte die Religion eine wichtige Rolle. Noch mehr als bei den römischen *collegia* stand die Religion bei den griechischen Vereinen im Vordergrund, schreibt Poland, ein Spezialist für diese Gruppen: „In der Tat, bei vielen Vereinen sind die religiösen Beziehungen das einzige, über das wir Kenntnisse haben."[1]

Das Zusammengehörigkeitsgefühl

In den ersten Jahrhunderten n. Chr. waren solche Vereine in den Städten des Römischen Reiches ein vertrautes Merkmal. Die Mehrzahl ihrer Mitglieder kam nicht aus den oberen Gesellschaftsschichten, die andere Gelegenheit zum geselligen Umgang und zur Unterhaltung hatten, sondern von den Handwerkern und Künstlern, von den Kaufleuten und Krämern; einige waren Freigelassene oder Sklaven, denen wegen ihrer Geburt oder Bildung die Mittel zum Eintritt in die Welt der oberen Schichten fehlten. Diese ungebildete oder nur zum Teil gebildete Schicht war vom Kultur- und Gesellschaftsleben ausgeschlossen, das von Männern wie Plinius genossen wurde. Die Reichen kauften die Fachkenntnisse der Handwerker, um ihre Häuser zu schmücken; sie zogen ihre Vorteile aus dem Handel mit feinen Stoffen, Ölen, Parfümen und Edelsteinen, die von unternehmungslustigen Kaufleuten gekauft und verkauft wurden; jedoch sie verachteten diese Leute selbst. Kaufen und Verkaufen war kein Geschäft für einen Mann wie Plinius. Die einzigen einer Person von hoher Geburt würdigen Beschäftigungen waren die Politik, die Landwirtschaft und die militärische Laufbahn. Cicero verachtete nicht nur den Beruf des Zöllners und des Wucherers, sondern er betrachtete auch Handarbeit und die Geschäfte von Kaufleuten als vulgär. Noch weniger angesehen als diese waren Fischhändler, Metzger, Köche und Geflügelhändler.

Aus diesen Schichten kamen die Mitglieder der Vereine. Sie wußten, daß sie von den Reichen und Mächtigen nicht hoch geachtet waren. Aber sie konnten sich regelmäßig mit Freunden und Nachbarn treffen, um ein gemeinsames Mahl einzunehmen, in Gesellschaft einen Abend verbringen oder einen beim Tod seiner Gattin trauernden Freund trösten. Diese Vereine gaben den Menschen ein Zusammengehörigkeitsgefühl. „Als einzelne waren sie schwach und verachtet; aber sie waren dabei, das Mittel zur Entwicklung einer Organisation zu finden, die zugleich den Sinn für Gesellschaft entwickelte, ihre Selbstachtung stärkte und ihr gemeinsames Interesse wahrnahm."[2]

Die Vereine kann man in drei Hauptgruppen einteilen: a) *Berufskörperschaften,* wie zum Beispiel eine Reederzunft, eine Obsthändlerzunft, eine Wollverarbeiterzunft oder eine Gipsarbeiterzunft; b) *Bestattungsgesellschaften,* deren Hauptzweck es war, die Beerdigungskosten der verstorbenen Mitglieder zu tragen und dafür zu sorgen, daß jedes Mitglied in würdiger Weise beigesetzt wurde; c) *religiöse Vereinigungen,* die die Verehrer einer bestimmten Gottheit umfaßten, wie zum Beispiel die Bacchusverehrer oder die Isisverehrer. Selten jedoch beschränkten sich die Tätigkeiten eines Vereines nur auf eine dieser Funktionen. Die meisten umfaßten mehrere, wenn nicht alle dieser Funktionen. Sämtliche Gruppen pflegten irgendeine Form der Götterverehrung. Jupiter Optimus Maximus stand bei Eisenarbeitern, Metzgern und Parfümeriehändlern in besonderer Gunst; Minerva bei Walkern und Hanfverarbeitern, Herkules bei Zimmerleuten, Tuchhändlern und Bäckern. Eine Walkervereinigung konnte zum Beispiel als Bestattungsgesellschaft für ihre Mitglieder dienen und der Göttin Minerva geweiht sein.

Eine interessante und vollständige Inschrift aus Lanuvium, einer Stadt in Italien südöstlich von Rom, aus dem Jahre 136 n. Chr., gibt uns ein gutes Beispiel dafür, wie ein Verein organisiert wurde und was seine Tätigkeiten waren.[3] Dieser Verein war der Göttin Diana geweiht und durch den römischen Senat „genehmigt". Der Erlaß des Senats lautete: „Diesen ist es erlaubt, sich zu versammeln, ein Zusammentreffen einzuberufen und einen Verein zu unterhalten; diejenigen, die monatliche Beiträge für Beerdigungen entrichten wollen, dürfen sich in einer derartigen Vereinigung treffen; aber sie dürfen sich nicht öfter versammeln als einmal im Monat, um Beiträge für die Beerdigung von Verstorbenen zu entrichten." Die Inschrift umfaßt die Vereinsstatuten, die mit der folgenden Erklärung beginnen:

„Möge dies dem Herrscher Caesar Trajanus Hadrianus Augustus und dem ganzen kaiserlichen Haus, uns, den Unsrigen und unserer Vereinigung gnädig, glücklich und heilsam sein; und mögen wir die richtigen und sorgsamen Maßnahmen treffen, um beim Hinscheiden der Toten eine würdige Beerdigung zu bereiten. Deshalb müssen wir alle darin einig werden, die Beiträge treu zu verrichten, damit unsere Vereinigung lange Zeit noch zu existieren vermöge. Ihr, die ihr als neue Mitglieder in die Vereinigung eintreten wollt, sollt zuerst vor dem Eintritt die Statuten sorgsam lesen, damit ihr später keinen Grund findet, euch zu beklagen und euren Erben keinen Prozeß vermacht."

Die Statuten selbst lauten (zum Teil):

„Es wurde einstimmig vereinbart, daß jeder, der in diese Vereinigung eintreten will, eine Aufnahmegebühr von 100 *sesterces* und eine Amphora guten Weins zahlen und monatliche Abgaben von fünf Kupfermünzen entrichten soll. Es wurde durch Abstimmung weiter vereinbart, wer sechs Monate lang seine Abgaben nicht entrichtet hat und das menschliche Schicksal des Todes ihn trifft, dem wird sein Beerdigungsanspruch nicht berücksichtigt, selbst wenn er in seinem Testament dafür gesorgt hat. Es wurde durch Abstimmung weiter vereinbart, daß beim Verscheiden eines voll zahlenden Mitglieds unseres Vereins ihm aus der Vereinskasse 300 *sesterces* zukommen, von welcher Summe eine Bestattungsgebühr von 50 *sesterces* abgezogen wird, die am Scheiterhaufen verteilt werden (an die Teilnehmer); außerdem wird das Leichenbegängnis zu Fuß durchgeführt.

Es wurde durch Abstimmung weiter vereinbart, wenn ein Mitglied mehr als 20 Meilen von der Stadt entfernt stirbt und die Vereinigung benachrichtigt wird, sollen drei aus dem Verein erwählte Männer sich dorthin begeben, um die Vorkehrungen für sein Begräbnis zu treffen. Sie sind dem Verein Rechenschaft schuldig; und wenn sie irgendeines Betrugs für schuldig befunden werden, sollen sie eine vierfache Geldstrafe zahlen. Ihnen wird Geld für die Begräbniskosten gegeben, außerdem jedem für die Hin- und Rückreise eine Spese von 20 *sesterces*. Stirbt ein Mitglied jedoch mehr als 20 Meilen von der Stadt entfernt, und eine Benachrichtigung ist nicht möglich, dann darf gemäß den Statuten dieses Vereins Anspruch auf Begräbniskosten (nach Abzug von Nebeneinnahmen und Begräbnisgebühr) an den Verein durch den Mann, der ihn beerdigt, erhoben werden, wenn er dies durch eine schriftliche mit den Siegeln von sieben römischen Bürgern unterzeichnete Erklärung bezeugt und die Sache gebilligt wird und wenn er eine Gewähr dafür bietet, daß keiner eine weitere Summe beansprucht.

Es wurde durch Abstimmung weiter vereinbart: Stirbt ein Mitglied des Vereins, das ein Sklave war, und sein Herr oder seine Herrin weigern sich ohne Grund, die Leiche zur Beerdigung freizugeben, und wenn er keine schriftliche Anweisung hinterlassen hat, dann wird eine symbolische Begräbnisfeier gehalten.

Es wurde durch Abstimmung weiter vereinbart: Sollte ein Mitglied, aus welchem Grund immer, sich das Leben nehmen, so wird sein Anspruch auf Beerdigung (durch die Vereinigung) nicht berücksichtigt.

Es wurde durch Abstimmung weiter vereinbart: Sollte ein Mitglied dieser Vereinigung, das Sklave ist, seine Freiheit erlangen, hat es eine Amphora guten Weins zu spenden.

Es wurde durch Abstimmung weiter vereinbart: Sollte ein Meister in dem Jahr, wo er gemäß der Mitgliedsliste an der Reihe ist, ein Essen zu geben, es versäumen, das Essen zu veranstalten, muß er 30 *sesterces* in die Vereinskasse zahlen; derjenige, der nach ihm auf der Liste steht, soll das Essen geben.

Liste der Festmähler: 8. März, Geburtstag von Caesennia... seines Vaters; 27. November, Geburtstag von Antinous; 13. August, Geburtstag der Diana und des Vereines; 20. August, Geburtstag des Caesennius Silvanus, seines Bruders; ... Geburtstag von Cornelia Procula, seiner Mutter; 14. Dezember, Geburtstag des Caesennius Rufus, des Patrons der Stadtverwaltung.

Die Leiter der Festmähler, gemäß der Mitgliedsliste zu viert ernannt, sollen jeder eine Amphora guten Weins stiften und für jedes Mitglied des Vereins je ein Brot zum Preis von zwei Kupfermünzen, je vier Sardinen, ein Besteck und warmes Wasser mit Bedienung.

Es wurde durch Abstimmung weiter vereinbart, daß jedes Mitglied, das in der Vereinigung *quinquennalis* wird, für die Zeit, wo er *quinquennalis* ist, von solchen Verpflichtungen befreit sein soll und daß er bei allen Zuwendungen das Doppelte erhält.

Es wurde durch Abstimmung weiter vereinbart: Wenn ein Mitglied irgendeine Beschwerde oder Geschäftliches vorbringen will, dann soll er es bei einer Geschäftssitzung zur Sprache bringen, damit wir an Festtagen friedlich und bei guter Laune festlich speisen können.

Es wurde durch Abstimmung weiter vereinbart, daß jedes Mitglied, das seinen Platz wechselt und dadurch stört, eine Geldstrafe von 4 *sesterces*, jedes Mitglied außerdem, das über ein anderes abfällig spricht oder Unruhe stiftet, eine Geldstrafe von 12 *sesterces*, jedes Mitglied, das bei einem Festmahl einem *quinquennalis* gegenüber beleidigende oder unverschämte Worte gebraucht, eine Geldstrafe von 20 *sesterces* zahlen muß.

Es wurde durch Abstimmung weiter vereinbart, daß an den Festtagen seiner Amtszeit jeder *quinquennalis* eine Gottesverehrung mit Weihrauch und Wein leisten und seine übrigen Funktionen in weißen Gewändern verrichten soll, und an den Geburtstagen von Diana und Antinous vor dem Festmahl Öl für die Gesellschaft im öffentlichen Bad beschaffen soll."

Wie man an dieser Inschrift sehen kann, leistete die Bestattungsgesellschaft zu Lanuvium viel mehr, als die Beerdigungskosten zu bestreiten. Die regelmäßigen Treffen gaben Gelegenheit zum Essen und Trinken, zur Unterhaltung und Erholung. Diese Zusammenkünfte ermöglichten nicht nur Entspannung nach der Tagesarbeit; sie verschafften auch Freunde und Genossen für gegenseitige Hilfe, eine Gelegenheit zur Anerkennung und Ehrung; sie vermittelten gewöhnlichen Menschen ein Gefühl des eigenen Werts. Die Vereinigung schaffte auch eine Gelegenheit zur Götterverehrung in einer Umgebung, die unterstützend, persönlich und vertraut war. „Wenn die Bruderschaft, von der viele zum Sklavenstand gehörten, im Tempel ihre Schutzgottheit in voller Versammlung traf, um einen Erlaß des Dankes an einen Wohltäter zu verabschieden und sich mit einem bescheidenen Mahl zu stärken, oder wenn sie mit fliegenden Fahnen und allen Emblemen ihrer Zunft durch die Straßen und das Forum zog, da fühlte sich das geringste Mitglied für den Augenblick über die trübe und hoffnungslose Niedrigkeit des plebejischen Lebens emporgehoben."[4]

Die Vereine bereicherten das Leben der Menschen, indem sie ihnen eine Gemeinschaft boten, die umfassender als die Familie, doch kleiner als die Stadt war. In ähnlicher Weise wie viele freiwillige Organisationen heutzutage boten sie ein Zusammengehörigkeitsgefühl, Entspannung von der Routine und den Verpflichtungen des Familienlebens und den Austausch mit Freunden. Die Vereine waren umfangreicher als die engen Grenzen der Familie, aber doch vertraut genug, um sich bei ihnen zu Hause zu fühlen. Hier konnte man die besonderen Vorkommnisse des Lebens – Geburtstage und Jahrestage – festlich begehen und zugleich die besonderen Festtage der Vereinigung feiern; etwa den Geburtstag der Diana, des Kaisers oder berühmter Bürger. Die Vereine tagten regelmäßig; sie hatten Regeln und Statuten, die ihre Tätigkeiten bestimmten; ihre Gesellschaftsangelegenheiten wurden ordentlich verwaltet; an besonderen Tagen wurde gefeiert, wobei die Mitglieder einen guten Wein tranken; es gab Ämter zu bekleiden und Ehren zu empfangen; und man konnte sicher sein, daß beim Tode die Genossen dafür sorgen würden, daß man in würdiger Weise begraben wird. Die Vereinigung, zu der man gehörte, war eine fest zusammenhängende Gruppe, die bei vielen gewöhnlichen und auch außergewöhnlichen Ereignissen des Lebens den Mittelpunkt bildete. In ihr ist der einzelne Handwerker, der Händler, der Arbeiter wichtig geworden. „Männer aus dieser Gesellschaftsschicht", schreibt Jean Waltzing, ein Erforscher der römischen Vereine, „befanden sich immer unten am Fuß der politischen und gesellschaftlichen Leiter; in den Vereinen erblickten sie das einzige Mittel, aus ihrer Isolation und Schwachheit zu entkommen, ein wenig Achtung und sogar ein wenig Einfluß zu gewinnen, schließlich für sich in der Gesellschaft und in der Stadt einen ehrbaren Platz zu schaffen..., sich um Bestattungen zu kümmern, sich stärker zu fühlen, ihre Interessen wahrzunehmen, sich über die Masse zu erheben; es war der Wunsch nach Verbrüderung, um ihr schweres Leben angenehmer zu gestalten... Solcher Art waren die verschiedenen Quellen des großen Bedürfnisses nach Vereinen, das in den breiten Volksschichten wirkte."[5]

Eine Bacchusgesellschaft

Die Vereinigung zu Lanuvium wurde in erster Linie dafür gegründet, den Mitgliedern eine würdige Beerdigung zu verschaffen. Aber, wie schon erwähnt, bei den regelmäßigen Versammlungen des Vereines fand auch eine Götterverehrung statt. Nun gab es andere Vereinigungen, deren Hauptzweck religiöser Natur war. Unter diesen finden wir nun die größere Ähnlichkeit mit den Christen. Eine der interessantesten, über die wir Kenntnisse aus erster Hand haben, ist die Bacchusgesellschaft *(Iobacchi)*, der Dionysoskult. Diese Gesellschaft hatte viele Jahre schon in Athen existiert. Beim Rücktritt ihres Präsidenten und der Ernennung eines neuen Präsidenten beschloß die Gesellschaft, ihren Status auf einen Stein einzumeißeln. Zum Glück blieb uns ein kurzer Auszug aus dem Protokoll der Versammlung erhalten, auf der der neue Präsident ernannt wurde; die Versammlung fand gegen Ende des 2. Jahrhunderts, kurze Zeit vor 178 n. Chr. statt.[6]

„Auf gutes Gedeihen! In der Amtszeit des Archonten Arrius Epaphroditus, am achten Tag des Monats Elaphebolion, wurde zum ersten Mal durch den Priester eine Versammlung einberufen; der Priester ist durch Aurelius Nicomachus ernannt worden, der als Vizepriester 17 und als Hauptpriester 23 Jahre gedient hatte und der zu seiner Lebzeit von seinem Amt zurückgetreten war, zur Ehre und zum Ruhm der Bacchusgesellschaft und zugunsten des hochwürdigsten Claudius Herodes."

Als der neue Präsident Herodes den ausscheidenden Präsidenten zum Vizepräsidenten ernannte, las er die Statuten vor, und die Gruppe gab laut ihre Zustimmung: „Diese sind es, die wir immer beobachten." – „Es lebe der Priester! Führe die Statuten wieder ein! Es lebe die Bacchusgesellschaft und gute Ordnung! Lasse die Statuten einschreiben! Stelle die Frage!" Dann kamen sie zu einem Entschluß: „Wer wünscht, daß die vorgelesenen Statuten ratifiziert und auf einer Säule eingemeißelt werden sollen, der erhebe die Hand." Alle erhoben die Hände. Dann riefen einige: „Lang lebe der hochwürdigste Priester Herodes! Jetzt bist du im Glück. Jetzt sind wir die erste aller Bacchusgesellschaften! Der Vizepriester soll hochleben! Lasse die Säule herstellen!" Nachdem beschlossen wurde, die Statuten einmeißeln zu lassen, hat der Vizepriester angeordnet, daß der Auftrag ausgeführt werden sollte: „Die Tafel wird auf einer Säule ruhen, und die Statuten werden eingemeißelt; die Behörden werden dafür sorgen, daß sie nicht verletzt werden."

Dann kommen die Statuten selbst, die uns ein klares Bild davon geben, wie die Gesellschaft funktionierte, wie man Mitglied wurde, was bei den Versammlungen geschah, wie man Streitigkeiten geschlichtet hat und so weiter. Am Anfang der Statuten stehen die Zulassungsvorschriften: „Niemand darf Iobacchus werden, es sei denn, daß er zunächst beim Priester die übliche Anmeldung der Kandidatur hinterlegt und durch Abstimmung der Orts-Iobacchi als ein würdiges und geeignetes Mitglied der Bacchusgesellschaft empfohlen wird. Die Aufnahmegebühr für einen, der nicht der Sohn eines Mitglieds ist, soll 50 *denarii* und ein Trankopfer sein; während die Söhne von Mitgliedern eine ähnliche Anmeldung hinterlegen und zusätzlich zu 25 *denarii* bis zur Erreichung des Pubertätsalters die Hälfte des üblichen Beitrags zahlen sollen."

Dann folgten die Versammlungsvorschriften: „Die Iobacchi sollen sich am neunten Tag jedes Monats, am Jahrestag der Gründung, an den Festtagen des Bacchus und an jedem außergewöhnlichen Festtag des Gottes versammeln; und jedes Mitglied soll durch Wort oder Handlung oder durch ehrbare Tat teilnehmen und dabei den festgelegten Monatsbeitrag für den Wein zahlen." Die Statuten brachten weiter die Vorschriften für diejenigen, die gezahlt hatten: „Wenn jemand sein Gesuch hinterlegt hat und durch Abstimmung empfohlen wurde, soll ihm der Priester einen Brief übergeben, in dem erklärt wird, daß er Iobacchus sei; doch erst dann, wenn er dem Priester seine Aufnahmegebühr gezahlt hat; und in den Brief soll der Priester die Geldsummen eintragen, die unter der einen oder der anderen Rubrik gezahlt wurden."

Von Zeit zu Zeit gab es in den Versammlungen Streit, etwa der Art, wie Paulus sie in seinem Ermahnungsbrief an die Korinther beschrieben hat: „Bei euren Gemeindeversammlungen herrschen unter euch Spaltungen ... Wenn ihr nun in der Versammlung euch trefft, so heißt das nicht das Herrenmahl halten; denn jeder einzelne nimmt beim Essen seine eigene Mahlzeit vorweg; und so hungert der eine, während der andere betrunken ist" (1 *Kor* 11,18–21). Die Iobacchusstatuten lauten: „Bei der Versammlung darf keiner singen noch Unruhe stiften noch applaudieren, sondern jeder soll ganz ordentlich und ruhig die ihm zugeteilte Rolle unter der Leitung des Priesters oder des Archibacchus spielen ... Wenn jemand einen Streit anfängt oder in aufrührerischer Weise handelt oder den Platz eines anderen Mitglieds besetzt oder einen anderen beschimpft und beleidigt, dann soll die solcherart mißachtete Person zwei der Iobacchi vorbringen, die unter Eid erklären, sie hätten es gehört, wie sie beleidigt wurde." Es folgen die Strafen. Einige Zeilen weiter führen die Statuten Strafen für diejenigen auf, die Streitfälle vor das öffentliche Gericht bringen, statt sie innerhalb der Gesellschaft zu schlichten; ein Problem, vor dem auch christliche Gruppen standen (1 Kor 6).

Was die Aktivitäten bei den Versammlungen betrifft, so heißt es in den Statuten:

„Und keiner darf ohne die Erlaubnis des Priesters oder des Vizepriesters bei einer Geldstrafe von 30 leichten (kleinen) Drachmen an die Gesellschaft eine Rede halten. Bei der Versammlung soll der Priester den üblichen Gottesdienst und den Jahrestag in gebührender Weise feiern, und er soll die Trankopfer für die Rückkehr des Bacchus vor die Versammlung hinstellen und die Predigt halten, die Nicomachus, der ehemalige Priester, als einen Akt des Gemeinsinns eingeführt hat. Und der Archibacchus soll dem Gott das Opfer darbringen; und er soll an jedem zehnten Tag des Monats Elaphebolion das Trankopfer hinstellen. Und wenn die Portionen ausgeteilt sind, sollen sie von dem Priester, dem Vizepriester, dem Archibacchus, dem Schatzmeister, dem Bukolikus, Dionysos, Core, Palaemon, Aphrodite und Proteurynthmus eingenommen werden."

Die Gesellschaft feierte nicht nur Festtage und Jahrestage des Bacchus, sondern auch Ereignisse im Leben der Mitglieder.

„Und erhält einer der Iobacchi ein Vermächtnis oder eine Ehrung oder eine Ernennung, dann soll er vor die Iobacchi ein Trankopfer hinstellen, das der Ernennung entspricht: Vermählung, Geburt, Mündigwerden, Erlangung des Bürgerrechts, das Amt des Stabträgers, Rechtsbeistand, Präsident der Panhellenischen Spiele, Senior, *thesmothetes* oder irgendeine Magistratur, die Ernennung zum *synthytes* oder zum Friedensrichter, der Titel *ieroneikes* oder irgendeine sonstige von einem Iobacchus erlangte Beförderung."

Es gab in der Vereinigung einen, dem es eigens oblag, bei den Versammlungen für Ordnung zu sorgen. Als Beistand hatte er zwei Ordner, „Pferde" genannt, deren Aufgabe es war, Unruhestifter hinauszuwerfen. Die Gesellschaft hatte auch einen Schatzmeister, der dafür verantwortlich war, aus eigener Tasche Öl für die Lampen an den gewöhnlichen Versammlungstagen zu kaufen, aber auch an besonderen Tagen, wo Ehrungen oder Ernennungen gefeiert wurden. Schließlich trafen die Statuten Vorkehrungen für den Tod der Mitglieder: „Und wenn ein Iobacchus stirbt, soll zu seiner Ehre ein Kranz im Wert von nicht mehr als fünf *denarii* besorgt werden; und den Teilnehmern an der Beerdigung soll ein einziger Krug Wein vorgesetzt werden; doch keiner, der daran nicht teilgenommen hat, soll von dem Wein etwas bekommen."

Es ist auffallend, daß die christlichen Gemeinden in den Städten des Römischen Reiches eine bemerkenswerte Ähnlichkeit hatten mit derartigen religiösen Gemeinschaften, wie die oben beschriebenen oder wie die Bestattungsgesellschaft zu Lanuvium. Ähnlich wie diese Vereine versammelte sich auch die christliche Gemeinde regelmäßig zu einem gemeinsamen Mahl; sie hat eine eigene rituelle Aufnahmefeier, die eigenen Regeln und Normen für die Mitglieder. Wenn sich die Gruppe versammelte, hörten sie Mitglieder reden; sie feierten einen religiösen Ritus, der Opfergaben von Wein, Gebete und Lobgesänge umfaßte; gewisse Mitglieder wurden ausgewählt, um als Behörden und Verwalter der Angelegenheiten der Gemeinde zu dienen. Sie führte auch eine gemeinsame, aus den Beiträgen der Mitglieder gebildete Kasse, bemühte sich um die Bedürfnisse der Mitglieder, traf Vorsorge für eine würdige Beerdigung; in einigen Städten besaß sie einen eigenen Friedhof. So wie die Heraklesverehrer „Heraklisten", die Asklepiusverehrer „Asklepianer" und die Isisverehrer „Isiaken" hießen, so wurden die Christusverehrer *Christiani* genannt. „Die christlichen Gemeinden", schreibt der Erforscher der römischen Gesellschaft Jean Gagé, „boten beim ersten Anblick eine erstaunliche Ähnlichkeit mit einer Art Bruderschaft, nämlich der Bestattungsgesellschaft."[7]

Eine unbekannte und geheime Gesellschaft

Außer Plinius gebrauchten andere, auch heidnische Beobachter im 2. Jahrhundert die Bezeichnung von Vereinen, um das Christentum zu kennzeichnen. *Lucian*, ein Satiriker, der humoristische Arbeiten und Dialoge über das Leben in der römischen Welt des 2. Jahrhunderts schrieb, macht sich über die Leichtgläubigkeit der Christen lustig. Wenn er von ihren Führern spricht, gebraucht er den Ausdruck *thiasarchés*, um das Haupt der Vereinigung der Christen zu beschreiben, die „den Mann verehren, der in Palästina gekreuzigt wurde" (*Peregrinus* 11). Später gebrauchte auch *Celsus*, dessen Werk ich in einem späteren Kapitel erörtern werde, die Bezeichnung von Vereinen, um das Christentum zu beschreiben. In einem Passus, wo er das

Argument bringt, daß die Behauptung der Christen, Jesus sei von dem Tod auferstanden, kaum ernst genommen werden kann, da Jesus lediglich seinen Jüngern erschien, schreibt er: „Zu einer Zeit, als man ihm nicht glaubte, während er im Leib war, hatte er allen ohne Einschränkung gepredigt; jedoch als er nach seiner Auferstehung vom Tode einen starken Glauben begründen wollte, ist er heimlich bloß einer Frau und den Mitgliedern seiner eigenen Vereinigung erschienen." Einer der Hauptpunkte von Celsus gegen das Christentum ist es, daß die Christen „gesetzwidrige Vereinigungen" bildeten (c.Cels. 1.1). Statt bei den öffentlichen religiösen Feiern der Städte mitzumachen, wie andere Vereinigungen, weigerten sie sich, mit den anderen etwas zu tun zu haben; sie verrichteten die eigenen Angelegenheiten in der Art und Weise einer „unbekannten und geheimen Gesellschaft" (c.Cels. 8.17).

Daß das Christentum den außenstehenden Beobachtern als eine der Christusverehrung geweihte Vereinigung oder als eine Bestattungsgesellschaft erschien, besagte noch nicht, daß solche Vereinigungen illegal waren. Obwohl Celsus versucht hat, die christliche Vereinigung als illegal und dem Wohl der Stadt schädlich darzustellen, wird im Brief des Plinius die Legalität des Christentums (nicht genehmigte Vereinigung) nicht in Frage gestellt. Die Feststellung bei Celsus ist die eines Disputanten. Das Christentum eine Bestattungsgesellschaft zu nennen, war also kein negatives Urteil. Eigentlich hat eine derartige Kennzeichnung den Menschen geholfen, die christlichen Gruppen in einen vertrauten Zusammenhang zu setzen und den Außenstehenden ein Verständnis dafür zu vermitteln, was bei ihren Versammlungen geschah und was man erwarten konnte, wenn man ihnen beitrat.

Daß es sich so verhielt, kann man auch bei dem christlichen Autor *Tertullian* sehen, der in seinem *Apologeticum* (Apologie) die Christen darstellte. Sein Werk hatte den Zweck, den Außenstehenden gegenüber das Christentum zu verteidigen und zu erläutern und für die neue Bewegung Konvertiten zu gewinnen. Er will zeigen, daß das Christentum keine illegale Vereinigung sei. Anscheinend antwortet er auf die Anschuldigung, daß es, wie andere Vereinigungen auch, politische Spaltungen herbeiführe. Doch bei der Erwiderung auf diese Anschuldigungen gebrauchte er die Bezeichnung des Vereines als Hilfsmittel dafür, um den Außenstehenden ein Bild der christlichen Bewegung zu geben. Das Christentum, behauptet er, sei kein Verein, der sich dem politischen Agieren oder geheimen Tätigkeiten widme, es sei vielmehr ein Verein, der sich darum bemüht, den Mitgliedern moralische Grundsätze einzuprägen und ihnen beizubringen, ein tugendhaftes Leben zu führen.

„Lasset mich", sagt Tertullian, „die Aufgabe des christlichen Klubs *(factio)* beschreiben: Wir sind eine durch unser Glaubensbekenntnis, durch die Einheit unserer Lebensart und durch das Band der gemeinsamen Hoffnung zusammengefügte Vereinigung... Wir treffen uns als eine Versammlung und als eine Gesellschaft... Wir beten für die Kaiser... Wir versammeln uns, um aus unserer Heiligen Schrift zu lesen... Mit den heiligen Worten nähren wir unseren Glauben... Nach dem Schluß der Versammlung gehen die Christen fort, als wenn sie aus einer Schule der Tugend gekommen wären."

„Keiner nimmt Schaden an diesen Versammlungen", schließt er, „denn wenn sich die Tugendhaften versammeln, soll man es nicht einen politischen Klub, sondern einen Rat nennen" (*Apol.* 39).

Dieses Kapitel in Tertullians *Apologie* ist voll von technischen Ausdrücken, die in Verbindung mit Vereinen gebraucht werden. Die christliche Gemeinde wird *factio Christiana* (christliche Partei), *corpus* (Vereinigung), *secta Dei* (Sekte oder Schule Gottes), *coitio Christianorum* (Versammlung von Christen), *curia* (Rat oder Senat) genannt. Tertullian gebrauchte auch vertraute Ausdrücke, als er von den Opfergaben der Christen sprach: *arca* (Kasse), *honoraria* (Geschenke), *stips* (Beitrag). Er vermeidet vertraute Bezeichnungen für die Kirche, zum Beispiel *ecclesia*, oder Bilder aus der Bibel, zugunsten solcher Ausdrücke wie *corpus*: Vereinigung, Klub oder Schule. Seine Sprache war jedem aus der griechisch-römischen Welt verständlich, ob ihm nun das Christentum bekannt war oder nicht. In ähnlicher Weise wie andere Vereinigungen, führt er an, hatte die christliche Gemeinde eine gemeinsame Kasse, regelmäßige Versammlungen für den Gottesdienst und für Festmahle, eine amtliche Führung und vielleicht – obwohl Tertullian es nicht erwähnt – einen gemeinsamen Friedhof.

Im Vergleich zu der reichen bildlichen Darstellung der Kirche im Neuen Testament und bei anderen frühchristlichen Verfassern, einschließlich Tertullian in anderen Schriften, ist seine Beschreibung der Kirche in diesem Kapitel gesellschaftlicher und nicht theologischer Art. Im wesentlichen empfiehlt er anderen das Christentum, weil es eine gute Vereinigung sei, die Menschen dabei helfen könne, ein frommes und tugendhaftes Leben zu führen: „Wie andere

Menschen haben auch wir unsere Glaubenstreue; wir befolgen eine gewisse, durch unsere Überlieferung bestimmte Lebensweise; auch wir bemühen uns, ein den Göttern gegenüber frommes Leben zu führen und anderen Leuten Menschenliebe entgegenzubringen; bei unseren Versammlungen ermuntern wir uns gegenseitig, ein Leben gemäß diesen Idealen zu führen; wir haben die eigenen Schriften und Führer, die bei unseren Versammlungen den Vorsitz führen. Wir sind keine flatterhafte Sekte, kein Neuling, der erst vor ein paar Jahren erschienen ist. Den Ursprung unserer Lehre setzen wir in der Herrschaft von Tiberius an" (*Apol.* 7.3) – der vor 200 Jahren lebte.

Tertullian, ein Apologet, der eine Abhandlung zur Verteidigung des Christentums schrieb, wählt eine gemeinsame gesellschaftliche Bezeichnung der Sekte in der römischen Welt, um den Außenstehenden seinen Glauben darzustellen. Somit liefert er einen weiteren Beweis dafür, daß die christliche Bewegung, als sie im 2. Jahrhundert in den Blick der Öffentlichkeit zu treten begann, von den Außenstehenden als eine religiöse Vereinigung oder als eine Bestattungsgesellschaft, deren Gründer Jesus war, betrachtet wurde; daß sie damit anderen Vereinen ähnlich war, die man in den Städten der römischen Welt finden konnte. Natürlich gab sich Tertullian nicht damit zufrieden, daß das Christentum lediglich als ein Verein unter anderen gesehen werden sollte. An anderer Stelle in seiner *Apologie* will er die Überlegenheit der christlichen Vereinigung beweisen.

Hier ist es nicht meine Absicht, die Erwiderung der Christen auf die Einstellungen und Beobachtungen der Außenstehenden zu analysieren. Ich möchte bloß zeigen, wie ein Apologet die Gesellschaftsbezeichnungen der Außenstehenden als Ausgangspunkt für seine apologetischen Bemühungen nahm. Wenn Tertullian die Wahrheit des Christentums glaubhaft verteidigen wollte, dann mußte er zunächst seine Ähnlichkeit mit anderen anerkannten religiösen und gesellschaftlichen Gruppen innerhalb des Reiches zeigen. Was andere über das Christentum dachten, war auch ein Faktor bei der Entwicklung des Selbstverständnisses der Christen, wie sie sich der größeren Welt darstellten. Eine ähnliche Entwicklung kann man auch bei der Kennzeichnung des Christentums als eines „Aberglaubens" sehen.

3. KAPITEL

Die Frömmigkeit der Verfolger

Nachdem Plinius die zweite ihm vorgeführte Gruppe von Christen abgeurteilt hatte, entschloß er sich, zwei christliche Sklavinnen zu verhören. Er hatte Gerüchte über christliche Riten gehört und wollte weiter nachforschen, was die Christen bei ihren Versammlungen eigentlich taten. Die Frauen teilten ihm mit, daß sie, wenn sie sich versammelten, ein gemeinsames Mahl einnahmen, Loblieder sangen, beteten und einander ermunterten, ein gottgefälliges Leben zu führen. Nach diesem Verhör schrieb Plinius an Trajan, um zu berichten, daß er keine neuen Kenntnisse gewonnen habe. Er fand nichts als einen „entarteten Aberglauben, der viel zu weit geht". Was hatte es im 2. Jahrhundert im römischen Reich zu bedeuten, das Christentum einen Aberglauben zu nennen?

Der Gebrauch des Ausdrucks „Aberglaube" *(superstitio)* wäre weniger bedeutend, hätten nicht zwei andere zeitgenössische römische Schriftsteller ebenfalls bei Erwähnung der Christen ihn benutzt. In seinen *Annalen*, einer Geschichte des Römischen Reichs im 1. Jahrhundert n. Chr., erwähnt *Tacitus*, ein enger Freund und Kollege von Plinius, die Christen in seinem Bericht über den Brand von Rom unter Kaiser Nero. Tacitus, fünf Jahre vor Plinius geboren, war in der gleichen Welt aufgewachsen, hatte eine ähnliche Bildung erhalten und eine ähnliche Laufbahn eingeschlagen. In annähernd dem gleichen Lebensalter war auch er Provinzstatthalter geworden. Von Natur war er skeptischer veranlagt als Plinius, und sein Verstand war wißbegieriger, aber er hatte sich nach den gleichen moralischen und geistigen Werten entwickelt.

In seinen *Annalen* wollte Tacitus die Verwandlung des römischen Lebens als Folge der Durchsetzung der Herrschaft eines einzigen Mannes, des Kaisers, belegen. Er schaut wehmütig auf die Tage der Republik vor Augustus zurück; er wollte zeigen, daß das moralische

Empfinden der Staatsführung durch die neue Regierungsform abgestumpft worden war. Das Christentum ist kein Teil der Geschichte von Tacitus. Abgesehen von dem einen Hinweis in den *Annalen* zeigt er kein Interesse an der neuen Bewegung. Wenn er in dem Buch auf die Christen hinweist, dann nicht aus Interesse am Christentum als solchem, oder weil er seine Leser über die neue Religion aufklären wollte, wie er es zum Beispiel in einer ausführlichen Erörterung über die Juden in einem anderen Werk, den *Historien* (5, 1–13), getan hat, sondern weil er das Ausmaß von Neros Eitelkeit und die Größe seiner Laster hervorheben und die Verbrechen, die er gegen das römische Volk begangen hat, zeigen wollte. Aufgrund dieses Berichts von Tacitus über das Verbrennen von Christen hat die spätere christliche Überlieferung ein phantasiereiches Bild der Verfolgung nach dem Brand von Rom gemacht. Doch sein Bericht wurde 60 Jahre später geschrieben, und die Dürftigkeit an Einzelheiten in dem Text sollte uns abhalten, aus dem Ereignis zu viel zu machen. Des Tacitus Bericht erzählt uns mehr über römische Lebenseinstellungen zu seiner eigenen Zeit (nämlich Anfang des 2. Jahrhunderts) als über die Verfolgung der Christen unter der Herrschaft von Nero. Es ist klar, daß das Ereignis außerhalb des Hauptinteresses von Tacitus liegt.

Jedoch gerade weil Tacitus an den Christen uninteressiert ist, ist sein Zeugnis wertvoll, denn es gibt das wieder, wie sein Zeitgenosse Plinius die christliche Bewegung betrachtete.[1] Die *Annalen* wurden innerhalb von fünf, höchstens zehn Jahren nach der Begegnung des Plinius mit den Christen in Bithynien geschrieben. „Ihr Gründer Christus", schrieb Tacitus, „war unter der Herrschaft von Tiberius durch den Statthalter von Judäa, Pontius Pilatus, hingerichtet worden. Aber trotz dieses vorläufigen Rückschlags war der tödliche Aberglaube *(superstitio)* aufs neue ausgebrochen, und zwar nicht nur in Judäa (wo das Unheil angefangen hatte), sondern sogar in Rom. Sämtliche schändlichen und unanständigen Bräuche sammeln sich und florieren in der Hauptstadt." Tacitus beschreibt die Hinrichtung der Christen. Aber er macht deutlich, daß sie nicht wegen ihrer „Brandstiftung", sondern wegen ihres „Menschenhasses" und wegen der Barbarei Neros umgebracht wurden. „Man meinte, sie seien der Brutalität eines Mannes und nicht dem öffentlichen Wohl geopfert worden" *(Annales* 15,44).

Ein anderer römischer Historiker, ein Freund und Korrespondent von Plinius, 15 Jahre jünger als dieser, nämlich *Suetonius*, erwähnt auch beiläufig die Christen in seinem Buch über die Lebensgeschichte der römischen Kaiser. Obwohl Suetonius' Werk *Lebensgeschichte der Kaiser* nicht immer eine zuverlässige Quelle ist, spiegelt es wie die Schriften von Plinius und Tacitus die Auffassung derselben Generation von Römern wider. An einer Stelle, die auf die Hinrichtung der Christen unter Nero hinweist, schreibt Suetonius: „Die Christen, eine Klasse Menschen, die einem neuen und schändlichen *Aberglauben* hingegeben sind, wurden bestraft" (*Nero*, 16).[2] Die drei römischen Autoren also, die Anfang des 2. Jahrhunderts das Christentum erwähnen, stimmen darin überein, daß sie das Christentum einen *Aberglauben* nennen.

Römische Religion und christliches Vorurteil

Der Ausdruck *Aberglaube* bezog sich im allgemeinen und vertrauten Sinne auf Religionen und Bräuche, die den Römern fremd und absonderlich vorkamen. Was fremd und absonderlich war, wurde natürlich von dem bestimmt, der es beurteilte. Jedoch einem römischen Senator oder den Mitgliedern der herrschenden Gesellschaftsschicht in Rom bedeutete *Aberglaube* die Art von Religionen und Bräuchen, die von den umliegenden Ländern in die römische Welt eingedrungen war. Die Religion der Kelten auf den britischen Inseln, die Bräuche der germanischen Stämme im Norden Europas, die Sitten der Ägypter – alles das erschien den Römern als „Aberglaube". Nach Tacitus war einer der Gründe, warum Ägypten der festen Herrschaft der Römer bedurfte, der, daß „Aberglaube und verantwortungslose Ausschweifungen" diese Region gespalten und zerstört hatten. Sarapis, einen ägyptischen Gott, nannte er „den Lieblingsgott eines Volkes, das dem Aberglauben verfallen war".

Bezüglich ihrer Religion gehörten die Juden in dieselbe Kategorie wie die Ägypter. Im Jahre 19 n. Chr. verordnete der römische Senat, daß 4000 ehemalige Sklaven, „die mit dem Aberglauben der Ägypter und der Juden belastet waren", nach Sardinien gebracht werden sollten, um die auf der Insel grassierende Räuberei auszurotten. Die Annahme, daß die Juden abergläubisch waren, war kein bloß theoretisches Urteil, das auf Hörensagen und Gerüchten beruhte. Juden waren in den meisten größeren Städten des Reiches zu finden; und in der Stadt Rom selbst wohnte eine große jüdische Gemeinde.

Im Laufe der Generationen hatten die Römer Gelegenheit, aus erster Hand die jüdischen Bräuche zu beobachten; zum Beispiel, daß sie sich weigern, Schweinefleisch zu essen, die Beschneidung, die Einhaltung des Sabbats und von eigenen Festtagen. „Einige, deren Schicksal es ist, sabbatfürchtige Väter zu haben", schrieb *Juvenal*, „verehren nichts als die Wolken und den göttlichen Willen des Himmels; sie glauben, es sei ein ebenso großes Verbrechen, Schweinefleisch zu essen, dessen sich ihre Eltern enthielten, wie es wäre, Menschenfleisch zu essen. Sie lassen sich beschneiden, und sie verachten das römische Gesetz; und sie ziehen es vor, statt dessen die jüdischen Gebote zu erlernen, zu ehren und zu fürchten; alles das, was durch Moses in seiner geheimnisvollen Sprache überliefert wurde; sie wollen nur den Mitgläubigen einen Weg zeigen („sollte jemand fragen, wo Wasser zu haben sei, findet heraus, ob er beschnitten ist'). Aber ihre Väter waren schuld; sie machten jeden siebten Tag zu einem Tag, an dem das ganze Lebensgeschäft verboten war, zu einem Tag der Untätigkeit" (*Satire*, 14).

Plutarch, ein griechischer Autor, der Anfang des 2. Jahrhunderts lebte, verspottete ebenfalls den Fanatismus der Juden, die sich weigerten, zu kämpfen, wenn der Angriff am Sabbat stattfand (*De superst.* 169c).

Die *Historien* des Tacitus, sein Bericht über die Jahre vom römischen Bürgerkrieg im Jahre 69 n. Chr. bis zur Herrschaft von Domitian, umfaßt einen ausführlicheren Bericht über die Juden: „Unter den Juden sind all die Dinge nicht heilig, die uns heilig sind; auf der anderen Seite betrachten sie das als erlaubt, was uns unmoralisch zu sein scheint." Er findet jüdische Bräuche anstößig, zum Teil weil er keine echt religiösen Gründe dafür sehen kann, zum Teil weil er glaubt, sie hätten ihre eigenartigen Bräuche eingeführt, um sich von den anderen abzusondern. Trotzdem hat Tacitus erkannt, daß man die Religion der Juden nicht ohne weiteres mit der anderer Völker vergleichen konnte. „Die Ägypter verehren verschiedene Tiere und halb menschliche, halb tierische Gestalten, wohingegen die Religion der Juden ein rein geistiger Monotheismus ist. Sie halten es für gottlos, aus vergänglichem Stoff Götzenbilder in menschlicher Gestalt herzustellen; für sie kann das Allerheiligste und das Ewige durch menschliche Hände nicht dargestellt werden, und es wird nie vergehen. Aus diesem Grund stellen sie keine Bildsäulen in ihren Städten, noch weniger in ihren Tempeln auf." Trotz dieser Einsicht in das Wesen der jüdischen Gottesverehrung hatte Tacitus keine Worte der Anerkennung für die Religion der Juden, wenngleich zu seiner Zeit viele Intellektuelle begonnen hatten, für den philosophischen Begriff einer höchsten geistigen Gottheit eine gewisse Sympathie zu zeigen. Für Tacitus war der jüdische Kult jedoch widernatürlich und entartet (*Hist.* 5.5); und er hielt die Juden für ein „Volk das zu Aberglauben neigt und der Feind wahrer Religion ist" (*Hist.* 5.13).

Die jüdische Religion war fremd und nichtrömisch. Sie war „neu" (*Hist.* 5.4) und stand im Gegensatz zu den Bräuchen anderer Völker. Liest man die Stellen aus den *Historien* genau, dann leuchtet es ein, daß die Kritik des Tacitus am Judentum nicht bloß kultureller und gesellschaftlicher Natur ist. Es stimmt ja, daß die jüdische Religion „anders" war und daß sie von den Normen abwich, die dem Menschen in der römischen Welt vertraut waren. Die Juden paßten nicht in die griechisch-römische Gesellschaft hinein. Sie lebten als ein Volk für sich, und ihre religiösen Bräuche hatten eine fremde Herkunft. Aber Tacitus beurteilt die Juden anscheinend auch in religiöser Hinsicht; oder richtiger ausgedrückt, seine gesellschaftlichen und religiösen Beurteilungen sind eng miteinander verbunden. Ich will nicht aus Tacitus den Theologen machen, der er nicht war. Wenn wir aber begreifen sollen, was die Römer unter „Aberglauben" verstanden, dann müssen wir etwas über die positive Seite der römischen Religion sagen, auch darüber, wie sie sich von unseren Vorstellungen unterschied.

So sehr die römische Zivilisation im Westen gefeiert und bewundert wird, sowohl in der gelehrten als auch in der volkstümlichen Kultur, über die römische Religion wird wenig gesagt; und das Gesagte ist selten schmeichelhaft. Man hielt die Römer für hervorragend in der Gesetzgebung und der Rechtsprechung, in der politischen Klugheit, in ihrer Kunst und ihrer Technik beim Straßenbau, in ihren Verwaltungsleistungen und ihrer toleranten Herrschaft über viele verschiedenartige Völker. Aber die römische Religion hielt man für kalt und leblos, das Gefühl nicht ansprechend, ritualistisch. R. M. Ogilvie schrieb: „Die lateinische Dichtung ist mit den Namen von Göttern besät; und römische Kunstwerke, insbesondere die großen öffentlichen Denkmäler, wie der Friedensaltar mit seinen herrlichen Skulpturen ... stellen regelmäßig religiöse Szenen dar. Doch es fällt uns schwer, zu fassen, daß diese Welt der Götter und Göttinnen mehr ist als Verzierung. Der Einfluß der christlichen Erziehung und

Überlieferung ist derart stark, daß wir uns nicht vorstellen können, daß die Götter jemals eine wirkliche Bedeutung hatten oder daß Menschen tatsächlich an ihre Existenz oder ihre Macht glauben konnten."

Trotzdem „konnten die herkömmlichen Geschichten von den Göttern die Römer gefühlsmäßig ansprechen, selbst wenn sie diese vernunftmäßig als Dichtung abtaten. Sollen wir die Geschichte des 1. Jahrhunderts v. Chr. und des 1. Jahrhunderts n. Chr. verstehen, dann müssen wir versuchen, unter die Oberfläche zu gelangen, um zu sehen, wie die Religion der Römer wirkte, um das zu würdigen, was die Römer von ihrer Religion hielten".[3]

Die Aufgabe, die römische Religion zu verstehen und zu würdigen, wird durch die christlich-apologetische Tradition nicht leicht gemacht; besonders bei den Autoren der Frühzeit, deren Bücher und Schriften die römische Religion kritisiert und die neue christliche Bewegung verteidigt haben. Unter diesen Apologeten ist *Augustinus* der Mann mit dem größten Einfluß gewesen, der in seinem Werk *Gottesstaat* – der volle Titel heißt *Gottesstaat gegen die Heiden* – die römische Religion ausführlich erörtert hat. Augustinus hat die römischen Götter verspottet; er wollte zeigen, daß gebildete Römer an ihre Macht und ihren Einfluß eigentlich nicht „glaubten"; vielmehr waren sie der Meinung, daß „Glauben" an die Götter „nützlich" oder vorteilhaft für das Leben der Gesellschaft und für den Staat war. Die herkömmliche römische Religion hatte die *utilitas* (Nützlichkeit) des religiösen Glaubens für das Wohl des römischen Weltreiches betont. Einer der hervorragenden Theoretiker der römischen Religion, *Terentius Varro* (116–27 v. Chr.), hatte eine auf dieser Auffassung gegründete Theologie der römischen Religion entwickelt.

Diese Idee der „Nützlichkeit" des religiösen Glaubens beruhte auf einem Verständnis der engen Beziehung zwischen Religion und Gesellschaftsordnung; aber sie wurde von Augustinus als eine zynische und manipulierte Ausbeutung der Religion für politische Zwecke dargestellt. Nach *Augustinus* gibt *Varro* „die Falschheit" der Geschichten von den Göttern „fast zu". Sein Werk zeige, „religiöse Riten könnten erfunden worden sein in Fällen, wo man meinte, daß Lügen über die Götter den Bürgern einen Vorteil brächten" (*De civ. Dei* 3.4). In Anbetracht dieses Standpunkts überrascht es kaum, daß es Augustinus in der folgenden Tradition schwerfiel, die römische Religion ernst zu nehmen. Selbst viele moderne Forscher betrachten die römische Religion als hauptsächlich politischer Natur, eine „Religion der Treue" dem Staat und dessen Institutionen gegenüber, die wenige echte religiöse Impulse und Gefühle mit sich brachte. Und doch, wenn wir sehen wollen, was die Römer selbst sagen, dann müssen wir etwas näher hinschauen und tiefer schürfen. Die römische Religion bewahrte nämlich eine echte religiöse Sensibilität.[4]

Die Religion in der Praxis

Der Ausdruck, den man am häufigsten gebraucht hat, um die religiösen Einstellungen von Männern wie Plinius und Tacitus zu kennzeichnen, war *Frömmigkeit* (*pietas* im Lateinischen, *eusebeia* im Griechischen). Ein erläuterndes Beispiel für römische „Frömmigkeit" befindet sich in *Tacitus'* Bericht in seinen *Historien* über den Wiederaufbau des Kapitols, des dem Jupiter Optimus Maximus, der Juno und der Minerva geweihten Tempels, der auf einem der Hügel Roms stand. Der Tempel war in den Bürgerkriegen der Jahre 68–69 n. Chr. zerstört worden. Tacitus beschreibt folgendermaßen den Ritus der Wiederweihung des Bodens, auf dem der Tempel wiederaufgebaut werden sollte:

„Lucius Vestinus, einem Mann des Reiterordens, wurde der Wiederaufbau des Kapitols anvertraut. Er rief die Wahrsager zusammen, die den Rat gaben, daß die Überreste des früheren Heiligtums in den Sümpfen abgeladen und der Tempel auf denselben Grundfesten, soweit sie noch vorhanden waren, wiederaufgebaut werden sollte; es war der Wille der Götter, daß der alte Bauplan unverändert bewahrt bleiben sollte. Das ganze Gelände, das als Tempelplatz geweiht werden sollte, wurde durch eine ununterbrochene Reihe von Bändern und Girlanden abgegrenzt; und am 21. Juni betraten unter einem wolkenlosen Himmel Oliven- und Lorbeerzweige tragende Soldaten, die glückverkündende Namen führten, das Gelände; und ihnen folgten die Vestalinnen, von Jungen und Mädchen begleitet, deren beide Eltern noch lebten. Diese besprengten alle sorgfältig den Platz mit Wasser aus Brunnen und Flüssen. Dann reinigte der Prätor Helvidius Priscus, im Ritus durch den Pontifex Plautius Aelianus geführt, durch das Opfer von Schwein, Schaf und Ochsen das Gelände und brachte die Eingeweide auf einem Altar aus Torf dar; dabei betete er zu Jupiter, Juno und Minerva als den Gottheiten, die über das Reich herrschten, sie mögen gnädig das jetzt begonnene Werk gedeihen lassen, und insofern der Bau ihres heiligen Tempels durch die Frömmigkeit *(pietas)* von Menschen unternommen werde, mögen sie durch ihre göttliche Hilfe das Glück mehren. Dann legte der Prätor seine Hand auf die Bänder um den Grundstein, an dem Seile festgemacht waren. In demselben Augenblick haben die anderen Beamten, die Priester, die Senatoren, die Ritter und ein großer Teil der Bevölkerung eifrig und freudig die Seile angefaßt und den riesigen Stein an den richtigen Platz gezogen. Überall warfen sie Opfergaben von Gold und Silber sowie Klumpen ungeläuterten Metalls in die Fundamente. Nach den Anweisungen der Wahrsager sollte der Bau durch die Benutzung von Stein oder Gold, die für andere Zwecke bestimmt waren, nicht entweiht werden. Der Tempel wurde etwas erhöht. Dies, wie man meinte, war die einzige Änderung, die das religiöse Empfinden zuließ, und die einzige Hinsicht, in der es dem früheren Tempel an Pracht mangelte" (*Hist.* 4.53).

In diesem Bericht ist der Wiederaufbau des Kapitols ein religiöses und zugleich ein politisches Ereignis. Er ist religiös, da der Wiederaufbau des Tempels ein Akt der Frömmigkeit gegen die Götter war; er ist jedoch deshalb auch politisch, weil er eine öffentliche Angelegenheit war, die die Bevölkerung als Ganzes anging und bei der der Vertreter des Volkes und das politische Haupt des Reiches, der Kaiser, den Vorsitz führte. Priester, Senatoren, Ritter, Soldaten und eine große Volksmenge nahmen an dem Ereignis teil. Ein Prätor, ein Ehrenamt, das nur durch berühmte römische Staatsdiener bekleidet wurde, brachte Opfergaben von einem Schwein, einem Schaf und einem Ochsen dar; Gebete wurden an die drei Gottheiten des Kapitols, an Jupiter, Juno und Minerva gerichtet, die um ihre Hilfe und ihren Schutz für Rom angefleht wurden. Tacitus schildert also eine religiöse Feier, die alle Bürger umfaßte und nicht bloß die Mitglieder einer bestimmten religiösen Gemeinde oder Vereinigung.

Ursprünglich wurde das Wort *Frömmigkeit* gebraucht, um die Verehrung und die Hochachtung zu kennzeichnen, die man den Mitgliedern der Familie entgegenbrachte: Kinder den Eltern, Kinder und Eltern den Großeltern, alle den Ahnen. Aber der Ausdruck wurde allmählich in einem weiteren Sinne gebraucht, um nämlich Treue und Gehorsam gegenüber den Bräuchen und Überlieferungen von Rom, gegenüber ererbten Gesetzen, gegenüber denen, die in früheren Generationen gelebt hatten – kurz gegenüber dem „Vaterland" zu kennzeichnen. Mit der Zeit hat der Ausdruck einen stärker religiösen Sinn angenommen und bedeutete: Ehrfurcht vor den Göttern, Verehrung der Götter, Befolgen des Ritus und der Kulthandlungen, zum Beispiel die Darbringung von Opfergaben. Aber der ältere Sinn des Wortes ging nie verloren. *Frömmigkeit* meinte sowohl den Respekt vor den Überlieferungen der Familie und der Stadt als auch die spezifisch kultische Treue. „Die Teilung der Frömmigkeit in eine die Familie und eine den öffentlichen Kult betreffende Hälfte ist offensichtlich auf die moderne Denkweise zurückzuführen; in der Antike bildet die Frömmigkeit eine Einheit."[5]

Viele Münzen aus den ersten drei Jahrhunderten des Römischen Reiches tragen das Wort *pietas* oder eine Verbindung von Wörtern mit *pietas*, wie zum Beispiel *pietas augusta*. Auf einigen Münzen mit diesen Aufschriften zeigt sich auf der einen Seite die Büste eines Kaisers, auf der Kehrseite sind liturgische Geräte abgebildet, die bei der Darbringung von Opfergaben benutzt wurden. Andere stellen den Kaiser dar, wie er neben einem Altar steht oder Opfergaben darbringt; einige zeigen Tiere, die für das Opfer zurechtgemacht werden. Andere Münzen haben eine weibliche Gestalt, deren Hände in einer Geste des Betens erhoben sind. Bei der weiblichen Gestalt befinden sich Legenden wie *vota publica* (öffentliches Gebet), *pietas*, *pietas augusta*. *Vota publica* wurden an amtlichen Feiertagen und Jahrestagen verrichtet. Zum Beispiel ein römischer Militärkalender, der bei einer Militärstation zu Dura Europos an der Ostgrenze des Reiches in Mesopotamien entdeckt wurde, bezeichnet den 3. Januar als einen Feiertag „für Gelübde, die erfüllt und dargebracht werden für die Erhaltung unseres Herrn Marcus Aurelius Severus Alexander Augustus und für die ewige Dauer des Reiches des römischen Volkes". Opfer begleiteten die Gebete: „An Jupiter, den besten und mächtigsten, ein Ochse; an Juno eine Kuh; an Minerva eine Kuh."[6] Den Soldaten der weit von der Heimat entfernten Garnisonen boten diese Feiertage und die sie begleitenden Opfer Gelegenheit nicht nur zum Ausdruck öffentlicher Frömmigkeit, sondern ebenso zu einem guten Essen und zu einem herzhaften Trinkgelage.

Die römische Religion beschränkte sich jedoch nicht auf den öffentlichen Bereich. Auch im Leben der Familie, in Vereinen und Klubs spielte sie eine Rolle, wie wir im vorigen Kapitel gesehen haben; aber ebenso im persönlichen Leben des einzelnen. In der Antike (wie heute) spiegeln Grabinschriften den persönlichen Glauben und die persönlichen Werte, nach denen Menschen ihr Leben zu führen suchten, wider: „Hier liegt N. N., Ehegattin von Marcus, die beste und schönste Wollspinnerin, fromm *(pia)*, sittsam, sorgsam, keusch, die das Heim hütete."[7] In ihrer öffentlichen Funktion hatte die römische Religion ihren kennzeichnenden Sitz im Leben, im Glauben an das Reich und an die göttliche Vorsehung, die den Frieden und das Gedeihen der Herrschaft eines Kaisers sicherte, in der Erziehung und der militärischen Ausbildung, auf Münzen, in den öffentlichen Denkmälern und Statuen, die die Straßen säumten und die Marktplätze und öffentliche Gebäude schmückten. Den Boden für das Kapitol zu weihen war, wie wir gesehen haben, ein religiöses Ereignis, aber es hatte auch eine hohe politische Bedeutung. *Tacitus* nannte seine Zerstörung „das beklagenswerteste und entsetzlichste Unglück in der ganzen Geschichte des Römischen Reiches" (*Hist.* 3.72).

Nicht nur, daß die Römer religiös *waren*, sie *betrachteten sich* auch als religiös. Sie dachten, sie wären in ihrer Götterverehrung anderen Völkern überlegen. „Sollten wir unsere nationalen Merkmale mit denen fremder Völker vergleichen", schrieb *Cicero*, „dann finden wir, während wir in jeder anderen Hinsicht anderen gleichkommen oder ihnen sogar unterlegen sind, im religiösen Sinne, das heißt in der Götterverehrung, sind wir ihnen bei weitem überlegen" (*Nat.D.* 2.8). Nach einer alten Legende setzte König Numa bei der Gründung der Stadt Rom die „Furcht vor den Göttern" *(metus deorum)* als einen der Grundsätze fest, die ihr Leben beherrschen sollten *(Livius* 1.19). *Dionysius von Halicarnassus*, ein griechischer Rhetor, der viele Jahre in Rom lebte und sich für alles Römische begeisterte, schrieb: „Unter den Römern gibt es keine Prozessionen, bei denen man im Trauerkleid und mit traurigem Gesicht geht, die begleitet werden von Klagen und Klageliedern der Frauen, die das Verschwinden von Gottheiten beklagen, derart wie sie die Griechen zum Andenken an die Vergewaltigung der Proserpina und die Abenteuer des Bacchus und an viele andere Dinge ähnlicher Art veranstalten. Bei ihnen (obwohl ihre Sitten jetzt verdorben sind) sieht man nichts von dem begeisterten Entzücken korybantischer Mysterien, keine von Männern und Frauen gemeinsam gehaltenen Nachtwachen in den Tempeln, nichts von derartigen Ausschweifungen. Doch den Göttern wird alle Ehrerbietung in Worten und Handlungen entgegengebracht, und zwar mehr noch als das, was sowohl bei Griechen als auch bei Barbaren üblich ist" (*Ant.Rom.* 2.19.2–3).

Cicero sagt, indem Numa die römische Religion festsetzte, habe er das Fundament zu der Stadt Rom gelegt (*Nat.D.* 35).

In den Städten der alten Welt war die Religion in das gesellschaftliche und politische Leben unentwirrbar verflochten. Es hieß nicht, „an die Götter glauben", sondern „Götter haben", so wie eine Stadt „Gesetze oder Bräuche" hatte. Frömmigkeit gegen die Götter, so glaubte man, sicherte das Wohl der Stadt, förderte einen Verwandtschaftsgeist und das Bewußtsein gegenseitiger Verantwortung; sie verband die Bürgerschaft. „Sehr wahrscheinlich", schrieb *Cicero*, „wird das Schwinden der Frömmigkeit gegen die Götter auch das Schwinden der Treue und der gesellschaftlichen Einigung unter den Menschen sowie der Gerechtigkeit selbst, der Königin aller Tugenden, zur Folge haben" (*Nat.D.* 1.4). Würde man einen einzigen Begriff hervorheben, der den religiösen Sinn der Römer zusammenfaßte, so wäre dies die „göttliche Vorsehung" *(providentia)*; die Vorstellung, daß die Götter Einfluß auf die Angelegenheiten der Menschen und die Ereignisse der Geschichte ausübten. Aus diesem Grund waren die Götter der Verehrung und der Ergebenheit würdig.

Cicero schrieb also: „Es gibt und es gab Philosophen, die behaupten, daß die Götter überhaupt keinen Einfluß auf die Angelegenheiten der Menschen ausüben. Doch wenn ihre Auffassung stimmt, wie kann Frömmigkeit, Ehrerbietung oder Religion existieren? Denn all diese sind Tribute, die wir in Reinheit und Heiligkeit den göttlichen Mächten zu zollen verpflichtet sind – einzig und allein in der Annahme, daß sie diese merken und daß dem menschlichen Geschlecht irgendein Dienst von den Göttern geleistet worden ist. Wenn aber im Gegenteil die Götter weder die Macht noch den Willen haben, uns zu helfen, wenn sie uns und unsere Handlungen überhaupt nicht beachten, wenn sie gar keinen Einfluß auf das Leben der Menschen ausüben können, was haben wir für einen Grund, den unsterblichen Göttern Verehrung oder Ehrerbietung zu zeigen oder Gebete irgendwelcher Art an sie zu richten? Jedoch Frömmigkeit, wie die übrigen Tugenden, kann nicht bloß in äußerer Schau und Vorspiegelung existieren; und zusammen mit der Frömmigkeit müssen Ehrerbietung und Religion gleichermaßen schwinden. Und sind diese einmal verschwunden, dann wird das Leben ein Durcheinander von Unordnung und Verwirrung" (*Nat.D.* 1.3–4).

Ähnlich wie *pietas* erscheint *providentia* auch auf römischen Münzen aus dieser Periode. Die Götter, so glaubt man, schützen die

Stadt Rom und sichern den geordneten Übergang von einem Kaiser zum anderen. Durch die Vorsehung der Götter erwacht jeden Frühling die Erde zu neuem Leben, der Weizen blüht, die Bäume tragen Frucht und die Himmel öffnen sich, um Regen zu spenden. Auf einigen Münzen wurde ein Adler gezeigt, der mit dem Zepter Roms in seinem Schnabel zum Kaiser herunterflog, was die friedliche Machtübernahme durch die *providentia* der Götter versinnbildlichte. Auf anderen wurde der Kaiser als Restaurator der ganzen Welt *(restitutor orbis terrarum)* dargestellt, und zwar ob der *providentia deorum*.[8] Selbst das Bemühen um die kleinsten Einzelheiten und Details der religiösen Feier (zum Beispiel das Füttern der Hähnchen oder das Achten auf den lauten Ruf eines Vogels) war ein Zeichen der Frömmigkeit, die zum Wohl und zum Erfolg der römischen Republik beitrug *(Livius* 6.41.8). In diesem Glaubenssystem war es möglich, die wahren von den falschen Bräuchen zu unterscheiden: die Religion, die den herkömmlichen Glauben förderte, und diejenige, welche die Weisheit der Vergangenheit unterminierte. Deshalb war es nicht unangebracht, dem Aberglauben die echte Religion gegenüberzustellen: „Religion ist vom Aberglauben nicht nur durch Philosophen, sondern durch die eigenen Ahnen unterschieden worden", sagt *Cicero*. Denn Aberglaube besagt „grundlose Furcht vor den Göttern", wohingegen Religion in „der frommen Götterverehrung" besteht *(Nat.D.* 1.117; 2.72). Der Abergläubige befaßte sich mit religiösen Übungen, die weder den Göttern Verehrung noch den Menschen einen Vorteil brachten.[9]

Weil die Erörterung der Frömmigkeit mit *Plinius*, der in lateinischer Sprache schrieb, begann, habe ich mich auf die Einstellung ihr gegenüber konzentriert, wie sie sich in lateinischen Quellen widerspiegelt. Aber in der Welt, in der das Christentum entstanden ist, konnte man auch andernorts ähnliche Einstellungen und Vorstellungen finden. In den griechischen Städten des östlichen Mittelmeerraums zum Beispiel trug der Ausdruck „Frömmigkeit" *(eusebeia)* viele ähnliche Obertöne. Er wurde in einem öffentlichen Sinn gebraucht, um die Einstellung der *ephebes* (Jünglinge) beim Abschluß ihrer athletischen und militärischen Ausbildung zu kennzeichnen. Eine Inschrift aus dem 1. Jahrhundert v. Chr. aus Athen beschreibt die ausführlichen Feiern, die am Tage stattfanden, an dem die jungen Männer der Stadt vorgestellt wurden: „Es gab eine Parade in Gala-Uniform mit Fackeln, Wettrennen und anderen athletischen Wettkämpfen, öffentliche Opfer von Stieren und Kälbern sowie Trankopfer. Nachdem sie der Stadt und dem Volk vorgestellt worden waren, hat man die *ephebes* mit goldenen Kränzen gekrönt und sie ob ihrer Frömmigkeit *(eusebeia)* gegen die Götter und ihrer Ehrerbietung *(philotimia)* dem Rat und dem Volk gegenüber geehrt."[10]

Gegen Ende des 1. Jahrhunderts n. Chr. schrieb ein griechischer Philosoph, ein Zeitgenosse von Plinius und Tacitus, eine kleine Abhandlung über den Aberglauben *(deisidaimonia)*. Gewöhnlich schreibt man *Plutarch* (50–120 n. Chr.), einem geborenen Griechen, das Werk zu.[11] Plutarch war in Ägypten und Italien weit gereist, er schrieb viel über moralische und religiöse Themen. Er war ein frommer und ergebener Priester zu Delphi, dem großen religiösen Heiligtum in Mittelgriechenland. Er schrieb Bücher über die ägyptische Religion von Isis und Osiris, über religiöse Orakel und über andere Themen. Die Abhandlung *Über den Aberglauben* (ob von Plutarch oder nicht) ist deshalb interessant, weil sie uns zeigt, wie ein geistig empfindsamer griechischer Denker über den Aberglauben und die Frömmigkeit nachgedacht hat. Er erwähnt das Christentum jedoch nicht.

Nach Plutarch sondert der Aberglaube Leute von der übrigen Gesellschaft ab, weil der Abergläubige, wenn er an die Götter denkt, den Verstand nicht gebraucht. Statt dessen schafft er sich furchtbare Bilder und abscheuliche Gespenster, die zu einem wunderlichen und übertriebenen Verhalten führen. Der Abergläubige ist auch ein Fanatiker. Den Göttern gegenüber sind seine Gefühle übertrieben; er verehrt sie mit übermäßiger Ehrfurcht; und er glaubt, daß die Lage des Menschen im Leben nicht davon abhängt, was man tut (nämlich von der menschlichen Verantwortung), sondern von den Schicksalsbestimmungen, über die man keine Kontrolle hat. Der Abergläubige „genießt keine mit dem übrigen Menschengeschlecht gemeinsame Welt" (166c). Ihm sind die Götter „voreilig, treulos, launisch, rachsüchtig, grausam und schnell beleidigt", denn sie behandeln die Menschen unberechenbar und willkürlich (170c).

Weil der Aberglaube zu unvernünftigen Göttervorstellungen führt, sei die unausbleibliche Folge der Atheismus. „Atheisten sehen die Götter überhaupt nicht"; doch der Abergläubige „glaubt, daß sie existieren", nur macht er sich falsche Vorstellungen von ihnen. Er stellt sich launische und eigenwillige Götter vor, die die Menschen wie Spielzeug behandeln; er meidet die Ideen von Philosophen und

Staatsmännern, die zu zeigen versuchen, daß „die Erhabenheit Gottes mit Güte, Großzügigkeit, Wohlwollen und Besorgtheit verbunden ist". „Aus diesem Grund", sagt *Plutarch*, „muß ich mich über diejenigen wundern, die sagen, der Atheismus sei gottlos, und die nicht das Gleiche vom Aberglauben sagen." Der Atheist „glaubt, daß es keine Götter gibt"; der Abergläubige hingegen glaubt gegen seinen Willen an sie, „weil er sich fürchtet, nicht zu glauben". Deshalb muß der Aberglaube ausgerottet werden, denn er ist „der Same, aus dem der Atheismus hervorgeht" (167d–e). Es gibt „keine Schwäche, die eine so große Menge von Irrtümern und Gefühlen umfaßt und die so widersprüchliche oder vielmehr entgegengesetzte Meinungen mit sich bringt wie die des Aberglaubens". Er ist ein schlimmeres Übel als der Atheismus, denn statt eine echte Religion hervorzubringen, führt er die Menschen dazu, selbst die Existenz der Götter in Zweifel zu ziehen. Denn bei dem Bemühen, „dem Aberglauben zu entrinnen, stürzen sich die Menschen in einen groben und verhärteten Atheismus, und dadurch gehen sie über die Frömmigkeit *(eusebeia)* hinaus, die zwischen den beiden liegt" (171f).

„Auch wir sind ein religiöses Volk"

Es ist unwahrscheinlich, daß Plinius oder Tacitus Plutarchs Abhandlung über den Aberglauben gelesen hatten. Dieses Werk spiegelt jedoch eine Fülle allgemeiner Einstellungen und Auffassungen wider, die von gebildeten Menschen geteilt wurden. Was die Religion betrifft, waren die Römer sehr konservativ; sie befürchteten Neuerungen und waren mißtrauisch gegen neue religiöse Ideen und Gestaltungsformen. „Man sollte nicht", schrieb *Plutarch*, „mit fremden Namen und barbarischen Ausdrücken die eigene Sprache entstellen und beschmutzen und damit der von Gott gegebenen, angestammten Würde unserer Religion *(eusebeia)* Schande bereiten und sie verletzen" (166b). Der Hauptprüfstein für die Wahrheit in Sachen der Religion waren Gewohnheit und Tradition, also die Bräuche der Alten. „Beim Volk bestand kaum Zweifel darüber, daß die religiösen Bräuche der einen Generation von der nächsten ohne Änderung gehegt und gepflegt werden sollten... In jedem Sinne fromm sein, angesehen und anständig sein, das fordert die Fortdauer des Kults", schreibt Ramsay MacMullen.[12] In Sachen der Philosophie konnte man sich an

Intellektuelle und Philosophen wenden, in religiösen Fragen jedoch berücksichtigte man die Vergangenheit, die überlieferten und angenommenen Bräuche und die Bürgen dieser Überlieferung, nämlich die Priester. Im öffentlichen Leben haben sich die Römer vor dem *homo novus*, dem neuen Mann, der eben erst zu Reichtum und Würde gekommen war, gehütet. Doch in der Religion zeigten sie einen noch ausgeprägteren Konservatismus.

Man vergleiche zum Beispiel die angeblich dem Kaiser Augustus vorgetragene Rede des Maecenas, wie sie von dem Historiker *Dio Cassius* berichtet wurde. Sowohl Maecenas als auch Agrippa waren vor Augustus erschienen, wobei der eine die Vorzüge der monarchischen, der andere die der demokratischen Herrschaft erörterte. In seiner Rede rät Maecenas dem Augustus, wie dieser als Kaiser von Rom die Unsterblichkeit erlangt: „Lasse dir", sagt er, „keine Ehren verleihen, denn es gibt nichts, was größer ist, als das, was du schon besitzt. Lasse keine goldenen oder silbernen Bildnisse herstellen oder Tempel bauen. Willst du unsterblich werden, dann führe ein tugendhaftes Leben und verehre das Göttliche nach der Überlieferung deiner Väter... Diejenigen, die versuchen, unsere Religion mit fremden Riten zu entstellen, sollst du verabscheuen und bestrafen, nicht bloß um der Götter willen, sondern weil solche Menschen, indem sie neue Gottheiten an Stelle der alten einführen, viele dazu verleiten, fremde Bräuche anzunehmen, woher Verschwörungen, Zwietracht und politische Klubs entstehen, die einer Monarchie alles andere als vorteilhaft sind. Also erlaube es keinem, Atheist oder Zauberer zu sein" (*Dio Cassius* 52.36.2).

Dieser Text von Dio, gebürtig aus Bithynien, der Provinz, in der Plinius als Statthalter diente, wurde Anfang des 3. Jahrhunderts geschrieben; er könnte fast als Kommentar zur Antwort des Plinius auf die christlichen Gruppen dort gelten.

Vorausgesetzt wird die Einstellung, daß die Religion ein väterliches Erbe aus der Vergangenheit sei, das das Leben des Staats erhält. So war es unvermeidlich, daß die Frömmigkeit der Verfolger in Widerspruch zu der neuen Bewegung geriet, die in Palästina angefangen hatte. Die Christen wurden als religiöse Fanatiker, als selbstgerechte Außenseiter und als unverschämte Neuerer betrachtet, die meinten, ihr Glaube allein wäre wahr. Doch der Glaube der Römer an die göttliche Vorsehung, an die Notwendigkeit der Religionsausübung für das Wohl der Gesellschaft und an die Wirksamkeit der herkömmlichen Riten und Bräuche war nicht weniger echt als der Glaube der Christen. Ein römischer Prokonsul sagte bei dem Prozeß gegen einen Christen in Nordafrika: „Wenn Ihr Euch über Dinge lustig macht, die wir für heilig halten, dann will ich Euch nicht erlauben, zu reden." Wie anmaßend ist es, dachten die Römer, daß die Christen sich allein als religiös betrachteten. Ein römischer Beamter betonte bei dem Prozeß gegen die scillitanischen Märtyrer: „Auch wir sind ein religiöses Volk."

Wir müssen diese Behauptung ernst nehmen. So verführerisch es auch für diejenigen, die in der persönlichen Religion unserer Kultur erzogen worden sind, sein mag, man kann die römische Religion nicht, wie Augustinus es versuchte, auf die Politik oder die Staatskunst beschränken. Gewiß, die Religion der Römer war unlösbar mit dem Staatsleben, mit der Idee von Rom und dem Schicksal des Reiches eng verbunden; aber so verhielt es sich bei den meisten Religionen der Antike. In seiner nunmehr klassischen Studie über Bekehrung hat A. D. Nock, ein Kenner der römischen Religion, gezeigt, daß man in alten Zeiten immer der Überzeugung war, daß sich Religion und Gesellschaft ergänzten. Wenn man in eine andere Stadt umzog, nahm man die Götter der neuen Stadt an. Die Idee von „Bekehrung", das heißt die bewußte Entscheidung eines einzelnen, einen bestimmten Glauben oder eine bestimmte Lebensweise anzunehmen, war den Alten völlig fremd. Aus diesem Grund findet man dort weder das tiefgreifende persönliche Erlebnis noch die metaphysische oder theologische Spekulation, die im Christentum selbstverständlich ist. Die klassische Philologin Agnes Kirsopp Michels sagt: „Natürlich, wenn man die römische Religion studiert, um darin nach originellen metaphysischen Begriffen oder nach einem Interesse am Transzendenten zu forschen, wird man enttäuscht sein, wie man es auch sein würde, suchte man diese Dinge sonstwo in der römischen Kultur... Das heißt nicht, daß die Römer sie als leblos und unbefriedigend empfanden, sondern daß man die falschen Fragen gestellt hat und infolgedessen das nicht entdeckt hat, was ihre positiven Werte für die Römer waren, die sie geschaffen hatten."[13]

Nach der den meisten Menschen der westlichen Welt vertrauten Auffassung über Religion, und weil wir dazu neigen, die Religion als ein privates Erlebnis des einzelnen zu betrachten, scheinen die religiösen Einstellungen der Römer oberflächlich und für das Empfinden unbefriedigend zu sein. Aber wenn man sie als eine Art öffentlicher Frömmigkeit betrachtet, ist die alte römische Religion durchaus verständlich. Die Religion kann am öffentlichen Leben einer Gesellschaft genauso beteiligt sein wie am Privatleben des einzelnen. Vor über 100 Jahren schrieb Fustel de Coulanges in *The Ancient City*: „Man hätte eine sehr falsche Auffassung von der menschlichen Natur, glaubte man, daß diese alte Religion ein Betrug und sozusagen eine Komödie wäre. Montesquieu behauptet fälschlich, daß die Römer eine Götterverehrung annahmen, bloß um das Volk in Schranken zu halten. Keine Religion hatte jemals einen solchen Ursprung; und jede Religion, die dazu kam, sich lediglich aus Gründen der öffentlichen Nützlichkeit zu erhalten, war nicht von langer Dauer."[14]

Eine der Funktionen der Religion ist es, Institutionen, Rollen und Ereignisse in Familie und Gesellschaft zu einer letzten Wirklichkeit in Beziehung zu bringen: die Geburt eines Kindes, die Krönung eines Königs, das Essen von Brot und das Trinken von Wein, die Führung eines Krieges und einen Friedensschluß, das Mündigwerden eines jungen Menschen. Die Religion stellt die gewöhnlichen und außergewöhnlichen Ereignisse des Lebens der Gesellschaft und des einzelnen in einen sakralen und kosmischen Zusammenhang. Die Münzen, die man bei der Abwicklung eines Geschäfts benutzt, die Standbilder, an denen man auf dem Marktplatz vorbeigeht, die öffentlichen Gebäude, wo man Geschäfte führt, Siegesbogen und -säulen, Staatsfeiertage, Literatur, Kunst und Erziehung – das alles sind Mittel, womit das religiöse Empfinden zum Ausdruck gebracht werden kann und in der alten Welt gebracht worden ist. Religion bildete den Mittelpunkt des gesellschaftlichen und kulturellen Lebens.

Für die meisten Menschen, wenn sie in Gesellschaft ihrer Freunde feierten, gehörte der Umgang mit einem Gott dazu, der als Ehrengast, als Zeremonienmeister oder als Gastgeber diente; er hatte in der Säulenhalle oder in den schattigen Blumenanlagen des Hauses seinen Ort der Verehrung. Bei den meisten Leuten wurde selten Fleisch gegessen, und Wein wurde nie im Übermaß getrunken, außer wenn dies ein religiöser Rahmen zuließ. Es gab, außer bei den sehr Reichen, im 2. und 3. Jahrhundert kein Gesellschaftsleben, das rein weltlich war. Kein Wunder also, daß Juden und Christen, die sich von gesellschaftlichen Feiern mit Göttern abseits hielten, sich den Ruf von „Menschenhassern" zugezogen haben.[15]

In seinem „Contrat Social" ordnete Jean-Jacques Rousseau eine derartige Religion unter die Rubrik „zivile Religion". Er beschreibt sie als „ein Glaubensbekenntnis, das rein ziviler Natur ist" und dessen erstes Dogma der Glaube an eine „allmächtige, intelligente, wohlwollende Gottheit" ist, die alles voraussieht und die Bedürfnisse der Menschen befriedigt. Staatsbeamte, Könige, Kaiser und Statthalter leben mit dieser Form der Religion, weil sie moralische Einstellungen und Pflichten berührt. Das nennt Rousseau „soziale Gesinnung". Eine solche Gesinnung umfaßt Einstellungen gegenüber den Mitbürgern, dem Gesetz, dem Recht und der Verteidigung. Neben dem Glauben an die Götter betont die zivile Religion gewöhnlich moralische Verantwortung und die Unsterblichkeit des Menschen. Denn ohne einen derartigen Glauben bekäme die Heiligkeit des „Sozialkontrakts" einen Bruch und es gäbe „kein Band, welches das Leben der Gesellschaft zusammenhält und befestigt".

Wenn die Römer sagen, das Christentum sei ein Aberglaube, so bedeutete dies keine einfache Voreingenommenheit oder die Folge eines Unwissens; es bringt vielmehr ein bestimmtes religiöses Empfinden zum Ausdruck. Als *Tacitus* schrieb, das Christentum sei „der Feind des Menschengeschlechts", meinte er damit nicht bloß, daß er die Christen nicht mochte und sie als Ärgernis empfand (auch wenn das sicherlich stimmte), sondern daß sie für seine gesellschaftliche und religiöse Welt eine Beleidigung waren. Als spätere Kritiker an den Christen auszusetzen hatten, daß sie sich nicht an zivilen Angelegenheiten oder am Militär beteiligten, hatte diese Kritik einen ebenso religiösen wie gesellschaftlichen Grund, obwohl uns gerade die erwähnten Handlungen keineswegs religiöser Natur zu sein scheinen. „Sie gehen nicht zu unseren Veranstaltungen, sie nehmen an unseren Umzügen nicht teil, sie sind bei unseren öffentlichen Festmahlen nicht dabei, mit Entsetzen schrecken sie vor unseren sakralen Spielen zurück" (Minutius Felix, *Octavius* 12). Römische Spiele waren sowohl religiöse Ereignisse als auch Veranstaltungen für Gladiatoren oder gymnastische Wettbewerbe. Ein früher Christ drückte es so aus, womit er die Welt meinte, in der er lebte: „Was ist ein Bühnenstück ohne einen Gott, ein Spiel ohne ein Opfer?" (Pseudo-Cyprian, *De spectaculis* 4)

Die Beobachtungen von Plinius, Tacitus und Suetonius zeigen die Reaktion der Römer auf die christliche Bewegung während der nächsten Jahrhunderte an. Was über die neue Religion erzählt wurde, hat sie entsetzt; die Selbstgerechtigkeit und der Hochmut der Märtyrer beleidigten sie. Obwohl unsere herkömmliche Bildung die

Römer als verdorben und ungläubig betrachtet und ihr Vergnügen hat an den grausamen Kämpfen und den Liebesgeschichten von Kaisern, so müssen wir bedenken, daß die Gesellschaftsschicht um Plinius sehr streng und tugendhaft lebt. So seltsam der Ausdruck „Aberglaube" in den Ohren heutiger Christen klingen mag, die Bezeichnung war für die Römer angemessen. Der sicherste Hinweis vielleicht, daß die Beschuldigung den rechten Fleck traf, war die Reaktion, wie ernst die frühen Christen diese Anschuldigung nahmen. Die Apologeten suchten die Christen als fromm und gottesfürchtig, gerade nach den Maßstäben der griechisch-römischen Gesellschaft, darzustellen.

Die Urchristen haben den Ausdruck *fromm (pietas)* zuerst nicht gebraucht, um ihren Glauben zu bezeichnen. Er taucht in der christlichen Literatur erst auf, als Außenstehende der neuen Bewegung ihre Aufmerksamkeit zu schenken begannen. Das Wort „fromm" kommt in den Schriften des Neuen Testaments nur in den Pastoralbriefen, im zweiten Petrusbrief und einmal in der Apostelgeschichte vor. Ab der Mitte des 2. Jahrhunderts hatte der Apologet *Justin der Märtyrer*, der sich darüber im klaren war, daß man das Christentum als einen „Aberglauben" betrachtete, angefangen, das Gegenteil zu behaupten: „Wir pflegen die *Frömmigkeit*, die Gerechtigkeit, die Menschenliebe, den Glauben und die Hoffnung." Dieser Passus hätte auch von dem römischen Moralisten und Philosophen Seneca geschrieben werden können: „Von der Seite der Philosophie entfernt sich niemals die Religion oder die *Frömmigkeit* oder die Gerechtigkeit oder irgendeine der ganzen Gesellschaft der Tugenden, die eine unlösbare Gemeinschaft bilden" (*Ep.* 90.3).

4. KAPITEL

Galenus – die Wißbegierde eines Philosophen

Nach Plinius hat ein Philosoph die Christen beschrieben, der in der zweiten Hälfte des 2. Jahrhunderts lebte. Mittlerweile haben mehrere Schriftsteller das Christentum erwähnt: zum Beispiel *Epictet*, der stoische Moralist; *Apuleius*, der nordafrikanische Verfasser des Romans *Der goldene Esel*; *Lucian* von Samosata, der griechische Satiriker. Gelegentlich wiesen christliche Autoren auf Bemerkungen von Heiden über die Christen hin: Justin der Märtyrer, der Mitte des 2. Jahrhunderts schrieb, erwähnt den kynischen Philosophen *Crescens*, der die Christen „Atheisten" und „gottlos" nannte, womit er die Anklage des Plinius wiederholte (2 *Apol* 3). Außerdem gab der Kaiser Hadrian (117–133 n. Chr.), der Nachfolger von Trajan, einen kaiserlichen Erlaß heraus als Antwort auf die in den Jahren 121–122 gegen die Christen vorgebrachten Beschuldigungen. Da wir jedoch den Text der ursprünglichen durch den Prokonsul Silvanus Granianus vorgenommenen Untersuchung nicht besitzen, sagt uns der kaiserliche Erlaß nicht viel über die Christen. Im Gegensatz zu dem Briefwechsel zwischen Plinius und Kaiser Trajan, in dem uns Plinius seine Auffassung darlegte und uns Einblick bot, wie man in der bithynischen Stadt die Christen betrachtete, behandelt Hadrians Erlaß in erster Linie Rechtsfragen. Er zeigt aber, daß Hadrian ähnlich wie sein Vorgänger Trajan darauf bestand, daß man die Christen gerecht behandelt, daß die Gesetze des Reiches geachtet und daß keine falschen Anklagen gegen Unschuldige erhoben werden: „Wenn sich nun die Einwohner der Provinz für ihre Forderung gegen die Christen auf klare Gründe stützen, so daß sie sich auch vor dem Richterstuhl verantworten können, dann sollen sie diesen Weg gehen. Nicht aber sollen sie sich nur aufs Fordern und nur aufs Schreien verlegen ... Wer aber in verleumderischer Absicht Klage stellt, den fürwahr ziehe wegen seiner Frechheit zur Verantwortung und für dessen Bestrafung trage Sorge" (Eusebius, *Hist.Eccl.* 4.9.1–3).[1]

Die Philosophie und die Medizin

Galenus wurde in der Stadt Pergamum geboren, die im fruchtbaren Caicustal im westlichen Kleinasien, etwa 15 Meilen von dem ägäischen Meer entfernt lag. Im Jahre 88 v. Chr. war Pergamum freie Stadt geworden und von nun an eine der führenden Städte der Provinz Asien, wenn auch die Bürger des in der Nähe liegenden Ephesus nach einer Inschrift Ephesus zur „größten und besten" der Städte Asiens erklärten. Pergamum war immerhin eine große Stadt. Ihre natürlichen Ressourcen, vor allem Silberbergwerke und Landwirtschaft, gaben ihren Bürgern die Mittel dazu, sie nicht nur zu einer der schönsten Städte des Reiches zu machen, sondern auch ein reiches und mannigfaltiges Kulturleben zu führen. Ihre Bibliothek, an zweiter Stelle nach der berühmten Bibliothek in Alexandria, umfaßte 200.000 Bücher. Ein grandioses, Asklepios, dem Gott der Heilkunst geweihtes Heiligtum befand sich dort. Dieser Komplex von Gebäuden umfaßte einen großen Tempel; einen Rundbau mit sechs an den Tempel angeschlossenen Apsiden; einen kleineren Tempel und ein Theater sowie andere Gebäude, die als Gästehäuser und als Schlafhäuser für den Heilschlaf dienten. Die Macht des Asklepios zu heilen zog Menschen aus aller Welt heran; im 2. Jahrhundert war das Asklepeion zu Pergamum zu einem Wallfahrtsort geworden.

Galenus, Pergamums berühmtester Sohn, wurde etwa im Jahr 130 n. Chr. auf einem Landgut außerhalb der Stadt geboren. Seine Familie war reich und gebildet, und sein Vater nahm aktiv an der Erziehung des Sohnes teil. „Ich hatte das große Glück, einen Vater zu haben, der ruhig, gerecht, fähig und fromm war." Der Vater Nicon war ein Architekt von Beruf, er wurde in der Mathematik und in den Naturwissenschaften ausgebildet; doch er interessierte sich sehr für die Literatur, die Künste und die Philosophie. Er bestand darauf, daß der Sohn nicht nur eine liberale Erziehung erhalten, sondern daß er auch in allen intellektuellen Dingen einen kritischen Geist entwickeln sollte.

Nachdem Galenus seine Jugend auf dem Landgut seines Vaters verbracht hatte, wo er Lesen und Schreiben lernte, ermutigte ihn sein Vater, die Philosophie zu studieren; er nahm sogar mit ihm an diesem Studium teil. Galenus erinnerte sich später, daß sein Vater in keine bestimmte philosophische Schule eingetreten war und sich auch mit keinem einzelnen Lehrer identifiziert hatte. Er bestand darauf, daß sein

Sohn wie er selbst die verschiedenen philosophischen Lehren seiner Zeit kritisch untersuche, ohne einer bestimmten Anschauung beizupflichten. Galenus studierte zunächst bei einem Stoiker namens *Philopator*; später wandte er sich an einen Platoniker; dann studierte er bei einem Peripatetiker (Aristoteliker); und schließlich landete er bei einem neulich aus Athen angekommenen Epikureer. Ohne seine kritische Einstellung je aufzugeben, kritisierte Galenus als gereifter Denker sämtliche philosophischen Schulen wegen ihres Dogmatismus und wegen ihres Mangels an Bereitwilligkeit, andere Meinungen als die eigene gelten zu lassen. Wenn er sich auch sehr für die Philosophie interessierte, so ist Galenus nie Anhänger einer bestimmten Schule geworden.

Nach Abschluß seines philosophischen Studiums wandte sich Galenus der Anatomie und der Medizin zu. Er studierte bei *Satyros*, dem Anatomen, der zu dieser Zeit zu Pergamum lehrte. Und nach dem Tod seines Vaters fing er an, im Mittelmeerraum umherzureisen und von anderen Anatomen und Ärzten zu lernen. In diesen Jahren schrieb er auch sein erstes Buch, eine „Abhandlung über die Bewegungen der Lungen und des Brustkorbs". Zur gleichen Zeit fuhr er fort, sich für die Philosophie zu interessieren. Er ging nach Smyrna, um den dort lehrenden Platoniker *Albinus* zu hören.

Um sein medizinisches Studium zu fördern, übersiedelte er im Jahre 152 nach Alexandria. Doch er befaßte sich weiterhin aus Liebhaberei mit der Philosophie; und er ging den anderen geistigen Reizen nach, die von der verschiedenartigen Umwelt der großen Stadt angeboten wurden. Als er fünf bis sechs Jahre später in seine Heimatstadt Pergamum zurückkehrte, hatte er schon zwölf Jahre lang die Anatomie und die Medizin studiert. Der Hauptpriester des Asklepeion, des dem Gott Asklepios geweihten Heiligtums und zugleich des medizinischen Zentrums des Kults, bat Galenus darum, als einer der Ärzte in seinen Dienst zu treten. Er tat es. Nach mehreren Jahren jedoch wurde er wieder unruhig, und im Jahre 161–162, gerade zu Beginn der Herrschaft des neuen Kaisers Marcus Aurelius, machte er sich auf den Weg nach Rom. In Rom traf Galenus den Kaiser, und der junge Arzt machte auf Marcus Aurelius einen so starken Eindruck, daß dieser ihn bat, Privatarzt seines Sohnes Commodus zu werden, des Mannes, der später seinem Vater im kaiserlichen Amt nachfolgen sollte. Bis Ende des Jahrhunderts, als er nach Pergamum zurückkehrte, hat Galenus in Rom gelebt.

Als Galenus in Rom ankam, hatte dort eine christliche Gemeinde schon über 100 Jahre existiert. Im Verhältnis zu der Größe der Stadt und zu anderen dortigen religiösen Gruppen, zum Beispiel den Juden oder den Anhängern der Isis, war die christliche Gemeinde (oder Gemeinden) nicht groß. Immerhin war sie eine der bedeutendsten christlichen Gruppen im Reich, und sie hatte schon angefangen, eine hervorragende Stellung zu erlangen. Sie zog Christen, insbesondere Intellektuelle, aus verschiedenen Teilen der römischen Welt an. Fast alle hervorragenden christlichen Denker im 2. Jahrhundert verbrachten einige Zeit in Rom: *Valentinus*, der hochbegabte gnostische Lehrer und Verfasser des „Evangeliums der Wahrheit"; *Markion*, ein radikaler christlicher Lehrer und Bibelexeget, der das Alte Testament ablehnte und ein fanatischer Anhänger des Paulus war; *Hegesippus*, ein früher Historiker der christlichen Bewegung, der nach Rom kam, um eine Liste der Bischöfe in den christlichen Zentren zu schreiben; und *Justin der Märtyrer*, einer der frühesten Apologeten, der seine beiden Werke an die „Griechen" sowie eine Verteidigung des Christentums an die Juden, seine *Dialoge mit Trypho*, in Rom verfaßte.

Galenus war ein fruchtbarer Schriftsteller. Die vollständige Ausgabe seiner Werke, die im 19. Jahrhundert zusammengetragen wurde, umfaßt 22 Bände, seine Schriften umfassen viele Gebiete: die Medizin, die Anatomie, die Apothekerkunst, die Logik, die Philosophie. Sie enthalten Kommentare zu philosophischen Abhandlungen sowie Werke über die Sprachwissenschaft und die Pathologie. Ähnlich wie Plinius und Tacitus schrieb Galenus kein Buch und keine Abhandlung über die Christen, aber bei der Erörterung anderer Themen in mehreren seiner Schriften über die Medizin hat er sie erwähnt. Eine Stelle über die Christen befindet sich in einer Abhandlung über die Benutzung der Körperteile. Obwohl seine Beobachtungen zwischen diesen und anderen Sachen eingeschoben sind, hatte er offensichtlich über das Christentum nachgedacht und versucht, die neue Bewegung zu begreifen und sie in den Zusammenhang seiner geistigen und gesellschaftlichen Welt zu stellen. Galenus hatte ein echtes Interesse an neuen und ungewöhnlichen Erscheinungen, sowohl an den physikalischen als auch an gesellschaftlichen. Seine Beobachtungen über das Christentum, die einen ernsten und kritischen Geist widerspiegeln, gewähren uns eine neue Einsicht, wie die christliche Bewegung in der Mitte des 2. Jahrhunderts n. Chr. betrachtet wurde.

Das Christentum als eine philosophische Schule

Der erste Hinweis auf das Christentum in Galenus' Werken befindet sich in einem Buch über den Puls. Im Verlauf der Arbeit erörtert er die Studien eines gewissen zeitgenössischen Arztes namens Archigenes. Galenus meinte, dessen Schlußfolgerungen wären fehlerhaft und ungenau, weil seine Ausführungen bezüglich des Pulses sich nicht auf sorgfältige Untersuchung und solide Beweisführung stützten. Mit solchen Leuten, sagt Galenus, ist es zwecklos, ernsthaft zu diskutieren. Es sei dasselbe wie mit den Christen und den Juden. „Denn man könnte leichter den Anhängern von Moses und von Christus Neuheiten beibringen als den Ärzten und Philosophen, die an ihren Schulen festhalten. Also habe ich mich schließlich entschlossen, unnötiges Gerede zu vermeiden, indem ich auch in Zukunft mit ihnen überhaupt nichts mehr zu reden haben werde" (*De pulsum differentiis* 3,3). Später in derselben Schrift, wieder bei einer Erörterung der Mängel des Werkes von Archigenes, kritisierte Galenus dessen Auffassung, daß der Puls acht Eigenschaften habe. Über diese Meinung, sagt Galenus, wurde „allgemein unter prominenten Leuten gesprochen. Doch wäre es nicht vorzuziehen, eine triftige Beweisführung zu bringen, als sich auf eine allgemein vertretene Meinung zu berufen? Gibt man keine Gründe für die eigene Auffassung an, so wäre es, als wenn man in die Schule von Moses und Christus eingetreten wäre und das Gerede von unbewiesenen Gesetzen hörte" (*De pulsum differentiis* 2.4). In einem anderen Fragment, wo Galenus von den Auffassungen gewisser Ärzte spricht, sagt er: „Sie vergleichen diejenigen, die ohne wissenschaftliche Kenntnisse die Medizin praktizieren, mit Moses, der die Gesetze für den Stamm Israel machte. Es ist seine Methode in seinen Büchern, zu schreiben, ohne Beweise zu bringen; er sagt einfach: ‚Gott gebot, Gott sprach'" *(Über Hippokrates' Anatomie).*[2]

Seltsam ist, daß Galenus, der Mitte des 2. Jahrhunderts schrieb, Juden und Christen zusammenwirft. Zu dieser Zeit hatte sich das Christentum als eine vom Judentum unabhängige Bewegung schon durchgesetzt; und wahrscheinlich konnten selbst Leute, die Christen nur flüchtig kannten, den Unterschied zwischen Juden und Christen erkennen. Trotzdem, wie wir im folgenden Kapitel über Celsus sehen werden, erkannte der gut unterrichtete Beobachter die enge historische Beziehung zwischen dem Judentum und dem Christentum. Diese

Stelle in Galenus' Schriften jedoch beschäftigt sich nicht mit der historischen Beziehung Christi zu Moses; sie befaßt sich mit der Ähnlichkeit, wie die beiden Religionen die Frage „Glauben und Vernunft" behandeln. Die offensichtlichste Erklärung für diese Verbindung ist es, daß Galenus seine Kritik auf den mosaischen Schöpfungsbericht in Genesis 1 stützte. Er war sich dessen bewußt, daß sowohl Christen als auch Juden das Buch Genesis als maßgebend betrachteten. Also war es in dem Punkt, der hier Galenus interessierte, nicht nötig, zwischen den beiden zu unterscheiden.

Im Gegensatz zu früheren Beobachtern betrachtete Galenus das Christentum nicht als eine abergläubige Sekte oder einen ausländischen Kult. Statt dessen würdigte er das Christentum (und das Judentum) der Bezeichnung „Schule", womit er eine philosophische Schule meinte; er hat eine philosophische Kritik des christlichen und des jüdischen Glaubens geboten. Selbst wenn Plinius sich für die Philosophie interessiert hätte, wäre es für ihn zwecklos gewesen, eine philosophische Kritik an einer Gruppe von Fanatikern zu bieten. Die Christen wurden von Galenus jedoch hoch geachtet. Das heißt nicht, daß er mit der christlichen Lehre übereinstimmte oder daß er sie für philosophisch interessant hielt. Es bedeutet einfach, daß Galenus das Christentum als eine philosophische Schule betrachtete wie andere Schulen auch, die in der griechischen und römischen Welt heimisch waren. Aber er kritisierte die christliche und die jüdische Schule deswegen, weil sie ein Leben führten, das dem geistigen Ideal von Philosophen nicht entsprach.

Christen und Juden waren jedoch nicht die einzigen Schulen, die sich auf „Glauben" oder auf die Autorität ihrer Lehrer beriefen. Im 2. Jahrhundert n. Chr. hatte sich die griechische philosophische Tradition längst in viele miteinander konkurrierende Gruppen gespalten. Das Ergebnis war eine Überfülle an Schulen, deren Namen gleichbedeutend mit der alten Welt geworden sind: Platoniker, Peripatetiker (Aristoteliker), Stoiker, Epikureer, Pythagoreer, Kyniker, Skeptiker. Jede dieser Schulen hatte die eigene Lehrtradition durch eine Reihe berühmter Lehrer belegt; und die Anhänger ähnelten oft eher schulmeisterlichen Verfechtern ererbter Anschauungen als forschenden Philosophen. In einigen Fällen zeigten die Mitglieder einer bestimmten Schule eine fast religiöse Verehrung des Gründers; sein Andenken wurde mit einem Fest gefeiert, das religiöse Opfer, ein Festmahl und Lesungen aus seinen Werken umfaßte.

Philosophen wurden zu Verkäufern der Ideen und des Glaubens ihrer eigenen Schule. An Straßenecken und auf dem Marktplatz sprachen sie die Menge an und boten Ratschläge darüber, wie man das eigene Leben führen und die eigenen Probleme lösen sollte. Weniger an die Vernunft und an die Logik als vielmehr an das Gefühl appellierend, erschienen die Philosophen als fahrende Evangelisten, die ihre Zuhörer auf die erstaunlichen Leistungen ihres Schulgründers, auf ihre ehrwürdige Lehrtradition sowie auf die Hochachtung vieler Menschen hinwiesen. In seinem Dialog *Vitarum Auctio* (Philosophien zum Verkauf) gibt *Lucian*, ein Satiriker aus dem 2. Jahrhundert n. Chr. und ein Zeitgenosse des Galenus, einen humorvollen Bericht über das Feilbieten der Philosophie in den großen Städten des Römischen Reiches.[3] Der Rahmen für den folgenden „Dialog" ist ein Sklavenmarkt in einer griechischsprechenden Stadt im östlichen Mittelmeerraum:

„*Zeus:* Stelle du die Bänke auf und mache den Platz für die Männer fertig, die kommen. Bringe die Philosophien [buchstäblich „Lebensweisen"] her und stelle sie in einer Reihe auf; aber zunächst putze sie auf, damit sie gut aussehen. Du, Hermes, sei der Ausrufer und rufe sie zusammen.

Hermes: Unter dem Segen des Himmels sollen nun die Käufer im Verkaufsraum erscheinen. Zum Verkauf stellen wir jede Art Philosophie und Glauben auf; und wenn jemand nicht bar zahlen kann, so soll er eine Bürgschaft nennen und nächstes Jahr zahlen.

[...]

Hermes: Welchen sollen wir zuerst auftreten lassen?

Zeus: Diesen mit den langen Haaren, den Ionier, denn er scheint ein Mann von Bedeutung zu sein.

Hermes: Du, Pythagoreer, komm nach vorne und laß dich von der Gesellschaft prüfen.

Zeus: Biete ihn jetzt feil.

Hermes: Die edelste der Philosophien steht zum Verkauf, die bedeutendste; wer will kaufen? Wer will mehr als Mensch sein? Wer will die Sphärenmusik begreifen und wiedergeboren werden?"

Ein Käufer tritt hervor und stellt dem Pythagoreer mehrere Fragen; und der Pythagoreer antwortet mit einer Karikatur seiner Schule. „Wenn ich dich kaufe", fragt der interessierte Kunde, „was wirst du mich lehren?" Der Pythagoreer antwortet: „Ich werde dich nichts lehren, sondern ich bringe dich zum Erinnern" (d. h., alles echte Lernen heißt, sich erinnern). Dann stellt *Lucian* einen Kyniker auf das Podium; und ihm folgen ein Demokriteer und ein Herakliteer. Dann stellt er den Platoniker auf:

„*Hermes:* Treten Sie näher, mein Herr. Wir bieten eine rechtschaffene und vernünftige Philosophie feil. Wer kauft die Höhe der Heiligkeit?
Käufer: Erzähle uns, was du am besten weißt.
Platoniker: Ich bin ein Liebhaber und klug in Sachen der Liebe.
Käufer: Wie soll ich dich dann kaufen? Was ich wollte, war ein Hauslehrer für meinen Sohn, der schön ist.
Platoniker: Aber wer wäre dafür geeigneter als ich, mit einem hübschen Jungen Umgang zu haben? Nicht den Körper liebe ich, die Seele ist es, die ich für schön halte. In der Tat, selbst wenn du unter derselben Decke mit mir zusammenliegst, wirst du mir sagen, daß ich dir kein Unrecht getan habe."

Als nächster kommt der Stoiker:

„*Zeus:* Ruf einen anderen, den da drüben mit dem geschorenen Kopf, den traurigen Kerl von der Säulenhalle (Stoa).
Hermes: Richtig; jedenfalls sieht es so aus, als wenn die Männer, die den öffentlichen Platz frequentieren, in großen Zahlen für ihn schrieben. Verkaufe die Tugend selbst, die vollkommenste der Philosophien. Wer will der einzige sein, der alles weiß?
Käufer: Was meinst du damit?
Hermes: Daß er der einzige weise Mann, der einzige schöne Mann, König, Redner, reiche Mann, Gesetzgeber ist und somit alles, was es gibt.
Käufer: Tretet näher, meine Guten, und erzählet eurem Käufer, was ihr für Leute seid; zunächst, ob es euch nicht mißfällt, daß ihr verkauft werdet und in der Sklaverei lebt?
Stoiker: Keineswegs, denn diese Dinge sind nicht in unserer Gewalt. Und alles, was nicht in unserer Gewalt steht, ist unwichtig."

Lucian macht sich natürlich lustig über die philosophischen Schulen, aber seine Karikatur enthält ein Körnchen Wahrheit. Die Anziehungskraft eines Philosophen hat oft weniger mit der Lehre seiner Schule zu tun, als damit, wie sich der Philosoph kleidet, was für einen Erfolg er seinen Anhängern versprechen konnte und welche

Philosophie gerade in Mode war und in einflußreichen Kreisen hoch geachtet wurde. In einem anderen Werk *Hermotimus*[4] macht *Lucian* die intellektuellen Argumente lächerlich, die Leute dafür bringen, daß sie sich eher der einen als der anderen Schule anschließen. Eine der Figuren im Dialog sagt: „Also nun, bitte lehre mich zunächst dies, wie ganz zu Anfang wir die beste, die wahre Philosophie unterscheiden können, die wir unter Ausschluß aller anderen wählen müssen." Worauf Hermotimus erwidert: „Ich sage es dir. Ich sah, daß die meisten Leute diesen Stoizismus anschauten; also vermutete ich, er sei die beste Philosophie" (*Hermotimus* 16). Obwohl Hermotimus behauptete, vernünftige Gründe für die Wahl des Stoizismus zu haben, erläuterte er seine Entscheidung folgendermaßen: „Gewöhnlich sah ich die Stoiker mit Würde gehen, anständig gekleidet, immer nachdenklich, im Aussehen männlich, die meisten kurz geschoren; sie hatten nichts Verweichlichtes an sich, nichts von jener übertriebenen Gleichgültigkeit, die den verrückten Kyniker kennzeichnet" (*Hermotimus* 18).

Die Philosophen beriefen sich auf ihre Tradition, um Leute für ihre Lebensweise zu gewinnen: „Glaube denen, die die Reise schon vor dir gemacht haben, und du kannst nicht fehlgehen" (*Hermotimus* 27). Oft forderten sie dogmatisch, daß die Leute ihre Weltanschauung auf gut Glauben oder auf die Autorität der alten Lehrer annähmen. Galenus selbst war kein Satiriker wie Lucian; aber er macht in nüchterner und logischer Weise dieselbe Feststellung.

Leute bewundern diesen oder jenen Arzt oder Philosophen, ohne deren Lehre richtig zu studieren und ohne Ausbildung in der wissenschaftlichen Beweisführung, mit deren Hilfe sie zwischen falschen und wahren Gründen unterscheiden könnten. Einige folgen darin ihren Vätern, andere ihren Lehrern, wieder andere ihren Freunden, die entweder Empiriker oder Dogmatiker oder Methodiker sind. Viele folgen einem Lehrer einer bestimmten Schule, der in ihrer Heimatstadt bewundert wurde. Die Menschen sind also aus verschiedenen Gründen Platoniker, Aristoteliker, Stoiker oder Epikureer geworden *(Libr.ord.)*.[5]

Als die Philosophie beliebter wurde, fingen die Schulen an, sich den persönlichen Neigungen der Anhänger und Schüler anzupassen. Im 2. Jahrhundert n. Chr. waren die philosophischen Schulen nicht bloß *Lehren*, sondern *Lebensweisen* (Lucian nennt sie *bioi*); ähnlich dem, was wir heutzutage religiöse Bewegungen nennen würden. Damals wie heute nahm man eine neue Lebensweise an, weil man von einem beispielhaften Leben beeindruckt wurde, weil jemand in der Familie einer bestimmten Schule angehörte, oder wegen Ehe- oder Freundschaftsbindungen und ähnlichen Gründen. Anhänger einer philosophischen Schule zu werden hatte oft wenig mit vernünftigen Argumenten oder mit der Überzeugungskraft empirischer Beweise zu tun.

Die Philosophie in der Praxis

Wenn wir begreifen, daß das, was Galenus über die Christen sagt, genausogut über andere Schulen gesagt werden könnte, dann sehen wir, daß die Christen bei den Griechen und Römern schon in den Ruf gekommen waren, allein an den Glauben zu appellieren. *Celsus*, ein anderer Kritiker des Christentums, beklagte, daß die Christen sich ungebildete und leichtgläubige Menschen aussuchten, weil sie keine Gründe oder Argumente für ihren Glauben geben könnten. Sie forderten, daß die Leute das, was sie sagten, auf gut Glauben annähmen (*c.Cels.* 1.9).

Was Galenus und Celsus über die christliche Bewegung sagten, paßte wohl zu der Art des Christentums, der die meisten Menschen in den Städten des Römischen Reiches begegneten. Aber gerade zu der Zeit, als Galenus und Celsus gegen den „blinden Glauben" der Christen schrieben, hatten einige christliche Denker angefangen, diese Auffassung des Christentums zu korrigieren. Unter den Verteidigern der Vernünftigkeit der christlichen Tradition waren die Apologeten wie *Justin* der Märtyrer und *Athenagoras*. Doch es gab eine andere Gruppe von weniger bekannten Männern, die damals in Rom lebten, und die möglicherweise von der Kritik des Galenus und von seinem Ansatz zum philosophischen Denken beeinflußt wurde. Diese Gruppe ist in einem faszinierenden Fragment beschrieben worden, das manchmal der „Kleine Irrgarten" genannt wird und das in der *Kirchengeschichte* des *Eusebius* erhalten geblieben ist.

Dieser Text, manchmal dem frühchristlichen Verfasser *Hippolytus* zugeschrieben, beschreibt eine Gruppe von Christen, die in der zweiten Hälfte des 2. Jahrhunderts (während der Zeit von Bischof Viktor, 187–189) in Rom lebte. Nach dem „Kleinen Irrgarten" war ihr Führer ein Schuster namens Theodotus. Sie bewunderten das Werk des Galenus und suchten, den christlichen Glauben auf eine vernünftige Grundlage zu stellen: „Sie haben die göttlichen Schriften ohne Scheu verfälscht", schreibt der Verfasser.

„Sie fragen nicht, was die heiligen Schriften sagen, sondern sie mühen sich eifrig ab, logische Schlüsse zu finden, um ihre Gottlosigkeit zu begründen. Wenn ihnen jemand ein Wort der göttlichen Schrift vorhält, dann forschen sie darüber, ob dasselbe gestatte, den konjunktiven oder den disjunktiven Schluß anzuwenden. Unter Verachtung der heiligen Schriften Gottes beschäftigen sie sich mit Geometrie; denn sie sind Erdenmenschen, sie reden irdisch und kennen den nicht, der von oben kommt. Eifrig studieren sie die Geometrie Euklids. Sie bewundern Aristoteles und Theophrast. Galenus gar wird von einigen vielleicht angebetet. Soll ich es noch eigens vermerken, daß die, welche die Wissenschaften der Ungläubigen brauchen, um ihre Häresie zu beweisen und den kindlichen Glauben an die göttlichen Schriften mit der Schlauheit der Gottlosen verfälschen, mit dem Glauben nichts zu tun haben? Und so legten sie an die göttlichen Schriften keck ihre Hände und gaben vor, sie hätten dieselben verbessert" (Eusebius, *Hist.Eccl.* 5.28.13—15).

Obwohl der Autor dieses Textes ein gebildeter Mensch war, spiegelt seine negative Einstellung gegenüber dem Gebrauch griechischer Wissenschaft bei der Auslegung der Bibel die Stellungnahme der meisten Christen wider. Nur einige kühne Intellektuelle hatten nach mehr als 100 Jahren christlicher Geschichte angefangen, es zu wagen, den christlichen Glauben mit den in der griechisch-römischen Welt gebräuchlichen philosophischen Begriffen auszudrücken. Die meisten Christen widersetzten sich einem solchen Bemühen. Noch im 3. Jahrhundert, nachdem die apologetische Bewegung schon griechische Ideen in das christliche Denken eingeführt hatte, beklagten sich christliche Prediger, daß das einfache Volk sich solchen Ideen widersetzte. An den wenigen Stellen in den frühchristlichen Quellen bis zur Mitte des 2. Jahrhunderts, wo die Philosophie erwähnt wird, wurde sie immer abwertend dargestellt. Philosophie meinte den heidnischen Glauben, niemals die christliche Lehre oder das christliche Leben.

Wie wir schon gesehen haben, waren sich frühere Kritiker darüber einig, das Christentum einen „Aberglauben" zu nennen. Daß Galenus diesen Ausdruck nicht gebraucht, hat vielleicht eine Bedeutung. Doch noch bedeutender ist es, daß er dafür einen neuen Ausdruck wählte, nämlich *philosophische Schule*. Das Wort „*Aberglaube*" hat unterstrichen, daß das Christentum ein ausländischer Kult war, dessen Ursprung und

Bräuche außerhalb der religiösen Maßstäbe der griechisch-römischen Welt lagen. Ein Aberglaube stand im Gegensatz zu echt religiösem Empfinden. Aber die *philosophischen Schulen* waren ein Teil des öffentlichen Lebens. Es gab Zeiten, zum Beispiel unter dem unberechenbaren Kaiser Domitian, wo Philosophen in die Verbannung geschickt wurden. Aber im allgemeinen hat das Volk das philosophische Leben geachtet, einige aus den oberen Gesellschaftsschichten schlossen sich bestimmten philosophischen Schulen an. Zur Zeit des Galenus war der Kaiser Marcus Aurelius Stoiker geworden, obwohl sein Lehrer Fronto es mißbilligte. Fronto zog ähnlich wie Plinius die Rhetorik der Philosophie vor. Trotzdem blieb Marcus Aurelius bei seiner Überzeugung. Dadurch, daß Galenus das Christentum eine „philosophische Schule" nannte, wenn auch eine, deren dialektische Kunst ihn nicht beeindruckte, beförderte er das Christentum zu einer höheren Stufe der Anerkennung innerhalb der römischen Welt. Aus einem anderen Werk des Galenus wird klar, was ihn dazu brachte, das Christentum eine Philosophie zu nennen; es war der Erfolg, mit dem die Christen Menschen zu einem tugendhaften Leben führten:

„Die meisten Leute können keiner zusammenhängenden Beweisführung folgen; deshalb brauchen sie Gleichnisse, und sie ziehen daraus einen Nutzen; ebenso wie wir heutzutage Leute sehen, die man Christen nennt, wie sie aus Gleichnissen und Wundern ihren Glauben ziehen; und doch handeln sie manchmal genauso wie diejenigen, die nach einer Philosophie leben. Denn ihre Verachtung des Todes und dessen Folge wird uns jeden Tag offenbar, und ebenso ihre sexuelle Enthaltsamkeit. Denn sie haben nicht nur Männer, sondern auch Frauen, die ihr ganzes Leben lang sexuell enthaltsam leben. Zu ihnen zählen auch einzelne, die in ihrer Selbstdisziplin und Selbstbeherrschung in bezug auf Essen und Trinken sowie in ihrem Streben nach Gerechtigkeit einen Stand erreicht haben, der nicht geringer ist als der der echten Philosophen."[6]

Zur Zeit des Galenus war also die Philosophie weniger eine Denkweise als vielmehr eine Lebensweise. Obwohl die Philosophen die Erben intellektueller Traditionen waren, die die großen metaphysischen Fragen behandelten (viele schrieben immer noch Bücher über diese Themen), waren sie auf die Straßen der Städte gegangen, um das Volk anzusprechen und den Menschen ihren Rat anzubieten, wie man leben soll. Wie wir schon im Bericht von *Lucian* gesehen haben, benutzte man den Ausdruck *bios* (Lebensweise), um die philosophischen Schulen zu beschreiben; und bei dem Bemühen, die verschiedenen Philosophien an den Mann zu bringen, waren eher Lebensstil und Ethik ausschlaggebend als metaphysische oder erkenntnistheoretische Fragen. Die Philosophie war eine Sache der moralischen Disziplin (*askesis*), ihr Ziel war ein tugendhaftes Leben (*Hermotimus* 4.7). *Marcus Aurelius* hat die Philosophie als ein moralisches Ideal beschrieben, das im Gegensatz zu den eitlen und leeren Zielen steht, die die meisten Leute verfolgen (*Meditationes* 8.1; 10.1). Sokrates habe sich über seine gewöhnlichen Triebe der Natur dadurch erhoben, daß er die Philosophie *praktiziert* (nicht studiert) hatte: „Wäre er tatsächlich so gewesen, wie dies alles besagt [Sokrates wird kritisiert], was seine natürliche Neigung betrifft, wäre er nicht besser als diese durch die Praxis der Philosophie (*askesis*) geworden" (Alexander von Aphrodisias, *Über das Schicksal* 6). Ein anderer Philosoph aus dieser Zeit, *Musonius Rufus*, hat gesagt, daß es die Aufgabe der Philosophie sei, „durch Diskussion herauszufinden, was schicklich und korrekt sei, und es dann in die Tat umzusetzen". In dem schon zitierten Brief *Senecas* schreibt dieser, daß die Philosophie „uns zeigt, welche Dinge böse und welche scheinbar böse sind; sie nimmt unserem Geist eitle Täuschung fort. Sie schenkt uns eine Größe, die Substanz hat; doch sie unterdrückt die Größe, die aufgeblasen und prunkhaft, aber mit einer Leere ausgefüllt ist" (90.28).

Diese Auffassung von Philosophie ist auch in die griechisch-römische Grabkunst eingedrungen. Unter den Reichen war es gebräuchlich, die Mitglieder der Familie in Steinsärgen beizusetzen. Auf diesen wurden Symbole und Bildnisse eingraviert, die das Leben und Sterben des Verstorbenen widerspiegelten. Eine der interessantesten Arten von Steinsärgen aus dieser Zeit stellt ein Bild mit zwei Figuren dar: am einen Ende eine Figur mit erhobener Hand beim Beten, der sogenannte *orans*; am anderen Ende die Figur eines jungen Mannes, der ein Schaf auf den Schultern trägt, der sogenannte *chriophoros* (die spätere christliche Tradition hat allmählich diese Figur mit dem Guten Hirten des Evangeliums identifiziert). Mit der *orans*-Figur wurde die Frömmigkeit gegen die Götter sichtbar dargestellt; der *chriophoros* sollte die Menschenliebe zu den Mitmenschen darstellen. Die beiden Figuren stellen die beiden Hauptmerkmale eines tugendhaften Menschen dar: Frömmigkeit und Ehrfurcht gegen die Götter, Menschenliebe und Gerechtigkeit den Mitmenschen gegenüber.

Auf einigen Steinsärgen erscheinen der *orans* und der *chriophoros* zusammen auf beiden Enden; dazwischen sitzt ein Mann mit Bart und schaut auf ein Buch auf seinem Schoß. Vergleicht man diese Steinsärge mit ähnlichen Figuren auf Münzen und mit griechisch-römischen Standbildern, so scheint es, daß sie dafür bestimmt waren, das philosophische Leben zu versinnbildlichen. Die bärtige Figur in der Mitte war ein Philosoph, der in Frömmigkeit gegen die Götter und in Liebe zu den Mitmenschen lebte; der im Steinsarg beigesetzte Tote war während seines Lebens bestrebt, ein philosophisches Leben zu erreichen.[7]

In den frühen Jahren des Römischen Reiches war die Philosophie populär geworden. Die philosophischen Schulen boten, schreibt A. D. Nock, nicht nur „vernünftige Erklärungen der Naturerscheinungen", sondern auch „ein geordnetes Leben". Sie sprachen über Furcht und Freundschaft, über Mut und Seelenruhe, über Angst, Liebe, Freiheit, über das Alter und den Tod, über Reichtum und Ruhm. Kurz, sie predigten den Menschen darüber, wie man unter den Drehungen und Wendungen des Schicksals lebt. Die Philosophen suchten Leute auf einen festen und sicheren Weg zu bringen. Aus diesem Grund hieß es manchmal: Wenn ein Mensch sich von der früheren Lebensweise abkehrte, um sich der Philosophie zu widmen, sei er „bekehrt" worden.[8]

In diesem Sinne setzte Galenus die frühchristliche Bewegung mit einer philosophischen Schule gleich. Die Christen führten ihre Leute dazu, ein Leben der Disziplin und der Selbstbeherrschung zu führen, nach Gerechtigkeit zu streben und die Furcht vor dem Tod zu überwinden. Auch wenn sie den Menschen keine intellektuelle Grundlage für ihren Glauben verschafften, so erreichten sie doch eine Lebensweise, die nicht geringer war als diejenige der echten Philosophen.

Nicht jeder teilte Galenus' positive Bewertung der christlichen Lebensweise. Sein Zeitgenosse *Marcus Aurelius*, der den Stoizismus angenommen hatte, war anscheinend der Meinung, daß die christliche Einstellung dem Tod gegenüber, die sich im Verhalten der Märtyrer zeigte, mit einem echt philosophischen Leben nicht in Einklang zu bringen war (*Meditationen* 11.3).[9] Dem Kaiser schienen die Christen fanatisch und albern – man könnte sagen abergläubig. Ihre angebliche Furchtlosigkeit vor dem Tod käme nicht aus echter Selbstbeherrschung oder aus einem Selbstverständnis oder aus dem freien Willen, sondern aus purem auf irrationalen Auffassungen beruhendem

Eigensinn. Ein anderer Stoiker, *Epictet*, machte in einem ähnlichen Zusammenhang einen beiläufigen Hinweis auf die Christen (*Diskurse* 4.7.6). Epictet spricht von der Gelassenheit angesichts des Todes und bemerkt, daß einige Leute aus einem kindlichen Unwissen, andere aus Wahnsinn und andere, zum Beispiel die Galiläer, aus „Gewohnheit" ohne Furcht, doch ohne jeden Appell an die Vernunft oder an Beweise, dem Tod entgegentreten können (*Diskurse* 4.7.6). Trotz der Tapferkeit, der sie sich rühmen, bieten die Christen keine echt philosophische Haltung gegenüber dem Leben und dem Tod, weil ihre Handlungen auf keiner soliden Beweisführung gründen.

Das Urteil des Galenus war jedoch weiterblickend. Denn die Christen hatten durch ihre Lebensweise, nicht durch ihre Lehre, die Aufmerksamkeit der größeren Gesellschaft auf sich gezogen. Die Bewertung des Christentums als philosophische Schule hat christlichen Apologeten dabei geholfen, die Person Jesu und die christliche Lebensweise vernünftig und für Außenstehende überzeugend darzustellen. Mitte des 2. Jahrhunderts sprach *Melito*, ein Bischof von Sardis im westlichen Kleinasien, vom Christentum als „unserer Philosophie" (*Frag.* 7). *Justin* der Märtyrer, auch ein frühchristlicher Apologet, der um dieselbe Zeit schrieb, stellte seine Bekehrung zum Christentum als eine Bekehrung zur Philosophie dar. Sein *Dialog mit Trypho* begann mit einem Bericht über seine Prüfung der unterschiedlichen philosophischen Schulen seiner Zeit: Stoiker, Peripatetiker, Platoniker u. a. m. Doch erst als er einem alten Mann begegnete, der ihn in die hebräischen Propheten einführte, entflammte sein Herz, und er fand, daß „diese Philosophie [das Christentum] allein sicher und glückbringend sei" (*Dial.* 8).

Der willkürliche Gott der Christen

Obwohl es die christliche Lebensweise war, die Galenus beeindruckte, wußte er, daß das Christentum (und das Judentum) auch besondere Lehren vertrat. Diese machten weniger Eindruck auf ihn; er wunderte sich darüber, wie die Christen Menschen zu einem tugendhaften Leben führen konnten, wo ihre Philosophie so mangelhaft war. Wie andere, die in der griechischen Geistestradition erzogen wurden, glaubte er, man könnte unmöglich Gutes tun, ohne die Wahrheit zu kennen. Wissen und Tugend ergänzten sich. *Sophos*, der Weise, war die Bezeichnung für einen guten Menschen.

Galenus' Kritik an der christlichen und der jüdischen Lehre erschien in seinem Buch *Über die Nützlichkeit der Körperteile*, das ungefähr im Jahre 170 n. Chr. in Rom geschrieben wurde.[10] Das Buch ist eine Abhandlung über die Anatomie, nicht über die Philosophie. Aber die Analyse der verschiedenen Funktionen der Körperteile – Hände, Füße, Verdauungsorgane, Augen, Nerven usw. – brachte Galenus dazu, über die Harmonie der Natur nachzudenken, wie sie sich in der Ordnung und dem Bau des menschlichen Körpers zeigte. Warum, fragte er, sind gewisse Muskeln größer als andere und anders gestaltet? Und warum befinden sich die Organe des Körpers dort, wo sie sind? Ist es Zufall oder Absicht? Auf der Grundlage seiner Analyse wollte er „den Grund für diese Dinge" zeigen, denn „die Natur tut nichts ohne Grund" (11.5; 11.2.3).

Bei einer Erörterung fragt Galenus, warum es oben auf dem Kopf Haare gibt, aber keine auf der Stirn. Er gibt die einleuchtende Antwort, wenn Haar auf der Stirn wachsen würde, dann müßte man es immer wieder schneiden, um sehen zu können. Das Haar über den Augen (Brauen) bleibt bei der gleichen Länge, wohingegen die Natur bewirkt, daß auf dem Kopf und am Kinn das Haar sehr lang wird. Doch er wollte wissen, *warum* die Augenbrauen weniger wachsen, während anderes Haar schnell wächst. Bei der Erörterung dieses Problems verläßt er die anatomische Diskussion, um die griechische Auffassung der Schöpfung der Auffassung von Moses im Buch Genesis gegenüberzustellen.

„Hat der Weltschöpfer (d. h. der Schöpfer im Buch Genesis) einfach diesem Haar auferlegt, seine Länge immer gleich beizubehalten? Und befolgt dieses Haar den Befehl entweder aus Furcht vor dem Gebot seines Herrn oder aus Ehrfurcht vor dem Gott, der diesen Befehl gegeben hat? Oder ist es so, daß es selbst glaubt, es sei besser, dies zu tun? Ist nicht dies die Art und Weise, wie Moses die Natur behandelt? Und ist dies nicht der Lehre des Epikur überlegen? Am besten ist es, keiner dieser Lehren zu folgen, sondern (ähnlich wie Moses) im Prinzip des Weltschöpfers den Ursprung von jedem Geschöpf zu sehen, aber ein materielles Prinzip hinzuzufügen (die existierende Materie, aus der die Welt erschaffen wurde).

Denn unser Weltschöpfer hat die Augenbrauen so geschaffen, daß sie immer die gleiche Länge behalten, weil dies besser war. Als er sich entschlossen hatte, es so zu machen, setzte er unter einen Teil davon einen harten Körper, eine Art Knorpel, und unter einen anderen Teil eine durch die Augenbrauen an den Knorpel befestigte harte Haut. Denn es genügte sicherlich nicht, einfach zu wollen, daß sie solcherart werden; es wäre ihm unmöglich gewesen, im Nu aus einem Stein einen Menschen zu machen, einfach dadurch, daß er es so wollte" (*De usu partium* 11.4).

Galenus lehnt auch die epikureische Auffassung ab, weil sie die Schöpfung dem „Zufall" zuschreibt. Er nimmt Moses ernster, aber er findet ihn mangelhaft. Wichtig sind zwei Punkte. Aus Galenus' Perspektive läßt der Bericht in der Genesis vermuten, daß Gott allein durch einen Akt des Willens die Dinge ins Sein brachte, ohne Rücksicht darauf, ob das, was erschaffen würde, auch die beste Ordnung der Dinge sei. Die mosaische Kosmogonie hat im Schöpfungsakt keinen Platz für die Vernunft. Zweitens, Galenus glaubte mit anderen Griechen auch, daß Gott die Welt aus schon existierender Materie geformt habe. Er nennt dies das „materielle Prinzip", was Aristoteles die „materielle Ursache" genannt hatte; daraus würde jede Änderung hervorgebracht. Die Auffassung des Moses besagt, daß die Welt aus dem Nichtvorhandenen gemacht wurde. In seinem Bericht läßt Moses die materielle Ursache weg und spricht lediglich von der Wirkursache, also von dem, wodurch eine Änderung hervorgebracht wird. Sein Bericht besagt, daß die Materie erst bei der Schöpfung zu existieren begann und vor der Schöpfung nicht vorhanden war.

Die klassische griechische Auffassung von der Schöpfung, die der Kritik des Galenus zugrunde liegt, wurde von Plato im *Timaeus* dargelegt, einer Abhandlung über die Kosmogonie, die überall in der alten Welt gelesen und studiert wurde. Heutige Leser mögen die „Republik" oder die „Apologie" für die interessantesten der Dialoge Platos halten, aber die Alten liebten den *Timaeus*. Darin beschreibt Plato Gott als den „Gestalter" *(demiurgos)* bereits existierender Materie, als einen weisen und gnädigen Künstler, der die Materie hernimmt, wie der Töpfer den Ton nimmt, und sie zu einem Gegenstand von Form und Schönheit gestaltet. Der Schöpfer ist der „Macher" und „Modellierer". Seine Aufgabe war es, Ordnung aus der Unordnung zu schaffen, das zur Ruhe zu bringen, was sich in ungeordneter Bewegung befand, eine Welt der Harmonie und des Maßes hervorzubringen (*Timaeus* 302c). Durch den Gebrauch der Vernunft verwandelt der Schöpfer ungeformte und chaotische Materie in ein verstehbares Weltall.

Platos Bericht ist viel umfangreicher als der in der Genesis. Er erörtert eingehend, wie und warum die verschiedenen Teile des Weltalls gestaltet wurden, wohingegen Moses nur einen skizzenhaften Bericht gibt, der durch den Kehrreim „Und Gott sagte: Es werde ... und es wurde..." unterbrochen wird. Plato erklärt den Grund für die Schöpfung: Das Weltall hat keine Augen, weil „außerhalb von ihm ist nichts Sichtbares"; und es hat auch keine Atmungsorgane, weil es von keiner Luft umgeben ist. Es braucht keine Hände, weil es nichts anzufassen hat; und es hat keine Füße, weil es sich nicht bewegt (*Ti.* 33c–d). In ähnlicher Weise baute der Schöpfer, von der Vernunft geleitet, den menschlichen Körper, indem er jedem Teil seinen besonderen Zweck und seine besondere Funktion gab und keine unnützen Organe schuf: Der Kopf besteht nicht bloß aus nackten Knochen, „wegen der großen Schwankung der Temperatur in beiden Richtungen, die durch die Jahreszeiten bedingt sind; und er konnte auch unmöglich ganz eingehüllt werden, denn dann würde er stumpfsinnig und unempfindlich werden wegen seiner Fleischmasse." Deshalb hat Gott den Kopf mit Haut bedeckt; und an einigen Stellen fügte er Haar hinzu, „um als leichtes Dach für den Teil über dem Gehirn zu dienen, der Sicherheit halber, um genügend Schirm und Schutz sowohl im Sommer als auch im Winter zu verschaffen; aber es ist ihm für ein müheloses Wahrnehmen kein Hindernis" (*Ti.* 75e–76d). Den Bau sowohl der Welt als auch des menschlichen Körpers können wir also dem „logischen Denken" zuschreiben (*Ti.* 72e). Das Ergebnis ist ein Weltall, das gut ist, in dem alle verschiedenen Teile ihren Zweck und ihre Funktion haben und dessen Prinzip die Ordnung ist. „Denn da Gott wollte, daß alle Dinge soweit als möglich gut und nicht böse sein sollten, so ergriff er alles Sichtbare, was nicht ruhte, sondern sich in einer ungeordneten Bewegung befand; und aus Unordnung brachte er Ordnung hervor, weil er meinte, diese sei besser als jene" (*Ti.* 30a).

Aus der Sicht des Timaeus von Plato scheint die mosaische Kosmogonie das Werk eines unberechenbaren Gottes zu sein, der durch einen Willensakt die Welt erschaffen hat ohne Rücksicht auf die Folgen seiner Handlungen. Er hat einfach gesprochen, und es wurden die Dinge. Da die Gründe für die Schöpfung nicht erwähnt werden, so gibt der Genesisbericht den Griechen den Eindruck, wenn Gott gewollt hätte, daß die Dinge anders sein sollten, hätte er sie in seiner Allmacht auch anders erschaffen können. Aber dies setzt Gott gänzlich außerhalb des Weltalls und außerhalb der das Weltall leitenden Gesetze. Nach der griechischen Auffassung ist aber Gott nicht über die Naturgesetze erhaben; er kann zum Beispiel nicht aus einem Stein einen Menschen machen.

Gerade in diesem Punkt (d. h. die Vorstellung, daß Gott aus einem Stein hätte einen Menschen machen können, wenn er so gewollt hätte) unterscheidet sich die Meinung Platos und der anderen Griechen, die Naturwissenschaften betreiben, von der Ansicht des Moses. Denn diesem scheint es zu genügen, daß Gott die Ordnung der Materie einfach gewollt hat, und schon wurde alles richtig geordnet; er glaubt, daß Gott alles möglich ist; er könnte aus Asche einen Stier oder ein Pferd machen. Diese Auffassung jedoch vertreten die Griechen nicht; sie behaupten, daß gewisse Dinge von der Natur her unmöglich sind und daß Gott solche Dinge nicht einmal versucht hat; er hat vielmehr das Beste aus den Möglichkeiten des Werdens ausgewählt.

Also sagen wir, weil *dies besser ist*, sind die Augenwimpern immer von der gleichen Länge und von der gleichen Zahl; nicht Gott hat sie einfach gewollt, und sie waren augenblicklich da. Denn auch wenn er unzählige Male wollte, würden sie in dieser Weise aus einer weichen Haut nie entstehen; und insbesondere wäre es ganz unmöglich, daß sie aufrecht stehen, es sei denn, daß sie an etwas Hartem befestigt wären. Also sagen wir, daß Gott die Ursache ist sowohl bei der Auswahl der besten unter den Werken der Schöpfung als auch bei der Wahl der Materie. Denn da es nötig ist, daß die Augenwimpern aufrecht stehen und daß sie in gleicher Länge und Zahl bleiben, befestigte er sie in einer knorpeligen Substanz. Hätte er sie in eine weiche, fleischige Substanz gesetzt, dann hätte er einen Mißerfolg gehabt, der schlimmer wäre als bei Moses, aber auch schlimmer als bei einem unfähigen General, der eine Mauer oder ein Lager auf sumpfigem Boden errichtet (*De usu partium* 11.14).

Gewisse Dinge sind von der Natur her unmöglich, und Gott macht solche Dinge nicht, er kann es ja auch nicht. Er wählt immer den bestmöglichen Weg, nämlich den Weg der Vernunft. Es genügt nicht, zu verfügen, daß die Augenwimpern immer von gleicher Länge und Zahl sein sollten; denn gäbe es nicht andere Voraussetzungen – nämlich die Anwesenheit des Knorpels –, dann wäre es ein Unsinn, davon zu sprechen, daß die Augenwimpern aufrecht stehen. Die Welt der Natur kann man erst dann verstehen, wenn man erkannt hat, daß alle Dinge (einschließlich des Schöpfers) durch unabänderliche

Gesetze bestimmt sind gemäß der Vernunft. Diese Gesetze bestimmen die Art und Weise, wie die Dinge sind und immer sein werden – nicht weil Gott entschied, daß sie so sein sollten, sondern weil es für sie am besten ist, so zu sein. Gott ist Teil der Natur. Er ist, nach dem Lobgesang des Stoikers *Cleanthes*, „Leiter der Natur, der über alle Dinge gemäß des Gesetzes herrscht".

Die Kritik des Galenus richtet sich gegen den Schöpfungsbericht in der Genesis. Es ist unwahrscheinlich, daß er irgendwelche Bücher des Neuen Testaments gelesen hatte. Aber daß er dazu kam, die Genesis zu lesen, könnte damit zusammenhängen, was er über die christliche Gotteslehre gehört hatte. Nach dem Matthäusevangelium sagte Jesus: „Aus diesen Steinen da kann Gott dem Abraham Kinder erwecken" (Mt 3,9). Der christliche Theologe *Irenaeus*, der zwei Jahrzehnte nach Galenus' Buch „*Über die Nützlichkeit der Körperteile*" schrieb, zitierte die Worte Jesu: „Was unmöglich ist bei Menschen, ist möglich bei Gott" (Lk 18,27; Irenaeus, *Gegen die Häretiker* 2.10.4); er tut dies in einer Erörterung über die Schöpfung, die zeigen sollte, daß Gottes Art und Weise des Erschaffens von der menschlichen Art des Gestaltens völlig verschieden sei. Der Genesisbericht schien also dem griechischen Denken gegen den Strich zu gehen.

Zur Zeit, als Galenus schrieb, hatten sich christliche Denker erst wenig mit der Schöpfungslehre befaßt. In jüdischen Kreisen, vornehmlich in den Schriften des jüdischen Philosophen *Philo* aus Alexandria, hatte es Diskussionen gegeben. Doch das jüdische Denken über dieses Thema, wie wir es aus unseren dürftigen Quellen kennen, hatte sich nicht wesentlich von der Kosmogonie Platos entfernt. Das jüdische Buch 2 Makkabäer enthält eine Stelle, die sagt, daß Gott „dies (die Welt) nicht aus schon Bestehendem gebildet hat" (2 Makk 7,28). Dies hat man manchmal als einen Beweis für die Lehre von der Schöpfung aus dem Nichts *(creatio ex nihilo)* genommen. Im Licht der modernen Forschung[11] jedoch scheint es unwahrscheinlich, daß man die Stelle in diesem philosophischen Sinn auslegen kann. Philo folgt der Grundrichtung Platos und macht Gott zum Gestalter schon vorhandener Materie (*De opificio* 171). In ähnlicher Weise zieht der christliche Philosoph Justin der Märtyrer, ein Zeitgenosse des Galenus, ausdrücklich den Vergleich zwischen Plato und der christlichen Auffassung (I. *Apol.* 20) und sagt, daß Gott „alle Dinge, die da sind ... aus ungeformter Materie gebildet hat" (I. *Apol.* 10).

Die Auffassung, daß Gott die Welt aus dem Nichts erschaffen hat

– das heißt, nicht aus schon vorhandener Materie –, wird in christlichen Kreisen kurz vor der Zeit des Galenus schwach angedeutet. Der erste christliche Denker, der die Grundlage einer Lehre von der *creatio ex nihilo* zum Ausdruck bringt, ist der gnostische Theologe *Basilides*, der im zweiten Viertel des 2. Jahrhunderts lehrte. Basilides hat eine komplizierte Kosmogonie ausgearbeitet; er versucht, den tieferen Sinn der christlichen Lehre im Lichte der platonischen Kosmogonie zu denken. Er lehnte den Vergleich mit einem menschlichen Schöpfer, mit dem Künstler, der ein Stück Holz schnitzt, als eine Vermenschlichung ab, die die Macht Gottes stark einschränkt. Gott hat anders als Sterbliche die Welt aus „nicht schon vorhandener" Materie erschaffen. Zunächst ließ er die Materie durch die Schöpfung von „Samen" entstehen; dieser geschaffene Stoff der Materie wird nach Gottes Willen zum Weltall entfaltet.[12]

Ob die Ideen des *Basilides* einen direkten Einfluß auf andere christliche Denker hatten, wissen wir nicht. Doch die Fragmente aus seinen Schriften zeigen, daß die Christen angefangen hatten, sich mit der Schöpfungslehre zu befassen und eine neue Auffassung zu entwickeln, die im Gegensatz zu der klassischen griechischen Kosmogonie im *Timaeus* stand. Etwas später, um die Zeit, als Galenus sein Werk über die Körperteile verfaßte, legte der Bischof von Antiochien *Theophilus* die neue christliche Auffassung dar, daß Gott die Welt aus dem Nichts erschaffen habe. Es wäre keineswegs merkwürdig, hätte Gott die Welt aus „schon vorhandener Materie" erschaffen. Aber Gottes Macht offenbart sich darin, „daß er das erschafft, was er will, aus Nichtvorhandenem *(ex ouk onton)*, so wie die Macht, Leben und Bewegung zu verleihen, Gott allein und sonst niemandem gehört" (Theoph. *ad Autol.* 2.4). Ähnlich wie Basilides wollte Theophilus damit Gottes Transzendenz, alleinige Herrschaft und höchste Gewalt *(monarchia)* beweisen. Wenn die Materie als Prinzip neben Gott bestünde, so würde das bedeuten, daß die Materie schon vor der Schöpfung existiert hätte. Aber Gott allein ist ewig.

Zur Zeit, als Galenus schrieb, gab es keine feste Auslegung der im Buch Genesis dargelegten Schöpfungslehre. Genesis 1–2 könnte man auch so verstehen, daß Gott in ähnlicher Weise wie der platonische Weltschöpfer der Gestalter schon vorhandener Materie sei. Doch andere hatten zu lehren begonnen, das Buch Genesis lehre, daß Gott die Welt aus dem Nichts erschaffen habe. Dies wurde schließlich die christliche Lehre. Galenus war der erste Kritiker, der den tieferen Sinn der sich entwickelnden christlichen Lehre zu begreifen suchte.

Den Griechen war die Vorstellung zuwider, daß die Welt aus dem Nichts entstand. Für Aristoteles war es ein Grundsatz, daß „nichts aus dem Nichts werden kann" (*Physik* 187a 33–34). Griechische Denker zur Zeit des Galenus teilten dieselbe Auffassung. „Die Substanz oder Materie, aus der (das Weltall) entstanden ist, ist nicht erst entstanden, sondern hat immer dem Weltschöpfer zur Verfügung gestanden, dem sie sich zum Ordnen hingab. Denn der Ursprung dessen, was entsteht, ist nicht das Nichtvorhandene, sondern, wie im Falle eines Hauses und eines Gewands und eines Standbilds, das, was sich nicht im guten und hinreichenden Zustand befindet" (Plutarch, *De animae procreatione in Timeo, Moralia* 1014b).

Ein anderer Kritiker des Christentums, *Celsus*, trug eine ähnliche Kritik an der christlichen Lehre vor, obwohl es ihm eher um den christlichen Glauben an die Auferstehung der Toten ging als um die Schöpfungslehre: „Was für ein Leib könnte nach totaler Verwesung zu seiner ursprünglichen Natur und zu demselben Zustand zurückkehren, den er vor der Auflösung hatte? Da sie (die Christen) darauf nichts erwidern können, suchen sie einen unerhörten Ausweg mit der Behauptung: ‚Bei Gott ist alles möglich.' Doch in der Tat kann Gott weder das tun, was unanständig ist, noch will er das tun, was gegen die Natur ist ... Er selbst ist der Grund für alles, was ist; also kann er nichts tun, was im Gegensatz zur Vernunft oder zu dem eigenen Charakter steht" (*c.Cels.* 5.14). Die entscheidende Frage also in dieser Kritik an der christlichen Lehre ist nicht einfach die Vorstellung der Schöpfung aus dem Nichts, sondern die christliche Auffassung, daß Gott über die Naturgesetze erhaben ist und die unumschränkte Macht hat, ganz nach Belieben mit der Welt umzugehen.

Der lateinische Dichter *Lucretius*, der im 1. Jahrhundert v. Chr. lebte, hat in seinem großartigen Gedicht *Über die Natur der Dinge* den klassischen Standpunkt zum Ausdruck gebracht: Nichts kann jemals durch die göttliche Macht aus dem Nichts erschaffen werden. Der Grund, warum alle Sterblichen von der Furcht ergriffen werden, ist der, daß sie allerhand Dinge auf Erden und am Himmel ohne sichtbare Ursache sich ereignen sehen; und diese schreiben sie dem Willen eines Gottes zu. Also wenn wir begriffen haben, daß aus dem Nichts nichts geschaffen werden kann, dann werden wir ein klares Bild von dem Weg vorwärts haben, von dem Problem, wie die Dinge ohne die Hilfe der Götter geschaffen und begonnen werden. Zunächst also, wären die Dinge aus dem Nichts geschaffen, dann könnte jede Art aus jeder Quelle entstehen und nichts würde der Samen bedürfen. Menschen könnten aus dem Meer entstehen und Schuppenfische aus dem Boden, Vögel könnten im Himmel ausgebrütet werden. Vieh und sonstige Haustiere und jede Art von wilden Tieren, sich aufs Geratewohl vermehrend, würden in gleicher Weise bebautes Land und Einöde besetzen. Die gleichen Früchte würden nicht stets an denselben Bäumen wachsen, sondern sie würden sich immerfort ändern; jeder Baum könnte jede Art Frucht hervorbringen. Setzte sich nicht jede Art aus den eigenen Zeugungskörperchen (Samen) zusammen, warum sollte denn jede Art immer von einer Mutter derselben Art geboren werden? Da aber jede Art aus spezifischen Samen geformt wird, wird sie geboren und in die vom Sonnenlicht bestrahlte Welt eintreten; und zwar nur von einer Stelle her, wo die richtige Materie und die richtige Art von Atomen existiert. Das ist der Grund, warum jedes Ding nicht aus jedem geboren werden kann, sondern spezifischen Dingen wohnt eine spezifische Zeugungskraft inne [*De rerum natura* I.160].

Lucretius sprach natürlich nicht über das Christentum, da er lange Zeit vor der Entstehung der christlichen Bewegung schrieb. Doch als das Christentum in den Städten des Römischen Reiches zu erscheinen begann und die Aufmerksamkeit der griechischen und römischen Intellektuellen erregte, hat die christliche Auffassung von Gottes Willen bei der Schöpfung die römische und griechische Empfindsamkeit verletzt. Nach griechischer Auffassung wohnt Gott in einem Bereich über der Erde, aber er steht nicht außerhalb des Weltalls, des *kosmos*. Erde und Himmel sind Teile desselben *kosmos*, der von Ewigkeit her existiert hat. Das Weltall ist nicht die Schöpfung eines transzendenten Gottes. Der Kosmos hat die eigenen Gesetze; und alles, was existiert – die physikalische Welt, Tiere, Menschen und Götter –, ist den Naturgesetzen unterworfen. „Gewisse Dinge sind der Natur unmöglich", sagte Galenus, und „Gott versucht nicht einmal solche Dinge. Vielmehr wählt er von den Möglichkeiten des Werdens die beste aus."

Wie sehr sich die christliche von der klassischen Auffassung unterscheidet, kann man bei einem anderen griechischen Schriftsteller sehen, dem anonymen Autor einer Abhandlung über die Kosmologie aus dem 2. Jahrhundert: „Uns ist Gott ein Gesetz, ausgeglichen, weder für Verbesserung noch für Änderung empfänglich, nach meiner Meinung besser und stabiler als jene auf Tafeln eingemeißelten [Gesetze]. Unter seiner bewegungslosen und harmonischen Herrschaft wird die himmlische und irdische Ordnung verwaltet, die sich über alle geschaffenen Dinge durch die Lebenssamen in jedem ausdehnt, sowohl bis zu den Pflanzen als auch zu den Tieren, und zwar nach Gattung und Art." Er faßt seine Auffassung so zusammen: „Gott und nichts anderes ist gemeint, wenn wir von der Notwendigkeit sprechen" (Pseudo Aristoteles, *De Mundo* 401a–b).

In der Mitte des 2. Jahrhunderts schon hatte das Christentum angefangen, auf einige griechische und römische Intellektuelle Eindruck zu machen. Der Kontrast zwischen den Bemerkungen von Plinius und denen von Galenus ist ein Anzeichen für diese Auffassungsänderung. Plinius mußte sich im Laufe seiner Arbeit als Statthalter der Provinz von Bithynien mit den Christen befassen. Seine Kenntnisse des Christentums kamen größtenteils vom Hörensagen, aus den Erklärungen einiger ungebildeter Christen und vielleicht von Prozessen, die in Rom geführt worden waren. Aber er hatte kein eigentliches Interesse an der christlichen Bewegung; er bemühte sich nur begrenzt, das zu begreifen, was die Christen glaubten und praktizierten. Er hatte sicherlich keine christlichen Schriften gelesen.

Im Gegensatz dazu scheint Galenus sich für die neue Bewegung interessiert zu haben. Er ist bemüht, zu verstehen, wie die Christen lebten, was sie glaubten und wie die christliche Lebensweise im Vergleich mit anderen „Philosophien" in der Welt seiner Zeit stand. Galenus ist, wie Walzer bemerkt, „der erste heidnische Autor, der stillschweigend die griechische Philosophie und die christliche Religion auf gleichen Fuß stellt".[13] Es hatte Galenus beeindruckt, daß die Christen in gleicher Weise wie die damals führenden philosophischen Schulen die Menschen zu einem tugendhaften Leben führen konnten. Durch ihr Leben und ihre Moral bemühte sich zunächst die frühchristliche Bewegung darum, in der griechisch-römischen Welt angenommen zu werden.

Galenus fand die christliche (und jüdische) Lehre jedoch anstößig. Er betrachtete die Christen als dogmatisch und unkritisch. Sie waren nicht bereit, ihren Glauben einer philosophischen Prüfung zu unterwerfen; sie verlangten, daß die Menschen ihre Lehre allein auf guten Glauben hinnahmen. Für Galenus war dies, wenn auch kein verhängnisvoller Defekt, so doch ein schwerer Mangel. Aber seine

Kritik am Christentum erstreckte sich auf bestimmte Punkte der christlichen Lehre. Bei der Erörterung der Wechselwirkung zwischen dem Christentum und der klassischen Kultur wählte er ein Thema von großer theologischer und philosophischer Bedeutung aus. Selbst aufgrund seiner begrenzten Kenntnisse des Christentums spürte Galenus, daß die christlichen und jüdischen Auffassungen einen tieferen Sinn hatten, der im starken Gegensatz stand zu den klassischen griechischen Vorstellungen von der Beziehung Gottes zu der Welt. Für Galenus schien der christliche Gott unberechenbar, willkürlich, sogar launisch zu sein, keinen Gesetzen außer dem eigenen Willen unterworfen und jenseits der Grenzen der Natur.

Auch wenn Galenus die *creatio ex nihilo* nicht erwähnt und sich ausdrücklich nur mit dem Buch Genesis befaßt, verfaßt er eine klassische Kritik der christlichen Lehre von Gott. Dabei macht er auf eine neu in Erscheinung tretende und spezifisch christliche Lehre aufmerksam. Schon zu diesem Zeitpunkt der christlichen Geistesgeschichte hat die Überzeugung, daß Gott durch einen Willensakt die Welt erschaffen hatte, die Vorstellung einer Schöpfung aus dem Nichts anzudeuten begonnen. Galenus' Zeitgenosse, Bischof *Theophilus* von Antiochien, kritisierte die griechischen Philosophen deswegen, weil sie mit ihrer Auffassung, daß Gott aus schon Vorhandenem die Welt geschaffen hat, das Weltall vergöttlichten. Wenn Gott „ungeschaffen" und die Materie auch „ungeschaffen" sei, dann sei Gottes Souveränität nicht beweisbar. „Was wäre dabei bemerkenswert", fragt er, „wenn Gott aus schon Vorhandenem die Welt geschaffen hätte? Selbst ein menschlicher Künstler, bekommt er von jemandem den Stoff, macht daraus, was er will. Aber Gottes Macht wird dadurch offenbart, daß er aus dem Nichtvorhandenen das macht, was er will; so wie die Macht, Leben und Bewegung zu schenken, keinem außer Gott allein gehört" (*Ad Autol.* 2.4). Es sollte nicht lange dauern, bis christliche Schriftsteller anfingen, die Lehre der *creatio ex nihilo* zu einem Hauptthema des christlichen Denkens zu machen. Auch wenn Galenus' Kenntnisse des Christentums begrenzt waren, hatte er doch Einblick in gewisse kennzeichnende Merkmale der neuen Bewegung. Seine Wißbegierde hat dazu beigetragen, den Weg dazu vorzubereiten, daß in intellektuellen Kreisen das Christentum ernst genommen wurde. Das Auftreten philosophischer Kritiker der neuen Religion war eine Entwicklung von großer Bedeutung für die Geschichte der christlichen Theologie.

5. KAPITEL

Celsus – ein konservativer Intellektueller

Bis zur zweiten Hälfte des 2. Jahrhunderts konnten unsere Kenntnisse über römische und griechische Einstellungen den Christen gegenüber auf einigen wenigen Seiten niedergeschrieben werden. Doch um das Jahr 170 n. Chr. schrieb ein griechischer Philosoph namens Celsus ein größeres Buch, das sich ausschließlich mit den Christen befaßte. Dieses Werk mit dem Titel *Die wahre Lehre* ist uns nur in Fragmenten erhalten geblieben. Aber die Fragmente sind so umfangreich, daß es möglich ist, mit einiger Zuversicht die Hauptzüge des Buches wiederherzustellen. Ungefähr 80 Jahre nach Veröffentlichung des Werkes *Die wahre Lehre* schrieb *Origenes*, der berühmte christliche Philosoph und Theologe aus Alexandria, eine massive, acht Bücher umfassende Erwiderung auf das Werk des Celsus. In seinem Werk hat Origenes Celsus ausführlich, manchmal Satz für Satz zitiert, ehe er die eigene Auffassung gab. Durch die Forschungsarbeit mehrerer Generationen von Fachleuten ist es heute möglich, nicht nur die Hauptgedanken, sondern den ursprünglichen Wortlaut von Celsus' Buch wiederherzustellen. Liest man die von Origenes aus Celsus zitierten Stellen in ihrem ursprünglichen Zusammenhang – das heißt, als das Werk eines im 2. Jahrhundert lebenden heidnischen Philosophen – und nicht im Licht der Kritik von Origenes, so ist es möglich, einen einigermaßen tiefen Einblick in das zu gewinnen, was gebildete Leute in der zweiten Hälfte des 2. Jahrhunderts über die christliche Bewegung dachten.

Leider wissen wir nichts über Celsus außer aus den von Origenes gelieferten Kenntnissen und aus den Fragmenten des Werkes selbst. Selbst zur Zeit des Origenes wußte man über Celsus nichts, außer daß er schon lange Zeit tot war (*c.Cels.* pref. 4). Origenes dachte zunächst, Celsus wäre ein Epikureer; am Anfang seines Werkes *Contra Celsum* hat er das Buch des Celsus als das Ergebnis epikureischen Denkens ausgelegt. Als dann Origenes die eigenen Argumente gegen Celsus entwickelte, änderte er allmählich diese Auffassung; er kam zur Ansicht, daß Celsus letzten Endes doch kein Epikureer war, oder wenn er es war, so hatte er seine Ansicht abgeändert, um sich dem Platonismus anzuschließen. Möglicherweise wollte Origenes dem Celsus einfach das Etikett „Epikureer" ankleben, um die eigene Kritik zu erleichtern. In der griechisch-römischen Gesellschaft war „Epikureer" ein Beiwort, das heute in etwa der Bezeichnung „Kommunist" in den Vereinigten Staaten ähnelt. Man hielt die Epikureer für Atheisten, die die Gesellschaft zerstörten. Für Origenes war es also ein Vorteil, einen Kritiker des Christentums als Epikureer darzustellen.

Doch Celsus war kein Epikureer. Eine eingehende Untersuchung der Fragmente seines Buches hat gezeigt, daß man ihn mit keiner der bedeutenderen philosophischen Schulen seiner Zeit identifizieren kann.[1] Er ist den Platonikern am nächsten, doch die eigene philosophische Haltung war eklektisch. Er spiegelt volkstümliche Überzeugungen und Meinungen wider, die keiner bestimmten Lehre oder Schule eigen waren, sondern von Intellektuellen unterschiedlicher philosophischer oder religiöser Richtungen geteilt wurden. Ich würde ihn als einen konservativen Intellektuellen bezeichnen. Er unterstützt herkömmliche Werte und verteidigt den geltenden Glauben; doch anders als Plinius ist er kein Philosoph und kein Staatsbeamter. Seine Einstellung den Institutionen und den Sitten der Gesellschaft gegenüber ist die eines Intellektuellen, der bereit ist, zur Unterstützung der traditionellen politischen und gesellschaftlichen Ordnung philosophische und religiöse Argumente zu bieten. Seine philosophischen und religiösen Vorstellungen sind keine bloß theoretischen Überzeugungen; sie sind mit den Institutionen, den gesellschaftlichen Konventionen und den politischen Strukturen der griechisch-römischen Welt weitgehend verflochten.

Bettelpriester der Cybele und Wahrsager

Offensichtlich kannte Celsus das Christentum aus erster Hand; als erfahrener Politiker verfaßt er seine Schilderung der christlichen Bewegung ausführlich und sachlich. Er hat ein scharfes Auge für die anfechtbarsten Stellen des Christentums sowie Ironie und Witz, sie ins Lächerliche zu ziehen. Selbst wenn er sich über die Christen lustig macht, weiß der unterrichtete Leser, daß er nicht ganz unrecht hat. Seine sarkastischeste Bemerkung gegen die christliche Frömmigkeit befindet sich im sechsten Buch, wo er die christliche Neigung zur Verehrung der Instrumente des Todes Jesu erörtert.

„Überall in ihren Schriften sprechen sie von dem ‚Baum des Lebens' und von der ‚Auferstehung des Fleisches' durch den Baum – weil ihr Herr, so denke ich mir, an ein Kreuz geschlagen wurde und von Beruf ein Schreiner war. Also wäre er zufällig von einem Felsen hinuntergeworfen oder in einen Graben hineingestoßen oder durch Erwürgung erstickt worden, oder wäre er ein Schuster oder ein Steinmetz oder ein Schmied gewesen, dann wäre ein Fels des Lebens über dem Himmelszelt oder ein Graben der Auferstehung oder ein Strick der Unsterblichkeit oder ein heiliger Stein oder ein Eisen der Liebe oder ein heiliges Lederfell gewesen. Hätte sich nicht eine alte Frau, die eine Geschichte singt, um ein kleines Kind in den Schlaf zu lullen, geschämt, derartige Geschichten zu flüstern?" [c.Cels. 6.34].

Origenes kann zuweilen genauso satirisch wie Celsus sein (c.Cels. 4.67). Ihm entging jedoch der Humor dieses Passus.

Im Gegensatz zu früheren Kritikern, die das Christentum aus einer einzigen Sicht betrachteten, ist Celsus' Schilderung der christlichen Bewegung reich und mannigfaltig. Zuweilen schöpft er aus volkstümlicher Voreingenommenheit gegen die Randgruppen der Gesellschaft. An anderen Stellen bietet er eine gut fundierte philosophische Kritik, die auf einer ernsthaften Untersuchung christlicher Schriften und des christlichen Glaubens beruht. Sonstwo schöpft er aus der stereotypen Kritik philosophischer Standpunkte, die sich in Handbüchern befand, die unter den Intellektuellen im Umlauf waren. Eine seiner Taktiken war es, das Christentum mit unliebsamen und geheimen religiösen Bewegungen gleichzustellen, welche das Empfinden der Römer verletzten. Am Anfang des Werks zum Beispiel vergleicht er die Christen mit den „Bettelpriestern" der Göttin Cybele, mit den Wahrsagern und mit den Verehrern des Mitras und des Sabazius, und mit dem, was einem sonst begegnet, mit Verehrern der Göttin Hekate oder von einem oder mehreren Dämonen (c.Cels. 1.9). An einer anderen Stelle vergleicht er den christlichen Gottesdienst mit den abergläubigen Bräuchen der Ägypter und mit „denjenigen in den bacchischen Mysterien, die Gespenster und Schrecken einführen" (c.Cels. 3.17, 4.10). Diese Bemerkungen, die an jene von Plinius erinnern, zeigen, daß die Römer die christliche

Bewegung immer noch als einen ausländischen Kult oder Aberglauben betrachteten. *Lucian*, ein griechischer Satiriker, der ungefähr zur gleichen Zeit schrieb, gibt ein ähnliches Bild in seiner Abhandlung *Das Verschwinden von Peregrinus*. Er spricht von der „erstaunlichen Lehre der Christen", die Peregrinus, ein Scharlatan und Betrüger aus dem 2. Jahrhundert, kennenlernte, indem er mit ihren „Priestern und Schriftgelehrten in Palästina" Umgang pflegte. Die Christen, schreibt Lucian, „verehren den Mann, der in Palästina gekreuzigt wurde, weil er diesen neuen Kult in die Welt einführte" (*Peregrinus* 11). Die Auffassung des Galenus, daß das Christentum eine philosophische Schule sei, scheint die Ansicht einer Minderheit gewesen zu sein.

Immerhin wiederholt Celsus Argumente, die von Galenus gebracht wurden. Er nennt das Christentum nicht ausdrücklich eine philosophische Schule, aber es gibt Stellen, wo er anscheinend diesen Vergleich im Sinne hatte (*c.Cels.* 5.61–62). Wie Galenus ist er sehr kritisch gegen den christlichen Fideismus. Celsus wußte, daß die Heilige Schrift der Christen eine Rechtfertigung für das Vermeiden eines Appells an die Vernunft lieferte. „Einige Christen", sagt Celsus, „wollen nicht einmal einen Grund für das geben oder erhalten, was sie glauben; sie gebrauchen solche Ausdrücke wie: ,Stelle keine Fragen; glaube einfach und dein Glaube wird dich retten.' Andere zitieren den Apostel Paulus: ,Denn die göttliche Torheit ist weiser als die Menschen, und die göttliche Schwäche ist stärker als die Menschen'" (1 Kor 1,25–26; *c.Cels.* 1.9).

An einer anderen Stelle will Celsus das gleiche beweisen, indem er das Bemühen der Christen, Proselyten zu machen, im Zerrbild darstellt: „Auch in Privathäusern sehen wir Wollarbeiter, Schuster, Wäscherinnen und die ungebildetsten Bauerntölpel, die es nicht wagen würden, vor älteren Personen und vor ihren Herren überhaupt etwas zu sagen. Doch wenn sie Kinder und einige törichte Frauen im Vertrauen um sich versammeln können, geben sie erstaunliche Äußerungen von sich; sie lehren, daß diese nicht auf ihre Väter und Lehrer hören sollten, sondern sie müßten ihnen gehorchen; sie sagen, daß ihre Väter und Lehrer Unsinn reden und keinen Verstand haben und daß sie in Wirklichkeit Gutes weder wissen noch zu tun vermögen, sondern sich mit leerem Geschwätz abgeben. Nur sie allein, sagen sie, kennen die richtige Lebensweise; würden die Menschen ihnen Glauben schenken, dann würden sie glücklich werden und auch ihre ganze Familie glücklich machen" (*c.Cels.* 3.55).

Celsus übertreibt hier mit Geschick in bezug auf die Christen, doch seine Beschreibung mag Wahres enthalten. Einige Christen waren sehr hochmütig und verachteten die Meinung anderer; sie blieben unter sich und nutzten die Ängste und das Unwissen der Menschen aus.

Eben weil in den Kirchen viele Ungebildete und Analphabeten waren, standen die Christen im Ruf der Leichtgläubigkeit. Der Krämer Peregrinus wurde deswegen Mitglied der Kirche, um einfache Christen auszunutzen. Schließlich kam die Obrigkeit dahinter und ließ ihn einsperren. Doch einfältige Christen durchschauten noch immer nicht seinen Betrug. Als er im Gefängnis lag, bedienten sie ihn mit allem, brachten ihm Essen und Geld und betrachteten ihn als Helden. „Die armen Teufel", schrieb *Lucian*, „haben sich davon überzeugt ... daß sie unsterblich werden und in aller Ewigkeit leben ... Sie verachten alle Dinge ohne Unterschied und betrachten sie als Gemeingut; und solche Lehren bekommen sie ohne jeden bestimmten Beweis überliefert. Kommt ein Scharlatan oder ein Betrüger zu ihnen, der Gelegenheiten auszunutzen weiß, der kommt schnell zu plötzlichem Reichtum, indem er das einfache Volk täuscht" (*Peregrinus* 13). Die Christen waren also eine leichte Beute für die Gauner des Römischen Reiches.

Celsus ist der erste Kritiker, der Jesus einen Magier nennt und die Christen der Praxis der Magie beschuldigt. Es kann sein, daß diese Ansicht schon bei *Suetonius* angedeutet wurde, der vom Christentum als von einem „neuen und bösartigen *(maleficus)* Aberglauben" sprach. Der Ausdruck *maleficus* kann auch „magisch" bedeuten; und als Substantiv bezeichnete er einen Magier.[2] Wenn das stimmt, dann deutet Suetonius das an, was später eine allgemeine Beschuldigung wurde.[3] Celsus sagt es ausdrücklich: „Durch die Magie konnte Jesus die Wunder wirken, die er anscheinend gewirkt hat" (*c.Cels.* 1.6). Er sagt weiter, daß „die Christen die Macht, die sie anscheinend besitzen, durch das Aussprechen der Namen von gewissen Dämonen und Zauberformeln erhalten" (*c.Cels.* 1.6).

Magie zu praktizieren war ein Verbrechen im Römischen Reich; und der Ausdruck *Magier* war ein Schimpf- und Schmähwort. Dem *Apuleius*, dem Autor eines geistreichen Romans *Der goldene Esel*, wurde der Prozeß gemacht, weil er angeblich die Magie praktizierte. Er hat eine Frau namens Prudentilla geheiratet, die mit einem anderen schon verlobt war. Als die Schwester des Mannes, den sie hätte heiraten sollen, von der Eheschließung erfuhr, beschuldigte sie den Apuleius, ihre Liebe durch die Anwendung von Zauberformeln und Zaubergetränken gewonnen zu haben. Obwohl er schließlich freigesprochen wurde, hat man ihn gezwungen, sich vor dem Richterstuhl zu verantworten und sich gegen die falsche Anklage zu verteidigen.

Manche Dinge, die über Jesus in den Evangelien berichtet werden, hatten eine Ähnlichkeit mit Dingen, die Magier taten. Im Johannesevangelium zum Beispiel wird von Jesus berichtet, daß er einen blindgeborenen Mann heilte, indem er auf den Boden spuckte, einen Teig aus dem Speichel machte und ihm den Teig auf die Augen strich (Joh 9). Mehrere Geschichten schildern Jesus als einen Geisterbeschwörer, der böse Dämonen austrieb (Mk 1,23.34; 3,11). Neben diesen offensichtlichen Ähnlichkeiten mit dem Werk der Magier gibt es Stellen in den Evangelien, die den Berichten von Magiern in den *Magischen Papyri* aus der damaligen Zeit sehr ähnlich sind: Die Stillung von Stürmen (Mk 4,35), die wunderbare Brotvermehrung (Mk 6,35), sich unsichtbar machen (Joh 8,59), die Gedanken anderer erkennen (Mk 2,8).[4]

Nicht nur die Evangelien stellten Jesus in der Gestalt eines Magiers und eines Wundertäters dar; die Christen hatten auch angefangen, in Zauberformeln den Namen Jesu zu gebrauchen. Die Praxis, im Namen Jesu Dämonen auszutreiben, ist ein Beispiel dafür. Celsus war mit gewissen christlichen Sekten vertraut, die offen Magie praktizierten; er hatte christliche Bücher gesehen, „die Zauberformeln enthielten" (*c.Cels.* 6.40). Außerdem stellten die frühchristlichen Apologeten und Prediger – vor den philosophischen Apologeten wie Justin dem Märtyrer und Athenagoras – die Wunder Jesu in den Vordergrund ihres Bemühens, die Leute von der Wahrheit des Christentums zu überzeugen. *Quadratus*, ein Apologet während der Herrschaft Hadrians (117–134 n. Chr.), forderte die Leute auf, an Jesus zu glauben, weil seine Wunder fortwirkten bis in die Gegenwart: Menschen werden geheilt und von dem Tod auferweckt; „sogar in unserer Zeit", schrieb er, „leben noch einige von ihnen" (Eusebius, *Hist.Eccl.* 4.3.2). Die Wunder Jesu wurden durch die Wunder der Apostel ergänzt, wie die unechten *Apostelakten* bezeugen. Die Auffassung der neuen intellektuellen Klasse, daß Jesus hauptsächlich Ethiker und Philosoph war, war der Glaube einer Minderheit in der Frühkirche, der sich das Volk widersetzte.

Die Christen behaupteten, die Wunder Jesu hätten bewiesen, daß er der Sohn Gottes war. Celsus hätte am stärksten auf eine solche Behauptung erwidert, hätte er einfach bestritten, daß Jesus die ihm zugeschriebenen Wunder gewirkt hatte.

Aber dies tat er nicht. Er war bereit zuzugeben, daß Jesus tatsächlich die in den Evangelien berichteten Dinge tat: „Heilungen oder Auferweckungen oder mit einigen wenigen Broten, von denen viele Reste übrigblieben, viele Menschen sättigen oder sonstige unglaubliche Erzählungen..., die von den Jüngern berichtet wurden" (c.Cels. 1.68). Celsus hat nicht bestritten, daß Jesus Wunder gewirkt hat. Was er wissen wollte war, durch wessen Macht er solche Wunder zu vollbringen vermochte. Vom Lesen der Evangelien wußte er, daß berichtet wurde, Jesus hätte einige Zeit in Ägypten verbracht. Daraus schloß er, daß Jesus „heimlich erzogen wurde und sich als Arbeiter in Ägypten verdungen hatte; nachdem er es mit gewissen Zauberkräften versucht hatte, kehrte er von dort zurück; wegen dieser Kräfte gab er sich den Titel Sohn Gottes" (c.Cels. 1.38). Hier wirft Celsus eine Frage auf, die im Mittelpunkt seines Angriffs gegen das Christentum stehen wird. Bedeutet die Fähigkeit Jesu, Wunder zu wirken, daß er der Sohn Gottes war? Oder war er einfach ein erfolgreicher Magier, wie andere auch, die in den Städten und Ortschaften des Römischen Reiches zu finden waren? Für Celsus war die Antwort klar. Jesus gehörte zu den „Zauberern, die behaupten, Wunder zu wirken..., die für ein paar Münzen ihre heilige Lehre mitten auf dem Marktplatz ausbreiten, die aus den Menschen Dämonen austreiben, Krankheiten wegpusten und die Seelen der Helden beschwören" (c.Cels. 1.68).

Celsus' Beschuldigung, daß Jesus ein Magier war, steht im Zusammenhang mit seiner allgemeinen Kritik an der christlichen Bewegung.[5] Er wollte zeigen, daß die Behauptung der Christen, Jesus sei der Sohn Gottes, unbegründet war. Er war nicht der einzige, der Wunder wirkte; andere hatten eine ähnliche Macht. Es war nicht die Frage, ob Jesus Wunder gewirkt hatte oder ob seine Anhänger, die seinen Namen beschwören, dasselbe tun konnten. Die Frage war: Gibt es irgendeinen Grund auf der Grundlage der Wunder Jesu, ihn den Sohn Gottes zu nennen? Um zu sehen, wie Celsus nun diese Frage behandelt, müssen wir uns einer eingehenderen Untersuchung seiner Darstellung der christlichen Lehre zuwenden.

Die Mängel der christlichen Lehre

Celsus las nicht nur christliche Schriften, er hat auch begriffen, was er las. Er wußte, daß das Christentum seinen Ursprung innerhalb des Judentums hatte und daß die Christen weiterhin die jüdischen Schriften benutzten; er wußte, daß die meisten Juden die neue Bewegung ablehnten und daß die Christen durch ihre Beziehung zum Judentum in Verlegenheit gerieten; er war mit der in den Evangelien berichteten Lebensgeschichte Jesu vertraut, mit seiner Lehre, seinem Leiden und seinem Tod; er wurde sich über die Bedeutung der Auferstehung in der christlichen Lehre klar; er wußte einiges über den christlichen Gottesdienst und die christlichen Bräuche.

Es ist auch wahrscheinlich, daß Celsus die ersten apologetischen Schriften der Christen kannte, insbesondere das Werk von *Justin* dem Märtyrer, dessen *Apologien* ungefähr zwei Jahrzehnte bevor Celsus sein Werk *Die wahre Lehre* schrieb, verfaßt wurden. Einige Forscher glauben, daß Celsus sein Buch als Erwiderung auf das Werk von Justin verfaßte und daß die Form seiner Argumente der Vertrautheit mit Justin zugeschrieben werden kann.[6] Es ist klar, daß Celsus viele von den Dingen, die er über die Christen gehört und gelesen hatte, auswählen und die bedeutendsten und anfechtbarsten Stellen der christlichen Lehre in den Mittelpunkt rücken konnte. Vom Lesen christlicher Schriften wußte er, daß die christlichen Intellektuellen gegenüber Argumenten aus der griechischen Philosophie empfindlich waren und daß sie die Notwendigkeit erkannten, ihre Sache auf dem öffentlichen geistigen Forum zu vertreten. Mochte Celsus auch rhetorische Argumente daraus gewinnen, daß sich die Christen eher auf den Glauben als auf die Vernunft verlassen, so setzen seine ernsten Argumente doch voraus, daß er christliche Denker nach denselben Maßstäben wie andere beurteilen wollte.

Beim ersten Lesen könnte das Buch von Celsus vermuten lassen, ähnlich wie die Bemerkungen des Galenus über die christliche Lehre, daß das Christentum wenig Neues bot; seine Lehre spiegelte lediglich in einer einfacheren Form das wider, was andere schon früher gesagt hatten. Das meinte auch Celsus, als er bemerkte, daß viele von den Christen gelehrte Dinge „von den Griechen besser ausgedrückt worden sind, die keine so hohen Ansprüche machten und es unterließen, zu behaupten, daß sie durch Gott oder den Sohn eines Gottes verkündet wurden" (*c.Cels.* 6.1). In demselben Buch erwähnt er später eine Anzahl von Lehrsätzen, die unter diese Kritik fallen: zum Beispiel den Begriff des höchsten Gutes (*c.Cels.* 6.4–5), gewisse Ansichten über den Ursprung der Welt (6.49–50) und Auffassungen über die Unsterblichkeit. „Göttlich erleuchtete Männer der alten Zeiten erzählten, daß es ein glückliches Leben für begünstigte Seelen gibt. Einige nannten es die Insel der Seligen; andere das Elysium, weil sie dort von den Übeln der Welt befreit werden. Also sagt Homer: Aber die Unsterblichen werden dich nach Elysium schicken, bis an das Ende der Welt, wo das Leben ganz unbeschwert ist. Und Plato, der meint, die Seele sei unsterblich, nennt ganz offen jene Region, wohin die Seele gesandt wird, ein Land..." (*c.Cels.* 7.28). Doch eine eingehendere Beschäftigung mit dem Werk von Celsus ergibt ganz deutlich, daß er wie Galenus erkannt hatte, daß das Christentum einige neue und originelle religiöse Lehren bot. Diese sind die Hauptzielscheiben seiner Polemik.

Ich will nur drei der bedeutenderen seiner Kritiken erörtern. Die erste betrifft die christliche Behauptung, Gott sei vom Himmel herabgestiegen, um auf Erden unter den Menschen zu wohnen. Diese Behauptung, sagt Celsus, „ist äußerst schändlich, und es bedarf keines sehr langen Arguments, um sie zu widerlegen" (*c.Cels.* 4.2). Gott ist kein derartiges Wesen, das sich eines Wechsels oder einer Änderung unterziehen kann. Er kann sich nicht von der Reinheit und der Vollkommenheit der Gottheit in den gebrechlichen und befleckten Stand der Menschen verwandeln. „Gott ist gut und schön und glücklich und lebt in einem wunderschönen Zustand. Wenn er zu den Menschen herabsteigt, muß er sich einer Änderung vom Guten zum Schlechten, vom Schönen zum Schändlichen, vom Glück zum Unglück unterziehen, von dem, was das Beste von allem ist, zu dem, was das Schändlichste ist... Es liegt lediglich in der Natur der Sterblichen, Änderung und Umgestaltung zu erleiden, wohingegen der Unsterbliche von seiner Natur her immer der Gleiche und ohne Änderung bleibt. Infolgedessen kann sich Gott unmöglich dieser Änderung unterziehen" (*c.Cels.* 4.14). Diese Bemerkung ist auch deswegen eindrucksvoll, weil die Christen ebenfalls behaupteten, Gott sei ein unveränderliches, geistiges Wesen, das „nicht geschaffen, ewig, unsichtbar, leidensunfähig, unbegreiflich, unendlich ist, das... von Licht, Schönheit, Geist und unbeschreiblicher Macht umgeben ist" (Athenagoras, *Leg.pro Christ.* 10). Die Christen behaupteten, sie hätten einen Gottesbegriff, der dem der heidnischen Philosophen (einschließlich Celsus) ähnlich sei. Im wesentlichen fragt also Celsus: Wenn ihr aufrichtig behauptet, an den gleichartigen Gott zu glauben wie wir, wie könnt ihr darauf bestehen, daß Gott die Gestalt eines Menschen angenommen hat? Wie kann eine Gottheit, die laut Definition unveränderlich ist, sich einer Änderung und Umgestaltung unterziehen, um als ein menschliches Wesen zu leben?

Gibt man zu, daß Gott allmächtig und allwissend ist und die Welt von einem Thron hoch oben im Himmel regiert, so fragt Celsus: „Was hat ein derartiger Abstieg von seiten Gottes für einen Zweck? War es, um herauszufinden, was die Menschen trieben?" (c.Cels. 4.2) Und noch etwas, wenn Gott allmächtig ist, warum hatte er es nötig, auf die Erde zu kommen, um unter den Menschen eine moralische Erneuerung zu bewirken? War es ihm nicht möglich, dies „durch göttliche Macht" und ohne einen derartigen Abstieg zu vollbringen? (c.Cels. 4.3) Dieser Punkt führt Celsus zu einem Argument, das in den folgenden Jahrhunderten immer wieder bei der heidnischen Polemik vorkommen sollte: „Wenn die Christen darauf bestehen, daß Gott zu einem bestimmten Zeitpunkt in der Geschichte in menschlicher Gestalt erschienen ist, was ist dann mit den zahllosen Geschlechtern geschehen, die vor Jesus lebten? Hat Gott erst nach so langer Zeit daran gedacht, das Menschengeschlecht zu erlösen? Hat er sich früher nicht darum gekümmert?" (c.Cels. 4.8) Wie kann Gott sich lediglich um Menschen kümmern, die zu einer bestimmten Zeit in der Geschichte leben? Die christliche Auffassung stellt folglich einen willkürlichen und launenhaften Gott dar, der ohne Rücksicht darauf, was für alle Geschöpfe das Beste sei, sehr eigenwillig handelt. Folglich zieht Celsus daraus den Schluß, daß die Christen „gottlos und unrein über Gott schwatzen" und daß nur Leute, die es nicht besser wissen, zum christlichen Glauben hingezogen werden (c.Cels. 4.10). Diejenigen, die über theologische und philosophische Fragen gut unterrichtet sind, können die Vernunftwidrigkeit der christlichen Lehre einsehen.

Die zweite größere Kritik ist eine andere Form des Arguments von Galenus gegen die Auffassung, daß für „Gott alle Dinge möglich sind". Celsus erörtert den Grundsatz jedoch im Zusammenhang mit dem christlichen Glauben an die Auferstehung der Toten. Er richtet scharfe Worte gegen den Schöpfungsbericht im Buch Genesis, nämlich gegen die Erzählung, die den „größten Gott" darstellt, wie er „so viel an einem Tag erschafft, und noch so viel am zweiten und so weiter am dritten, vierten, fünften und sechsten" (6.60). Seine schärfere Kritik richtet sich jedoch gegen die Vorstellung, daß Gott den natürlichen Vorgang der Auflösung des menschlichen Körpers rückgängig machen könnte oder daß ein schon verwester Körper wiederhergestellt werden kann: „Denn was für ein Körper kann, nachdem er völlig verfault ist, zu seiner ursprünglichen Beschaffenheit und zu jenem gleichen Zustand zurückkehren, in dem er sich vor seiner Auflösung befand? Da sie darauf nichts zu erwidern haben, finden sie einen unerhörten Ausweg, indem sie sagen, daß ‚Gott alles möglich sei'. Aber in Wirklichkeit kann Gott weder das tun, was schändlich ist, noch will er das tun, was gegen die Natur ist" (c.Cels. 5.14).

Die Auferstehung der Toten am Ende der Zeit und die Auferstehung Jesu sind Themen, die in Celsus' Werk ziemlich häufig vorkommen. Wie Origenes bemerkte, hat uns Celsus „oft wegen der Auferstehung getadelt" (c.Cels. 8.49). Das läßt vermuten, daß sich heidnische Kritiker darüber klar waren, daß die Auferstehung eine der wesentlichen und spezifischen christlichen Lehren war. Für Celsus steckt die theologische Schwierigkeit der Auferstehung im christlichen Gottesbegriff, insbesondere in der Beziehung Gottes zur Schöpfungsordnung. Die Christen haben keine vernünftige Auffassung der Gottheit. Statt zuzugeben, daß Gott den Gesetzen der Natur und der Vernunft unterworfen sei, glauben die Christen an einen Gott, der vollkommen über und außerhalb der Natur steht und der daher alles tun kann, was er will, gleichviel wie sehr es die Weltordnung stört. „Was das Fleisch betrifft, das voll von Dingen ist, die zu erwähnen nicht einmal angenehm ist, kann Gott weder, noch möchte er es so machen, daß es wider die Vernunft ewig dauert. Denn er ist selbst der Grund für alles, was ist; also kann er nichts wider die Vernunft oder wider den eigenen Charakter tun" (c.Cels. 5.14). Ein vernunftwidriger Gott ist kein geeigneter Gegenstand der Verehrung.

Eine dritte große Kritik richtet sich gegen den christlichen Gottesbegriff, insbesondere gegen die Folgen der Jesuverehrung für die Auffassung von der Einheit Gottes. Wenn die Christen „den einen Gott und sonst keinen verehrten, hätten sie vielleicht gegen andere ein gültiges Argument gehabt. Aber tatsächlich verehren sie übertriebenermaßen diesen Mann, der neulich gelebt hat; und doch glauben sie, daß es Gott nicht beleidigt, wenn sie auch seinen Diener verehren" (*c.Cels.* 8.12). Zur Zeit, als Celsus schrieb, war es schon allgemein bekannt, daß Jesus nicht nur der Gründer der christlichen Vereinigung war, sondern daß er auch Gegenstand der Verehrung und der Anbetung geworden war. An einer schon zitierten Stelle sagte *Lucian*, daß die Christen „den Mann verehrten, der in Palästina gekreuzigt wurde" (*Peregrinus* 11). Plinius hatte gesagt, daß die Christen dem Christus Loblieder sangen „wie einem Gott". Celsus fiel es nicht schwer, die Vorstellung anzunehmen, daß einem Mann, der Wunder gewirkt oder sich durch sein Leben und seine Lehre ausgezeichnet hatte, Anbetung entgegengebracht werden sollte. Einige der griechischen Götter, zum Beispiel Herakles und Orpheus, sind bekanntlich einmal Menschen gewesen. Einige Männer, von den Griechen Helden genannt, waren in den göttlichen Stand versetzt worden. „In gleicher Weise", sagt *Plutarch*, „in der sichtlich Wasser aus dem Erdboden, Luft aus dem Wasser und Feuer aus der Luft gezeugt wird, indem ihre Substanz nach oben getragen wird, erhalten die besseren Seelen ihre Umwandlung aus Männern in Helden und aus Helden in Dämonen. Aber von den Dämonen kommen noch einige wenige Seelen nach langer Zeit wegen höchster Vorzüglichkeit dazu, nach ihrer Läuterung an göttlichen Eigenschaften ganz teilzuhaben" (*de.def.or.* 415c).

Grundsätzlich also hatte Celsus an der Erhebung eines Mannes in den göttlichen Stand nichts auszusetzen; auch nicht bei Jesus. Aber hat Jesus wirklich eine solche Ehre verdient? Waren die Christen berechtigt, Jesus mit solchen Männern wie Herakles, Asklepios oder Orpheus gleichzusetzen? Einige der anderen von Christen (und Juden) verehrten Männer waren verdienstvoller als Jesus. „Eine viel geeignetere Person als Jesus wäre für euch Jonas mit seinem Kürbis gewesen, oder Daniel, der den wilden Tieren entkommen war, oder diejenigen, über die noch unglaublichere Geschichten als diese erzählt werden" (*c.Cels.* 7.53). Jesus war ein Magier von niedrigem Rang, kein großer Held wie die Männer der Vergangenheit.

Die Kritik des Celsus an der Erhebung Jesu in den göttlichen Stand hat jedoch eine andere Dimension. Indem die Christen Jesus anbeten, machen sie ihn zum Rivalen des einen höchsten Gottes, „des Gottes über dem Himmelszelt", wie Celsus ihn nennt. Wenn die Christen lehrten, daß „Gott Vater von allen sei und daß wir ihn allein verehren sollen", gäbe es keinen Streit. Aber die Christen setzen Jesus fast mit Gott gleich, „nicht weil sie Gott besonders große Verehrung zollen, sondern weil sie Jesus übermäßig erhöhen" (c.Cels. 8.14). Als Origenes die Kritik von Celsus las, daß die Christen Jesus dem einen höchsten Gott gleichsetzen oder über ihn setzen, antwortete er, daß Celsus offensichtlich die Sache falsch verstanden hätte, weil wir „nicht behaupten, daß der Sohn mächtiger als der Vater ist, sondern niedriger" (c.Cels. 8.15). Für Origenes steht Jesus an Bedeutung klar Gott dem Vater nach.

Celsus hat jedoch etwas, das für sein Hauptargument gegen das Christentum von wesentlicher Bedeutung ist: Die Christen bedrohen die schwer durchgesetzte Auffassung, daß es nur einen einzigen Gott gibt; eine Überzeugung, die in den frühen Jahren des Römischen Reiches von vielen Intellektuellen angenommen wurde. Man hielt diesen Glauben für erhabener als die Verehrung vieler Götter und die Vermenschlichung der Götter in der volkstümlichen Religion. Celsus stellt seine Ansichten als Auslegung eines Zitats aus *Homers Ilias* (2.205) dar: „Einer soll König sein, der, dem der Sohn des listigen Kronos die Macht gab." Diese Worte wurden so verstanden, daß es einen einzigen Gott gibt, der König und Vater von allen ist; ein geistiges Wesen, das die Welt übersteigt, das Quelle und Ursprung von allem ist, was ist.

Ein anderer heidnischer Philosoph aus dem 2. Jahrhundert v. Chr. sagte: „Gott, der ein einziger ist, doch viele Namen hat, wird nach sämtlichen verschiedenen Zuständen benannt, die er selbst bewirkt. Wir nennen ihn Zēn und Zeus und gebrauchen beide Namen im gleichen Sinn... Er wird der Sohn des Kronos und der Zeit genannt... Er ist der Gott des Blitzes und des Donners... Außerdem, für die Früchte wird er der Gott der Fruchtbarkeit genannt, für die Städte der Stadtgott; er ist der Gott der Geburt, der Gott des Hauswesens, der Gott der Verwandtschaft und der Gott unserer Väter... Er ist... fürwahr der Retter, der Gott der Freiheit und, um die Aufzählung seiner Titel vollzählig zu machen, der Gott der Himmel und der Welt darunter; und seine Namen rühren von sämtlichen Naturerscheinungen und -zuständen her, da er selbst ja die Ursache aller Dinge ist" (Ps.Aristoteles, *De mundo* 401a).

Celsus ist derselben Meinung: „Es macht nichts aus, ob man den höchsten Gott oder Zeus anruft, Adonai oder Zebaoth, Amun, wie die Ägypter es tun, oder Papaios, wie die Skythen es tun" (c.Cels. 5.41).

Der Glaube an den einen Gott mit vielen Namen hieß nicht, daß der eine Gott der einzige Gott sei. Es gab auch viele niedrigere

Gottheiten: die Sterne und die Himmelskörper; die olympischen Götter und Göttinnen: Zeus, Hera, Poseidon und andere; die kapitolinischen Götter und Göttinnen: Jupiter, Juno, Minerva; die Dämonen, die zwischen der Erde und den höheren Göttern stehen; und auf der niedrigsten Ebene Helden als hervorragende Männer, die in den göttlichen Stand erhoben worden waren. Der eine höchste Gott stand auf dem Gipfel einer Unmenge von Gottheiten, die mit ihm die Welt regierten. „Inmitten derlei Zank und Streit und Meinungsverschiedenheiten (über andere Sachen)", schrieb *Maximus von Tyrus*, ein heidnischer Denker aus dem 2. Jahrhundert, „würdet ihr auf der ganzen Erde ein harmonisches Gesetz und einen Grundsatz erkennen, daß es einen höchsten Gott gibt, den König und Vater von allen, und viele Götter, Söhne Gottes, Mitherrscher mit Gott. Dies sagt der Grieche und der Barbar, der Festländer und der Seefahrer, der Weise und der Unweise" (*Or.* 11.5; ed. Holbein). Wenn ein Mensch diese niedrigen Götter verehrte, so wurde angenommen, daß er auch den einen höchsten Gott verehrte. Solche Verehrung schmälerte nicht die dem höchsten Gott erwiesene Ehre; nach Ansicht der Alten bedrohte sie auch nicht den Glauben an den einen Gott.

Den in diesen Religionen erzogenen heidnischen Beobachtern jedoch schien die christliche Verehrung Jesu den Glauben an die Einheit Gottes zu gefährden. Dies war eine bedeutende Einsicht in den Charakter der christlichen Tradition. Denn auch wenn das christliche Denken noch weit entfernt von der Zeit war, wo es verkünden würde, daß Christus „gleichen Wesens" *(homoousios)* und schließlich eins mit dem Vater sei, waren schon Mitte des 2. Jahrhunderts den heidnischen Beobachtern die Anfänge dieser Entwicklung offenbar; also 150 Jahre vor dem Konzil von Nicäa (325 n. Chr.), wo die Auffassung, daß Jesus Gott dem Vater gleich ist, offiziell verkündet wurde.

Übermäßige Anbetung Jesu beraubt den einen höchsten Gott dessen, was ihm eigentlich gebührt, und verhindert die Verehrung anderer göttlicher Wesen. Celsus argumentiert, daß „die Verehrung Gottes (des einen höchsten Gottes) dadurch vollkommener wird, daß sie durch alle (die niedrigen Götter) geht" (8.66). Er wußte jedoch, daß die Christen diesen Standpunkt ablehnten. Selbst *Lucian* war sich darüber klar, daß die Ehrfurcht, mit der einfache Christen den Krämer Peregrinus betrachteten („Ehrfurcht wie vor einem Gott", wie er es ausdrückte) von der Verehrung gegenüber Jesus verschieden war. Peregrinus kam „unmittelbar nach jenem anderen" – nämlich nach

Jesus (*Peregrinus* 11). Die einzigartige Hervorhebung Jesu bedeutet, daß es zwei höchste Gegenstände der Verehrung gibt. Damit wird aber der tiefste Grundsatz der philosophischen Gotteslehre zerstört. Gibt es zwei höchste Götter, dann gibt es die eine einzige Quelle aller Dinge nicht mehr. Die beiden Götter sind eigentlich zweitrangige Götter, die ihre Existenz aus einer transzendenten Quelle schöpfen, einem noch höheren Gott.

Für Celsus waren diese philosophischen Auffassungen mit der politischen Struktur des von einem einzigen Kaiser regierten Reiches eng verbunden. An der Stelle, wo er die Worte Homers zitiert: „Ein König soll es sein" [d. h. ein Gott], sagt er: „Denn wenn ihr diese Lehre verwerft, wird der Kaiser euch wahrscheinlich bestrafen. Machte jeder das gleiche wie ihr, gäbe es nichts, was verhindern könnte, daß er aufgegeben würde, allein und verlassen dastünde, während die Herrschaft über die irdischen Dinge den zügellosesten und wildesten Barbaren zufallen würde; und unter den Menschen würde man von eurer Verehrung oder von der wahren Weisheit nichts mehr hören" (*c.Cels.* 8.68). Die christliche Verehrung Jesu stellte also einen konkurrierenden Gott auf, dessen Verehrer eine unabhängige und aufrührerische Gruppe innerhalb der politischen Gesellschaft waren. Hier will ich nur auf die theologische Tragweite von Celsus' Verteidigung des Monotheismus (genauer des Henotheismus, des Glaubens an einen Gott, ohne den Glauben an andere niedrigere Götter auszuschließen) gegen die christliche Verehrung Jesu aufmerksam machen. In einem weiteren Teil des Kapitels erörtere ich die politische und gesellschaftliche Tragweite dieses Aspekts seiner Kritik.

Entmythologisierung der Geschichte Jesu

Celsus war der erste Kritiker des Christentums, der der Gestalt Jesu die genaueste Aufmerksamkeit zuwandte. Alle früheren Beobachter hatten erkannt, daß Jesus der Gründer der christlichen Bewegung war; mehrere hatten angefangen, sich darüber klar zu werden, daß er unter den Christen auch ein Gegenstand der Anbetung geworden ist. Aber die wenigen Stellungnahmen zum Christentum bis zur Zeit des Galenus, die wir besitzen, befaßten sich eher mit den Christen als mit Jesus. Diese Unterlassung erklärt sich teils dadurch, daß frühere Kritiker durch eine unmittelbare Begegnung mit Christen etwas über das Christentum erfuhren. Doch sie hatten wenig Kenntnis von den christlichen Heiligen Schriften, von den Evangelien. Dagegen hatte Celsus die Evangelien studiert und einen bedeutenden Teil seines Buches einer Analyse der Lebensberichte Jesu gewidmet, die dort aufgezeichnet sind.[7] Er hatte, anders als frühere Beobachter, begriffen, daß sein Angriff auf das Christentum ohne Wirkung bleiben würde, wenn er sich lediglich mit dem Verhalten der Christen oder mit der christlichen Lehre befaßte. Christliche Behauptungen bezüglich der Wahrheit ihrer Lebensweise beruhen letzten Endes auf der Glaubwürdigkeit ihrer Behauptungen hinsichtlich der Person Jesu.

Celsus konzentriert sich in seiner Erörterung des Lebens Jesu auf folgende Punkte: die Jungfrauengeburt, die Taufe durch Johannes im Jordanfluß, seinen Tod und seine Auferstehung von den Toten, seine Wunder und seine Lehre. Seine Argumente bezüglich der Geburt von einer Jungfrau, der Taufe und der Auferstehung sind hauptsächlich literarischer und geschichtlicher Natur. Er bemüht sich zu zeigen, daß es ungenügende Beweise gibt, um die in den Heiligen Schriften aufgezeichneten Berichte zu bestätigen. Doch bei der Entwicklung seines Arguments wird es klar, daß seine historische Kritik einem anderen Interesse untergeordnet ist. Er möchte zeigen, daß Jesu Wunder ein Beweis seien, daß Jesus ein Magier und kein echter Weiser gewesen sei.

Von den verschiedenen historischen Erörterungen interessiert ihn die Jungfrauengeburt am wenigsten. Doch sie ist deswegen bemerkenswert, weil sie es ihm ermöglicht, das wichtigere Argument über Jesu Angewiesensein auf Magie zu untermauern. Nach Celsus war es Jesus selbst, der „die Geschichte seiner Geburt von einer Jungfrau erfand" (c.Cels. 1.28). Jesus war aus einem jüdischen Dorf gekommen, wo er von „einer armen Frau vom Lande geboren wurde, die mit Spinnen ihren Lebensunterhalt verdiente". Diese Frau wurde von einem fremden Mann, einem Soldaten namens Panthera, geschwängert und dann von ihrem Ehemann, einem Zimmermann von Beruf, verstoßen, da sie des Ehebruchs für schuldig befunden wurde (c.Cels. 1.32). Während sie als Verstoßene umherwanderte, gebar sie in der Einsamkeit Jesus. Als Jesus erwachsen war, ging er nach Ägypten; weil er arm war, hat er sich als Arbeiter verdungen. Dort versuchte er es mit magischen Kräften, die bei den Ägyptern sehr angesehen sind. Voller Stolz wegen dieser Kräfte kehrte er zurück und gab sich deretwegen den Titel „Sohn Gottes" (c.Cels. 1.28).

Woher Celsus diese Geschichte erfahren hatte, ist ungewiß.[8] Obwohl einige Einzelheiten mit den Berichten in den Evangelien Ähnlichkeit haben, wird hier sicherlich mehr berichtet. Zum einen Beispiel nennt er den Namen des Mannes, der Maria schwängerte: Panthera. Diese Geschichte war möglicherweise im Reich, wahrscheinlich in jüdischen Kreisen im Umlauf. Celsus bringt seine Kritik an Jesus nicht als die eigene, sondern als die Kritik eines Juden. In der jüdischen Literatur gibt es einige Hinweise auf einen Jesus ben Panthera, Jesus Sohn des Panthera. Ferner klingt der Name Panthera ähnlich wie der griechische Name für Jungfrau, *parthenos*.

Celsus wußte ganz genau, daß er über den Text der Evangelien hinausgegangen war. Aber sein Argument ist klar: Die Evangelien beruhen lediglich auf Hörensagen. Warum sollte man ihnen größere Glaubwürdigkeit schenken als anderen Geschichten über Jesus? Die Evangelienberichte wurden allein von Christen geschrieben und in christlichen Kreisen weitergereicht. Sollten die dortigen Legenden ernster genommen werden als die vielen Legenden in der griechischen Literatur? Die christlichen Evangelien bieten keine zuverlässige Grundlage, auf der man die Wahrheit der Berichte über Jesus beweisen kann. Die Taufe Jesu ist dafür ein gutes Beispiel. Celsus stellt sich Jesus im Gespräch mit einem Juden über seine Taufe vor. Der Jude sagt: „Als du neben Johannes badetest, sagtest du, du hättest etwas wie einen Vogel aus der Luft auf dich zufliegen sehen... Welcher glaubwürdige Zeuge hat diese Erscheinung gesehen? Oder wer hat eine Stimme vom Himmel gehört, die dich als Sohn Gottes adoptierte? Es gibt keinen Beweis dafür außer deinem Wort und dem Zeugnis, das du vorlegen möchtest, von einem jener Männer, die zusammen mit dir bestraft wurden" (*c.Cels.* 1.41). Ganz im Mittelpunkt steht hier die Frage der geschichtlichen Nachweisbarkeit. Wie kann man bestätigen, daß sich ein gewisses Geschehnis ereignet hat? Was sind die Kriterien, nach denen man die Glaubwürdigkeit eines Zeugnisses wertet, das behauptet, ein historisches Ereignis festzuhalten? (So hat Origenes die Erörterung des Celsus verstanden. Er erörtert eingehend das Problem, wie man den historischen Charakter von Ereignissen wie dem Trojanischen Krieg zwischen Griechen und Trojanern oder der Geschichte von Ödipus und Jocaste u. ä. feststellen kann.) Celsus hat gesagt, jeder gut unterrichtete Mensch wisse, es gäbe unzählige über Menschen und Helden überlieferte Legenden. Die über Jesus erzählten Geschichten hätten keinen größeren Anspruch auf historische Wahrheit als andere Legenden. Die einzige vernünftige Art und Weise, einen Bericht zu bestätigen, ist es, die Zuverlässigkeit des Zeugen zu überprüfen. Da der Bericht über die Taufe Jesu nur von Jesus und seinen Verehrern stammt, sollte man mißtrauisch sein. In ähnlicher Weise wie andere Geschichten wurde sie durch Anhänger des Helden erfunden, um seine Taten zu verherrlichen.

Er gibt ein ähnliches Argument hinsichtlich der Berichte über Jesu Auferstehung von den Toten: „Wie viele andere wirken ähnliche Wunder, um einfache Zuhörer zu überzeugen, die sie dann durch Betrug ausnützen? Man sagt, daß auch Zalmoxis, der Sklave des Pythagoras, dies unter den Skythen tat oder selbst Pythagoras in Italien oder Rhampsinitus in Ägypten. Der Letztgenannte spielte mit Demeter in der Unterwelt; und bei seiner Rückkehr brachte er ein Geschenk von ihr, ein goldenes Mundtuch. Ferner sagt man, daß Orpheus ähnliches unter den Odrysiern tat, Protesilaus in Thessalien, Herakles bei den Taenaern, Theseus zu Athen. Aber wir müssen diese Frage untersuchen, ob jemand, der wirklich starb, jemals wieder mit demselben Leib auferstanden ist. Oder glaubst du, daß die Geschichten von diesen anderen Legenden sind, was sie zu sein scheinen, und daß doch das Ende von Jesu Tragödie als edel und überzeugend zu betrachten sei? Sein Schrei vom Kreuz, als er verschied, das Erdbeben und die Finsternis? Als er noch lebte, hat er sich selbst nicht geholfen. Doch nach dem Tod ist er wiederauferstanden. Er zeigte die Wundmale seiner Bestrafung, seine durchbohrten Hände. Aber wer sagt dies? Eine hysterische Frau und vielleicht noch einer von denen, die durch dieselbe Zauberei irregeführt wurden. Sie haben das entweder in einer gewissen Geistesverfassung geträumt, oder sie haben durch Wunschdenken eine Sinnestäuschung erlebt infolge einer falschen Vorstellung – ein Erlebnis, das bei Tausenden eingetreten ist; oder, was wahrscheinlicher ist, sie haben durch die Erzählung dieser phantastischen Geschichte die anderen beeindrucken und durch dieses Märchen armen Bettlern eine großartige Verheißung geben wollen" (2.55).

Die Christen können keine zuverlässigen Zeugen für die Ereignisse vorbringen, die sie behaupten. Celsus nennt ähnliche Geschichten aus der griechischen Religion und Mythologie, um zu zeigen, daß die Geschichten über Jesus nicht einmalig sind. Viele der über ihn erzählten Dinge wurden über andere Götter und Helden in der griechischen Geschichte gesagt. Die Auferstehung von den Toten, einer der Punkte, auf dem die Christen energisch bestehen, war anderen göttlichen Gestalten in der alten Welt zugeschrieben worden (Kore). Er macht auch eine Andeutung, daß die Geschichten von Jesu Auferstehung durch Träume oder Sinnestäuschungen erklärt werden können. Was seine Anhänger sagen, ist kein Bericht über das, was tatsächlich geschah, sondern darüber, was sie bei ihrer Begeisterung und Entzückung von ihrem Führer gewünscht haben. Dieser Wunsch lag der späteren Behauptung zugrunde, daß Jesus eine göttliche Erscheinung und kein gewöhnlicher Sterblicher sei.

Die Beschäftigung des Celsus mit der historischen Bestätigung wie auch andere in diesem Kapitel erörterte Fragen helfen uns, nicht nur die Art der Auseinandersetzung zwischen dem Christentum und den römischen Intellektuellen zu verstehen, sondern sie geben uns auch einen Einblick in den sich entwickelnden Charakter der christlichen Lehre. Wie aus der Entgegnung des Origenes offenbar wird, waren die Fragen, ob die Evangelienberichte über Jesus zuverlässig sind, ob theologische Lehren mit der Person Jesu und mit seinem Leben übereinstimmen, für christliche Denker von großer Bedeutung. Anfang des 5. Jahrhunderts haben sich christliche Denker immer noch wegen der Glaubwürdigkeit der Evangelienberichte über Jesus den Kopf zerbrochen, wie eine Erörterung des Buches *De consensu Evangelistarum* von *Augustinus* (Kapitel 6) zeigen wird. Nicht erst in der Neuzeit ist die Frage des mythologischen und legendenhaften Charakters der Evangelien entstanden. Schon im 2. Jahrhundert war die historische Zuverlässigkeit der Berichte über das Leben Jesu für christliche Denker ein Problem.

Ein Abfall vom Judentum

Der römische Historiker *Suetonius* hatte Jesus als einen Aufwiegler unter den Juden gekennzeichnet (*Claudius* 25); *Galenus* hatte von Juden und Christen gemeinsam vertretenen Lehrsätze erörtert. Jedem, der etwas über das Christentum wußte, war bekannt, daß die Bewegung in Palästina unter den Juden angefangen hatte und daß die Christen sich auf jüdische Schriften (das Alte Testament) beriefen. Doch erst mit Celsus hatte ein heidnischer Kritiker die Bedeutung der Verwandtschaft zwischen dem Christentum und dem Judentum begriffen. Einige Leute wußten, daß „Christen und Juden miteinander stritten" (c.Cels. 3.1). Doch die Bemerkungen des Celsus über das Christentum und das Judentum gingen tiefer. Er bezichtigte die Christen, daß sie das jüdische Gesetz verlassen hätten, obwohl Jesus, der Gründer des Christentums, ein Jude war. Die Christen aber behaupteten, dem jüdischen Erbe treu zu sein. Celsus läßt einen jüdischen Gesprächspartner diese Kritik so sprechen: „Warum leitet ihr [die Christen] euren Ursprung von unserer Religion [dem Judentum] ab? Und warum verachtet ihr diese Dinge, als ob ihr mehr wüßtet als wir, obwohl ihr keine andere Quelle für eure Lehre als unser Gesetz nennen könnt?" (c.Cels. 2.4)

Um die Kraft dieser Kritik zu begreifen, darf man nicht vergessen, daß im 2. Jahrhundert n. Chr. das Judentum eine florierende religiöse Bewegung innerhalb des Römischen Reiches war. Die christliche Bewegung mußte sich neben und sehr oft im Gegensatz zu den jüdischen Gemeinden behaupten, von denen manche seit Jahrhunderten schon in den Städten des Römischen Reiches existierten. Bei der Geschichtsschreibung dieser Periode wird dieser Tatsache selten die richtige Bedeutung beigemessen. Im herkömmlichen Bericht über das Frühchristentum jedoch spielten die Juden *vor* dem Anfang des Christentums und während dessen ersten Generationen eine Hauptrolle. Jede ernsthafte Forschungsarbeit über das Neue Testament beginnt mit einer Untersuchung des jüdischen Hintergrunds des Christentums. Infolge der christlichen Deutung der Geschichte, die mit der Geburt Christi ein neues Zeitalter anfangen läßt (und dadurch die Geschichte überhaupt in „nach Christus" und „vor Christus" einteilt), sind die Juden *nach* dem Aufstieg des Christentums zu einer Randerscheinung bei der großen Geschichte geworden; nämlich zur Zeit der Entstehung und Befestigung der christlichen Kirche.[9]

Die Juden bildeten eine bedeutende Minderheit innerhalb des Römischen Reiches, sie zählten vier bis sechs Millionen Menschen in einer etwa 60 Millionen starken Bevölkerung. In den Provinzen, wo sich das Christentum zunächst festsetzte – Palästina, Syrien, Ägypten und Kleinasien –, machten die Juden einen noch größeren Prozentsatz der Bevölkerung aus. Obwohl die Juden gelitten haben wegen des Krieges gegen die Römer in den Jahren 69–70 n. Chr. und wegen des Aufstandes in der Cyrene und in Ägypten in den Jahren 115–117 n. Chr. sowie wegen des Aufstandes unter Bar Kochba in den Jahren 132–135 n. Chr., die viele Todesopfer forderten, so hat sich die

Gesamtzahl der Juden nicht dramatisch verringert. Die Ereignisse in Palästina haben das Leben der jüdischen Gemeinden in anderen Provinzen wenig berührt. Selbst in Palästina florierte im 2. Jahrhundert n. Chr. schon wieder das jüdische Leben. In dieser Zeit waren die Juden in vielen Städten, sowohl in Palästina wie auch anderswo, im Stadtrat vertreten; einige bekleideten ein Amt in der römischen Provinzverwaltung. Juden haben am pädagogischen, kulturellen und wirtschaftlichen Leben der Städte aktiv teilgenommen.

In dieser Umwelt, wo das Christentum eine winzige, unbekannte, erst neulich entstandene Bewegung war und soeben angefangen hatte, die Aufmerksamkeit der Menschen zu erregen, verwirrte es die Römer, daß die Christen behaupteten, die Erben der jüdischen Tradition zu sein, während sie gleichzeitig die jüdische Gemeinde und deren Bräuche und Gesetze ablehnten. Offensichtlich haben die Juden mit Recht die Christen deswegen kritisiert, weil diese die jüdische Tradition verlassen hatten, aber behaupteten, dem jüdischen Ursprung treu zu sein. In seinem *Dialog mit Trypho*, einer Debatte zwischen einem Christen und einem Juden, zitiert *Justin* der Märtyrer den Juden Trypho folgendermaßen: „Aber ihr [Christen] verachtet offenkundig diesen Bund, vernachlässigt die daraus folgenden [Gesetze]; und ihr wollt euch einreden, daß ihr Gott kennt, auch wenn ihr keines von diesen Dingen tut, welche diejenigen [die Juden], die Gott fürchten, verrichten" (*Dial.* 10). Aber daß eine solche Kritik auch von einem heidnischen Kritiker kommen kann, ist eine andere Sache; vor allem wenn man bedenkt, daß Celsus auch die Juden kritisiert: „Die Juden stehen dem ägyptischen Volk nahe; nachdem sie sich unter Verachtung der religiösen Bräuche Ägyptens von der ägyptischen Gemeinschaft abgewandt hatten, verließen sie das Land" (*c.Cels.* 3.5).

Celsus wußte, daß die Wahrheit der christlichen Lehre von der Verwandtschaft des Christentums mit dem Judentum abhing, weil die Christen behaupteten, die rechtmäßigen Erben der jüdischen Tradition zu sein. *Justin* zum Beispiel sagte, er sei durch die Lektüre der jüdischen Prophetenschriften zum Christentum bekehrt worden (*Dial.* 7). Die eigentliche Praxis der Christen jedoch beachtete nicht die jüdischen Bräuche. Und das fortdauernde Bestehen jüdischer Gemeinden, die die alten jüdischen Bräuche befolgten, brachte die christlichen Lehren in Schwierigkeiten. Dadurch, daß sie weiterhin das heilige Gesetz befolgten (Beschneidung, die Essensvorschriften, Feier der jüdischen Feste), bewahrten die Juden die Kontinuität mit ihrer früheren Tradition; sie zeigten, daß sie den Gesetzen des Moses treu waren. Die Christen andererseits, die behaupteten, die Erben dieser Tradition zu sein, befolgten keines der jüdischen Gesetze. Daher ließ Celsus den jüdischen Gesprächspartner fragen: „Was war los mit euch [Christen], daß ihr das Gesetz unserer Väter verlassen habt und durch jenen Mann [Jesus] irregeführt, den wir soeben erwähnt haben, ja ganz lächerlich betrogen wurdet, und zu einem anderen Namen und einem anderen Leben übergelaufen seid?" (c.Cels. 2.1)

Wären nicht in den Städten des Reiches sichtbare jüdische Gemeinden gewesen, dann wäre die Behauptung, daß das Christentum vom Judentum abgefallen war, nicht überzeugend, ja nicht einmal begreiflich gewesen. In einer solchen Situation hätten die Christen behaupten können, daß sie tatsächlich die rechtmäßigen Erben der jüdischen Tradition waren. Wer würde ihre Behauptung bestreiten? Aber das Vorhandensein einer anderen, vor allem in den Städten wohlbekannten religiösen Gruppe machte die christliche Behauptung äußerst unwahrscheinlich. Warum, fragt Celsus, hat Gott „diesem Mann aus Nazaret, seinem Sohn, widerspruchsvolle Gesetze gegeben"? Jesus lehrte viele Dinge, die verschieden waren von den Lehren, die Moses lehrte. „Wer hat Unrecht? Moses oder Jesus? Oder als der Vater Jesus sandte, hat er da vergessen, was für Befehle er dem Moses gegeben hatte? Oder hat er die eigenen Gesetze verworfen und sich anders besonnen und seinen Boten zu ganz entgegengesetzten Zwecken gesandt?" (7.18)

Celsus wußte ebenfalls, daß die Juden Jesus nicht als den Messias anerkannten. „Warum wird er von den Menschen nicht anerkannt, die schon lange auf ihn gewartet hatten?", fragt Celsus. „Wie kommt es", fragt der Jude bei Celsus, „daß die Christen ihren Ursprung von unserer Religion herleiten und doch gerade die Dinge verachten, die unsere Schriften lehren?" (c.Cels. 2.4) Die Christen behaupten, daß die Tatsachen im Leben Jesu vorher schon in den jüdischen Schriften verkündet worden seien. Wenn ihre Behauptungen über Jesus durch die jüdischen Schriften nicht belegt werden können, dann haben die Christen kein Recht, sich unter dem Schirm des Judentums zu verstecken. „Durch Jesus irregeführt haben sie das Gesetz ihrer Väter verlassen, sind in lächerlicher Weise betrogen worden und sind zu einem anderen Namen und zu einem anderen Leben übergelaufen" (c.Cels. 2.11).

Celsus achtete also die vielen Arten der Gottesverehrung

innerhalb der verschiedenen Völker und „Nationen" der römischen Welt. Wie wir im folgenden Abschnitt sehen werden, verband Celsus mit seiner eigenen religiösen Anschauung die „wahre Lehre" mit der „alten Lehre". War eine Praxis alt, dann war sie für Celsus wahr und würdig, fortzubestehen. Die Christen hatten jedoch keine eigene Tradition. „Ich will sie fragen, woher sie gekommen sind oder wer der Urheber ihres alten Gesetzes ist. Niemand, werden sie sagen. Eigentlich haben sie selber ihren Ursprung im Judentum, und sie können keine andere Herkunft für ihren Lehrer und Vorsänger benennen. Trotzdem haben sie sich gegen die Juden aufgelehnt." Obwohl Celsus die Juden wenig bewunderte, so war doch ihre Lebensweise alt und ehrwürdig, und man sollte sie nicht ohne weiteres ablehnen. „Sie befolgen eine Gottesverehrung, die seltsam sein mag, die jedoch wenigstens Tradition hat" (c.Cels. 5.25).

Ein Hauptargument des Celsus war also, daß die christliche Verwerfung ihres Ursprungs die Unrechtmäßigkeit dieser neuen Bewegung bewies. In einer enthüllenden Bemerkung sagte Origenes: „Was ist das für ein Argument gegen das Christentum, daß Johannes, der Jesus getauft hat, Jude war?" (c.Cels. 2.4) Offensichtlich ist die Antwort ein wesentliches Gegenargument. Denn obwohl die Christen behaupten, die Erben des Judentums zu sein, waren sie als Juden nicht erkennbar und von diesen auch nicht anerkannt. Das Vorhandensein der jüdischen Gemeinden, die immerfort die jüdischen Bräuche befolgten, war ein ausschlaggebendes Argument gegen die Rechtmäßigkeit der christlichen Ansprüche. Zwei Jahrhunderte später machte der Kaiser *Julian* den Abfall vom Judentum zu einem wesentlichen Argument gegen das Christentum.

Die Bedeutung des Arguments von Celsus, daß das Christentum ein Abfall vom Judentum war, ist selten bei der Erörterung der heidnischen Kritik am Christentum oder bei der frühchristlichen Apologetik erkannt worden. Das Fortdauern dieses Themas unter den Kritikern läßt vermuten, daß die Debatte zwischen dem Christentum und dem Hellenismus keine nur zweiseitige Sache gewesen ist, wie seit Generationen angenommen wurde. Die meisten Forscher nach Adolf von Harnack, dem großen Historiker aus dem 19. Jahrhundert, haben die Geschichte des Frühchristentums fast gänzlich in Beziehung zur griechisch-römischen Kultur gedeutet. Die Beziehung zum Judentum ist jedoch ebenso wichtig, um die Entwicklung des Christentums in der römischen Welt zu verstehen. In vielen Fällen nahmen die Juden aktiv an der Debatte teil; aber in anderen Fällen, wie bei *Celsus'* Werk *Die wahre Lehre*, hat die Tatsache allein, daß die Juden einen Teil der gesellschaftlichen Welt bildeten, den Rahmen der Erörterung geändert. So lange es aktive jüdische Gemeinden neben den aufsteigenden christlichen Gemeinden gab, konnten Kritiker wie Celsus argumentieren, daß das Christentum offensichtlich falsch war, denn im Gegensatz zu den eigenen Behauptungen hatte es die jüdische Lebensweise verlassen.

Die Christen mögen behauptet haben, die richtige Auslegung der jüdischen Schriften zu besitzen. Aber bezüglich der Dinge, die ganz klar in den heiligen Schriften dargelegt waren – wie die Beschneidung, die Sabbatfeier, die Feste, die Essensvorschriften –, haben die Christen frevlerisch die Bedeutung gerade der Bücher mißachtet, die sie als die eigenen beanspruchten. Christliche Apologeten mußten sich nicht nur mit den philosophischen Gegenargumenten der Römer befassen, sondern mit von Römern und Juden gebotenen Argumenten aus der heiligen Schrift und der Geschichte, die durch eine rivalisierende Tradition der Auslegung und der Praxis unterstützt wurden. Bei jedem Versuch, die Entgegnung heidnischer Kritiker am Christentum in der römischen Welt zu verstehen, ist die fortdauernde Anwesenheit der Juden ein Hauptfaktor. Die vom Christentum beanspruchte Erhabenheit über das Judentum wurde als einer der anfechtbarsten Punkte betrachtet.

Die Religion und die Gesellschaftsordnung

Es mag auf Grund dessen, was bisher gesagt wurde, scheinen, daß Celsus' *Die wahre Lehre* hauptsächlich aus zweckdienlicher Kritik an anfechtbaren Punkten der christlichen Lehre und Praxis bestand. Sein Werk war jedoch keine „planlose Polemik" (Andresen). Er schreibt von einem konsequenten Standpunkt aus; seine Ablehnung der christlichen Bewegung folgt aus seiner Auffassung der Gesellschaft, in der er lebt, aus den intellektuellen und geistigen Traditionen, die diese Gesellschaft beseelten, und aus der religiösen Überzeugung, die ihr zugrunde lag. Bei der Erörterung von Celsus' Auffassung über den Glauben an den einen Gott habe ich diese Dinge kurz berührt. Aber jetzt ist es Zeit, die gesellschaftlichen und politischen Dimensionen seines Angriffs auf das Christentum näher zu betrachten.

Gegen Ende des Werkes *Die wahre Lehre* hatte Celsus die Christen dringend aufgefordert, „dem Kaiser mit (ihrer) ganzen Kraft zu helfen, bei dem, was recht ist, mitzumachen – und sollte er darauf drängen, zusammen mit ihm als Soldaten und als Generäle zu marschieren" (*c. Cels.* 8.73). Celsus wußte jedoch, daß die meisten Christen den Militärdienst ablehnten und daher nicht bereit waren, zum Schutz des Reiches ihren Beitrag zu leisten. Origenes, der siebzig Jahre später schrieb, hat dies bestätigt. Die Christen leisten mehr für das Wohl des Reiches, sagt er, indem sie ein „Heer der Frömmigkeit" bilden, das für das Wohlergehen des Kaisers und für die Sicherheit des Reiches betet.

In dem nächsten von Origenes zitierten Fragment sagt Celsus, daß die Christen „um der Erhaltung der religiösen Gesetze willen in unserem Lande ein öffentliches Amt annehmen sollten" (*c.Cels.* 8.75). Mit seinen Bemerkungen will Celsus nicht sagen, daß die Christen Pazifisten sind, sondern daß sie sich weigern, am öffentlichen und bürgerlichen Leben der Städte des Reiches überhaupt teilzunehmen. Wie ein anderer Kritiker es ausdrückte, die Christen „verstehen ihre bürgerliche Pflicht nicht" (*Minucius, Octavius* 12).

Auf den ersten Blick scheinen die Bemerkungen des Celsus über die Weigerung der Christen, bürgerliche Verantwortung zu übernehmen, der bei *Tacitus* berichteten Beschuldigung ähnlich zu sein, daß die Christen wegen „ihres Menschenhasses", wegen ihres Sich-fern-Haltens und ihrer Verachtung der Lebensweise anderer von Kaiser Nero bestraft wurden. Celsus zitiert die Worte Jesu: „Niemand kann zwei Herren dienen" (Mt 6,24) und nennt dies ein aufrührerisches Wort von „Menschen, die sich von der übrigen Menschheit absondern" (*c.Cels.* 8.2). Es handelt sich jedoch um mehr als um die angebliche Ungeselligkeit und Absonderung der Christen. Celsus geht es um die theoretische Grundlage der Parteilichkeit der Christen. In menschlichen Angelegenheiten, sagt er, kann einer zwei Herren nicht dienen; denn einer, der einer Person die Treue versprochen hat, kann einer anderen Person nicht dasselbe versprechen. Aber „was Gott betrifft", so ist es unvernünftig, die Verehrung mehrerer Götter zu vermeiden; denn „der Mensch, der mehrere Götter verehrt, eben weil er irgendeinen derer verehrt, die zum höchsten Gott gehören, tut gerade durch diese Handlung das, was vom höchsten Gott geliebt wird". Deshalb schließt Celsus: „Jemand, der alle diejenigen verehrt, die zu Gott gehören, verletzt ihn nicht, da alle die Seinen sind" (*c.Cels.* 8.2).

Der Ausdruck *Revolution* oder Aufruhr kommt in *Die wahre Lehre* mehrmals vor, um die christliche Bewegung zu beschreiben. Wie wir schon erwähnt haben, kritisierte Celsus die Christen, weil sie vom Judentum abgefallen waren. „Ein Aufruhr gegen die jüdische Gemeinde führte zur Einführung neuer Ideen." Aber an der oben zitierten Stelle aus Buch 8 spricht Celsus von einem Aufstand gegen die Institutionen der griechisch-römischen Welt, gegen die Bräuche und Traditionen der Städte, gegen die Weisheit, die über Generationen durch weise Männer aus alten Zeiten überliefert worden ist. Die Christen haben diese alte und geheiligte Lebensweise verachtet. Sie wollten mit „Tempeln und Altären und Götzenbildern" nichts zu tun haben, obwohl sie sich keine Mühe gaben, zu begreifen, warum die Menschen Tempel bauten und Bildsäulen verehrten. Sie behaupteten, daß ein Bild aus Stein oder Holz oder Bronze oder Gold kein Gott sein könnte. Aber „solche Weisheit ist lächerlich. Wer außer einem Kind glaubt, daß diese Dinge Götter und nicht Weihegaben an oder Bilder von Göttern sind"? (7.62) Sie lehnten es ebenfalls ab, den Dämonen die geeignete Ehrerbietung darzubringen, den Mittelwesen, die zwischen Menschen und Gott stehen (8.63); und sie weigerten sich, dem Kaiser zu dienen.

Die christliche Bewegung war umstürzlerisch, nicht weil sie die Menschen und Mittel hatte, gegen die Gesetze des Römischen Reiches einen Krieg zu führen, sondern weil sie eine gesellschaftliche Gruppe geschaffen hatte, die ihre eigenen Gesetze und die eigenen Verhaltensweisen einbrachte. Das Leben und die Lehre Jesu führten zur Bildung einer neuen Gemeinde von Menschen, die sich „die Kirche" nannte. Allmählich sah das Christentum wie ein besonderes Volk oder wie eine Nation für sich aus, doch ohne durch ein eigenes Territorium oder durch Traditionen seine ungewöhnlichen Bräuche zu legitimieren. In ähnlicher Weise wie die Juden hielten auch die Christen das für gottlos, was den Römern heilig war; und sie erlaubten, was andere für verwerflich hielten. Doch im Gegensatz zu den Juden hatten die Christen in ihren Kult etwas Neues eingeführt – nämlich die Verehrung des Menschen Jesus. Dadurch, daß sie Jesus anbeteten, hatten sie Menschen von der wahren Gottesverehrung abgebracht. „Wenn man sie (die Christen) lehrte, daß Jesus nicht der Sohn (Gottes), sondern daß Gott der Vater von allen ist, und daß wir eigentlich nur ihn allein verehren sollten, dann werden sie nicht länger bereit sein, einem zuzuhören; es sei denn, man schließt Jesus mit ein, den Urheber ihres Aufruhrs. In der Tat, wenn sie ihn den Sohn Gottes nennen, geschieht das nicht, weil sie Gott ganz besonders verehren, sondern weil sie Jesus zu sehr verherrlichen" (c.Cels. 8.14).

Hinter den Worten in den Evangelien gegen das Zweien-Herren-Dienen (Mt 6,24) sieht Celsus die Jesusverehrung versteckt. Indem sie Jesus in den Mittelpunkt ihrer Gottesverehrung stellen, haben die Christen Menschen von der Verehrung des einen höchsten Gottes abgebracht. Die Verehrung dieses Gottes jedoch bedeutet nicht, daß dieser der einzige Gott ist, sondern daß er an der Spitze einer Hierarchie von Göttern steht. Diese Gottheiten sind Boten des höchsten Gottes, sie helfen ihm bei der Weltherrschaft. Infolgedessen war es korrekt, diese niedrigeren Götter *und* den einen höchsten Gott zu verehren, so lange man einen dieser Abgesandten − zum Beispiel Jesus − nicht zum alleinigen Gegenstand der Gottesverehrung machte und dabei den höchsten Gott und seine anderen Abgesandten ausschloß. Ein König herrscht über andere seinesgleichen. Ähnlich wie ein König über Mitmenschen, nicht über Tiere herrscht, so herrscht Gott, der Alleinherrscher, über andere Götter. „Der Mensch, der mehrere Götter verehrt, die dem höchsten Gott gehören, tut eben durch eine solche Handlung das, was von diesem geliebt wird" (c.Cels. 8.2).

Celsus war bereit, Jesus als göttlich anzuerkennen, wenn die Christen genügend Beweise dafür vorlegen konnten, daß er eine solche Ehre verdiente. Er war selber der Meinung, daß Jesus sie nicht verdiente, weil er seine Wunder durch Magie und Hexerei wirkte. Die Christen stellten jedoch noch übertriebenere Behauptungen auf: Sie sagten, Jesus sei einmalig unter den Göttern, er solle unter Ausschließung aller anderen Götter verehrt werden. Für Celsus machte eine solch übermäßige Verehrung Jesus zum Rivalen Gottes und schmälerte die Verehrung des einen Gottes. „Verehrten diese Menschen (die Christen) keinen anderen als den einen Gott, dann hätten sie vielleicht ein gültiges Argument gegen andere. Tatsächlich verehren sie jedoch in einer übertriebenen Weise diesen Mann, der erst kürzlich lebte. Und sie meinen, daß es mit dem Glauben an Gott nicht unvereinbar sei, wenn sie seinen Diener ebenfalls verehren" (c.Cels. 8.12). Die Christen haben eine revolutionäre Gesellschaft geschaffen, deren Zweck nicht die Verehrung Gottes, nicht der Dämonen und nicht der Abgesandten Gottes, sondern die Verehrung eines „Leichnams" war (c. Cels. 7.68). Daß sie sich weigerten, die Tempel zu besuchen, um Bilder und Bildsäulen mit Ehrfurcht zu betrachten und an den öffentlichen religiösen Riten teilzunehmen, war ein Zeichen, daß sie eine „verborgene und geheime Gesellschaft" waren (c.Cels. 8.17).

Celsus war davon überzeugt, wenn eine Vereinigung dieser Art zu viele Anhänger anzog, dann könnte sie den Zusammenhalt und die Stabilität der Gesellschaft zerreißen. Die christliche Bewegung hat angefangen, eine „Gegenkultur" zu schaffen, die die Bindungen der Menschen verschob und ihre Kräfte von der größeren Gesellschaft abzog. Zur Zeit, als Celsus schrieb, ist es unwahrscheinlich, daß die Christen zahlreich genug waren, um eine derartige Gefahr zu sein. Aber Celsus war wegen der gesellschaftlichen Folgen der christlichen Bewegung beunruhigt. Denn derjenige, der den Gott oder die Götter der eigenen Vereinigung dem Gott der Gesellschaft gleichsetzt und dadurch den einen Gott seiner zukommenden Verehrung beraubt, der zieht die bestehende Ordnung in Zweifel. Ihm schien also die christliche Bewegung zutiefst aufrührerisch zu sein. Durch Verletzung des heiligen Gesetzes *(Nomos)* des Judentums und der Tradition, der es entstammte, setzte das Christentum den Hellenismus einer akuten Gefahr aus. Denn der Kampf gegen das Judentum hat in die Gesellschaft ein Gift hineingetragen, das die Traditionen des Hellenismus zerstören könnte. Das Christentum „fördert die Auflösung des religiösen *Nomos*. Die Ursache seines zerstörerischen Einflusses liegt letzten Endes in seiner Untreue jenem historischen Erbe gegenüber, das den verschiedenen Völkern in ihrem *Nomos* anvertraut worden ist."[10]

Im Sprachgebrauch des Celsus bezieht sich *Nomos* auf die angesammelten Weisheiten und Bräuche einer bestimmten Kultur. Mißachtung gegenüber der eigenen Tradition konnte nur zu Irrtum und gesellschaftlichem Umsturz führen. Celsus' Argumente gegen das Christentum sind zweierlei: Auf der einen Seite bietet er logische und philosophische Gründe, weshalb der christliche Glaube nicht angenommen werden kann. Manches dieser Argumente hat einen zeitlosen Charakter. Das Argument, daß Gott das Unmögliche nicht machen kann, gehört in diese Kategorie. Auf der anderen Seite bietet er eine andere Art Kritik, die seiner Auffassung von *Nomos* und seiner Zeit und Kultur eigen ist. Er glaubte, daß Wahrheit und Altertum eins seien, und daß das, was von den Alten überliefert wurde, wahr sei, *weil* es alt war: „Eben weil die Männer in den alten Zeiten vom Geist berührt wurden, haben sie manche hervorragende Lehre verkündet." Die Christen haben diese Weisen abgelehnt und eine angeblich neue und bessere Lehre gebracht.

Wer waren diese Weisen? Die meisten waren namenlose Männer des Altertums, deren Weisheit aus den moralischen Sprüchen, aus den Bräuchen, dem geerbten Glauben und der religiösen Praxis erschlossen werden konnte. Diese Weisen waren unter den verschiedenen Völkern der römischen Welt zu finden. Diese Lehren und Bräuche hatten ihre Autorität von ihrem Alter her. Die „wahre Lehre" (*alethēs logos*) wurde mit der „alten Lehre" (*palaios logos*) identifiziert. Einer dieser ehrwürdigen Weisen war Plato. In einer ausführlichen Erörterung von Platos Dialog *Kriton*, der sich mit dem Problem der Gerechtigkeit befaßt, zeigt Celsus, daß das christliche Gebot, die andere Wange hinzuhalten, wenn man geschlagen wird (Lk 6,29), eine Nachbildung einer Lehre sei, die schon bei Plato vorkomme. „Sie [die Christen] haben ein Gebot, das besagt: Du darfst dich gegen einen, der dich beleidigt, nicht wehren. Selbst ... wenn jemand dich auf die Wange schlägt, sollst du ihm auch die andere hinhalten. Auch dies ist altes Zeug und wurde vor ihnen besser zum Ausdruck gebracht. Aber sie haben es mit primitiveren Worten ausgedrückt" (*c.Cels.* 7.58). Dann zitiert er aus dem Werk *Kriton*, um zu zeigen, daß Plato gelehrt habe, selbst wenn einem ein Schaden zugefügt würde, solle man es nicht mit einem Unrecht heimzahlen. Die Auffassungen von Plato wurden jedoch „noch früher durch göttlich inspirierte Menschen gelehrt" (7.58). Anderswo beschuldigt er die Christen, die Lehren der Alten mißverstanden zu haben (*c.Cels.* 6.15).

Celsus hat sich also auf die Weisheit der Alten berufen, um gegen die Art von Behauptungen anzugehen, welche die Christen zur Verteidigung ihrer Lehre aufstellten. Die frühen Apologeten haben sich auf die Propheten der Juden berufen, um ihre christliche Lehre zu bestätigen (*Justin* der Märtyrer, *Apol.* 1.30–52): Moses habe angeblich früher als die alten griechischen Weisen gelebt (*Apol.* 1.54). Selbst vor dem Aufstieg des Christentums hatten die Juden für die Wahrheit ihrer Tradition argumentiert, indem sie auf deren hohes Alter hinwiesen. Der jüdische Historiker und Apologet *Josephus* gab einem seiner Werke den Titel „*Jüdische Altertümer*".

Es gab jedoch einen tieferen Grund, warum Celsus sich auf die Weisheit des Altertums berief. Anders als unsere Kultur, die anscheinend auf dem Boden des Neuen und des Modernen gedeiht, verehrte die griechisch-römische Gesellschaft die Vergangenheit. Je älter etwas war, umso höher wurde es geschätzt. Das galt besonders in Sachen der Religion: Die Menschen aus früheren Zeiten, insbesondere diejenigen, die vor sehr langer Zeit lebten, sollten den Göttern näher gestanden haben. In seinem Werk *Gesetze*, das sich mit den Bräuchen und Traditionen Roms befaßt, schreibt *Cicero:* „Die Erhaltung der Riten der Familie und unserer Ahnen bedeutet die Erhaltung der religiösen Riten, die — wir können fast sagen — uns durch die Götter selbst überliefert wurden, da die alten Zeiten den Göttern am nächsten waren" (*Leg.* 2.10.27). Cicero wiederholte einfach Platos Worte: „Die Alten sind besser als wir, denn sie wohnten den Göttern näher" (*Phil.* 16c). Die Tradition war also der Prüfstein für die Wahrheit.

In diesem Sinne ist Celsus ein stark konservativer Denker: „Es gibt eine uralte Lehre (*logos*), die von Anfang an vorhanden war, die von den weisesten Völkern und Städten und von ihren Weisen immer empfangen wurde." Unter den Völkern erwähnt er die Ägypter, Assyrier, Inder, Perser, Odrysier, Samothrakier und Elusinier. Doch Celsus war keineswegs autoritär oder dogmatisch. Er war intelligent genug, um zu wissen, daß der Glaube und die Praxis dieser verschiedenen Völker nicht auf eine einzige altertümliche Lehre gebracht werden konnten (*c.Cels.* 1.14). Obwohl er sich auf eine Lehre oder einen *logos* beruft, der durch die Weisen in alten Zeiten zum Ausdruck gebracht wurde, hat diese Lehre wenig bestimmten Inhalt und nimmt nicht bei jedem „Volk" die gleiche Form an. Andererseits aber ist Celsus auch Relativist. Deswegen hat ihn *Origenes* heftig angegriffen (*c.Cels.* 5.27). Er beruft sich weniger auf eine bestimmte „Lehre", als vielmehr auf fest bestehende Lebensweisen, welcher Art diese auch sein mögen. Man soll die „Gesetze" der verschiedenen Völker beobachten, schreibt er, „weil es notwendig ist, die bestehenden gesellschaftlichen Konventionen zu erhalten" und weil die verschiedenen Völker verschiedenen Führern von Gott übergeben wurden, die verschiedene Lebensweisen einführten. So lange man die überlieferten Lebensweisen befolgt, wird es den Führern gefallen. „Es ist gottlos, die Bräuche aufzugeben, die von Anfang an in jedem Land vorhanden waren" (*c.Cels.* 5.26).

Celsus kann die Juden loben, auch wenn er ihre konkreten Bräuche verachtet. Die Juden sind ein eigenes Volk geworden, schreibt er, und haben „nach dem Brauch ihres Landes Gesetze gemacht; und heutzutage beobachten sie diese Gesetze unter sich und feiern einen Gottesdienst, der sehr eigenartig sein mag, der aber ihren Traditionen entspricht. In dieser Hinsicht verhalten sie sich wie die übrige Menschheit, denn jedes Volk befolgt die eigenen herkömmlichen Bräuche, welcher Art sie auch sein mögen" (c.Cels. 5.25). Weil sie ihre Bräuche über die Jahrhunderte hindurch bis heute erhalten haben, dürfen die Juden die alten und wahren Lehren beanspruchen. Die Christen können jedoch keinen derartigen Anspruch erheben, denn ihre Sekte ist erst vor kurzem entstanden; daher stammt die schwere Beschuldigung, die Christen seien Abtrünnige. Ihren Versuch, sich auf das Altertum der Juden zu berufen, kann man leicht widerlegen. Die Christen können nur auf eine oberflächliche und unbedeutende Vergangenheit hinweisen, die nur wenig mehr als hundert Jahre zurückreicht. „Wenn ich sie frage: Wo seid ihr hergekommen? Oder: Wer ist der Urheber eurer Gesetze? sagen sie: Niemand. Sie sind tatsächlich aus dem Judentum hervorgegangen und können keinen anderen Ursprung für ihren Lehrer und Vorsänger nennen. Trotzdem haben sie sich gegen die Juden aufgelehnt" (c.Cels. 5.33).

Der Maßstab des Celsus bei der Beurteilung der christlichen Bewegung war also Brauch und Tradition, oder, um seinen Ausdruck zu gebrauchen, der *Nomos*, der vom Altertum her überliefert worden ist. Celsus verteidigt keinen bestimmten religiösen Glauben. Er ist durchaus bereit, eine große Mannigfaltigkeit in der Praxis gelten zu lassen, solange die Bräuche alt sind.

„Es ist keineswegs verkehrt, wenn jedes Volk die eigenen Gesetze der Gottesverehrung befolgt. Eigentlich finden wir, daß jedes Volk wesentlich anders ist; trotzdem glaubt jedes von ihnen, die eigene Art der Gottesverehrung sei bei weitem die beste. Die Äthiopier, die zu Meroe wohnen, verehren lediglich Zeus und Dionysus. Die Araber verehren nur Ourania und Dionysus. Alle Ägypter verehren Osiris und Isis . . . Einige enthalten sich des Hammelfleisches, da sie das Schaf als heilig verehren; andere essen kein Ziegenfleisch, auch andere kein Krokodilfleisch" (c.Cels. 5.35).

Dieser Diskurs zwischen Celsus und den Christen hat eine andere Dimension. Es ist nicht einfach eine Debatte zwischen dem Heidentum und dem Christentum, sondern eine Debatte über eine neue Religionsauffassung. Celsus spürte, daß die Christen die herkömmliche Verbindung zwischen der Religion und einer „Nation" bzw. einem Volk durchtrennt hatten. Den Alten war es selbstverständlich, daß die Religion mit einer bestimmten Stadt oder einem bestimmten Volk untrennbar verbunden war. Eigentlich gab es keinen Ausdruck für *Religion* in dem Sinne, in dem wir ihn heute gebrauchen, nämlich um den Glauben und die Bräuche einer bestimmten Gruppe von Menschen oder einer freiwilligen, von einem Volk oder einer nationalen Gruppe unabhängigen Vereinigung zu kennzeichnen. Der Ausdruck „könnte von einem bestimmten Ritussystem (einem Kult oder einer Einweihung), von einer bestimmten Reihe von Glaubensartikeln (Lehren oder Auffassungen), von einem Gesetzbuch oder von einer Anzahl nationaler Bräuche und Traditionen sprechen; aber für die eigenartige Synthese all dieser Dinge, die wir heute Religion nennen, war das hellenische Wort Philosophie das geeignetste".[11] Die Vorstellung einer Vereinigung von Menschen, die durch eine Religion mit der eigenen Tradition, dem eigenen Glauben, der eigenen Geschichte und der eigenen Lebensweise – unabhängig von einer bestimmten Stadt oder Nation – miteinander verbunden waren, war den Alten fremd. Religion gehörte einem *Volk*. Sie wurde dem einzelnen durch das Volk oder die Nation geschenkt, von der er stammte oder in der er lebte. „Die Frömmigkeit liegt in einer ruhigen Verrichtung herkömmlicher Riten und in einer treuen Befolgung traditioneller Normen."[12]

Celsus bekämpfte die in der christlichen Bewegung wirkenden sektiererischen Neigungen, weil er darin eine Privatisierung der Religion erblickte, die Übertragung religiöser Werte aus dem öffentlichen Bereich in eine private Vereinigung. Die Christen lehnten nicht nur den Militärdienst ab, sie wollten auch kein öffentliches Amt bekleiden und keine Verantwortung für die Verwaltung der Städte auf sich nehmen. Damit störten die Christen das Leben der Städte, indem sie es ablehnten, am öffentlichen Leben teilzunehmen; ja sie untergruben die Grundlagen der Gesellschaft, in der sie lebten. Indem sie den Gründer ihrer Vereinigung in den göttlichen Stand erhoben, stellten sie einen Rivalen zum höchsten Gott, der über das Reich wachen sollte. Wenn man die Lehre verwirft, daß es den einen König gibt, sagt Celsus, dann „gibt es nichts, was den Kaiser davor schützt, im Stich gelassen zu werden, allein und verlassen zu bleiben, während irdische Dinge in die Macht der zügellosesten und wildesten Barbaren geraten" (*c.Cels.* 8.68).

6. KAPITEL

Porphyrios – der gebildetste aller Kritiker

Von allen Kritikern des Christentums im Altertum war Porphyrios, der Biograph des großen Neuplatonikers *Plotinus* und der Herausgeber von dessen Schriften *Enneaden*, der gebildetste und scharfsinnigste. Auch wenn in der Geschichte der Philosophie Plotinus den Porphyrios überragt, so hat Porphyrios doch echte intellektuelle Größe, dessen breites Wissen und philosophischer Scharfsinn ihn zu einem gefürchteten Gegner machte. Das Werk des Celsus gegen die Christen provozierte die Erwiderung eines Apologeten (Origenes). Aber mit Porphyrios' Schriften befaßten sich mehrere Generationen von christlichen Intellektuellen: darunter Eusebius, der Kirchenhistoriker; Methodius, ein früher Verfechter der Jungfräulichkeit Mariens; Apollinarius, ein Theologe aus Syrien; Hieronymus, der Bibelexeget; und Augustinus, der sich im vorgerückten Alter immer noch mit Porphyrios' Argumenten gegen das Christentum auseinandersetzte, als er sein Werk *Der Gottesstaat* schrieb. Selbst der Kaiser Konstantin suchte Porphyrios mundtot zu machen, nicht dadurch, daß er eine Abhandlung gegen ihn verfaßte, sondern indem er dessen Schriften öffentlich verbrennen ließ. Das ist ein Präzedenzfall, nach dem ein Jahrhundert später Kaiser Theodosius II. im Jahre 448 n. Chr. handelte. „Die Stärke, das Ausmaß und die Treffsicherheit des Angriffs (Porphyrios') mußten die Christen verblüfft haben", schrieb Robert Grant.[1]

Obwohl Porphyrios viele Kritiker hatte, haben sie leider wenig von seinem Werk bewahrt; und die noch vorhandenen Fragmente sind bei einem halben Dutzend Autoren verstreut – manchmal ohne einen sicheren Hinweis, daß sie von Porphyrios stammen. Infolgedessen sind wir unsicher darüber, was und in welcher Weise er schrieb und ob er ein oder mehrere Bücher gegen die christliche Bewegung verfaßte. Doch wir wissen, daß sein Angriff gegen das Christentum auf die Christen einen tiefen Eindruck machte, daß er aus umfassenden Kenntnissen der Geschichte, der Philosophie, der Dichtkunst und der Literatur schöpfte und daß er sowohl die jüdischen als auch die christlichen heiligen Schriften einer gründlichen und ausführlichen Kritik unterzog.

Augustinus nannte ihn „den größten Gelehrten unter den Philosophen", und selbst Eusebius, ein vielseitiger Gelehrter, war durch Porphyrios eingeschüchtert. Christliche Intellektuelle hatten es mit einem Gegner schwer, der die Bibel fast so gut kannte, wie sie selbst.

Celsus hat zu einer Zeit geschrieben, als man über die christliche Bewegung noch wenig wußte, als das Christentum eine kleine Sekte war, die zum ersten Mal in die Aufmerksamkeit der Öffentlichkeit gerückt war. Als Porphyrios in der zweiten Hälfte des 3. Jahrhunderts schrieb, war das Christentum eine bedeutende Macht innerhalb des Römischen Reiches geworden. Sein wachsender Einfluß unter den Gebildeten und der breite Anklang bei den niedrigen Gesellschaftsschichten haben Porphyrios wahrscheinlich nicht nur veranlaßt, gegen das Christentum zu schreiben, sondern ihm auch den inhaltlichen Ansatz nahegelegt. Celsus hatte sicherlich das Christentum ernst genommen; er glaubte aber, sein verderblicher Einfluß könnte aufgehalten werden, wenn man seine Behauptungen als falsch bewies. Porphyrios hatte keine derartigen Illusionen; er ahnte, daß das Christentum bleiben würde. Daher suchte er im Rahmen der religiösen Traditionen des Römischen Reiches einen Weg, um den neuen Glauben unterzubringen. Eben deswegen war er für die Christen des Altertums eine solche Bedrohung und ist er für uns so interessant.

Celsus kennen wir nur durch seine Kritik des Christentums. Doch Porphyrios war viel mehr als ein Kritiker des Christentums. Er war eigenständiger Philosoph, der sich bemühte, die geistige Tradition des griechischen Altertums zu erhalten. Er war ein religiöser Denker, der versuchte, das religiöse Erbe der griechisch-römischen Welt mit der philosophischen Vernunft in Einklang zu bringen. Er verteidigte zum Beispiel den religiösen Wert der herkömmlichen Praxis des Tieropfers. Seine philosophischen Schriften, insbesondere sein Werk über Aristoteles, haben seit *Boethius* einen fortdauernden Einfluß auf die Philosophie des Westens gehabt. Im Studienplan des Mittelalters war seine Einführung in und sein Kommentar zu Aristoteles'

Categoriae (Isagoge) das erste Traktat, dessen Kenntnis von einem Studenten der Philosophie verlangt wurde. Porphyrios gehörte zur philosophischen Tradition des Platonismus, die im 3. Jahrhundert sehr lebendig war. Zugleich war er ein Mann der traditionellen Frömmigkeit. In einem an seine Ehefrau, die er als alter Mann heiratete, geschriebenen Brief sagte er: „Die größte Frucht der Frömmigkeit ist es, Gott nach der Überlieferung der Väter zu verehren" (*Marc.* 18). Im Gegensatz zu *Plotinus*, dessen Frömmigkeit vor allem geistig-spirituell war, fand Porphyrios in seinem Denken einen Platz für die religiöse Feier, für Tieropfer und für die öffentlichen Feierlichkeiten in den Städten. Er hat die Bedeutung der Religion für die Philosophie anerkannt. „Der Neuplatonismus hat sich nicht nur als eine akademische Einrichtung des Reiches entwickelt, sondern auch als eine geistige Bewegung in einem Zeitalter der Religionen... Neu ist die Einstellung akademischer Philosophen der Religion gegenüber. Indem sie die Religion mit Ehrfurcht als moralisch wertvoll betrachteten, kamen die Platoniker zu der Einsicht, daß Religion das gleiche Ziel wie die Philosophie anstrebe."[2]

Zur Verteidigung Platos

Porphyrios ist in der Stadt Tyrus in Phönizien an der östlichen Mittelmeerküste, nördlich von Palästina, geboren und aufgewachsen. Das Geburtsdatum steht nicht fest, aber wahrscheinlich war es im Jahr 233 n. Chr. Sein Vater hieß Malchos, das syrische Wort für König; der griechische Name Porphyrios ist das Wort für Purpur, die herkömmliche Farbe der Königswürde. Daß seine Familie königliches Blut hatte, ist zweifelhaft. Aber seine Eltern waren wohlhabend genug, um ihm eine gründliche Ausbildung in der Rhetorik und der Literatur zu ermöglichen. Seine Muttersprache war syrisch. Aber Tyrus war eine hellenisierte Stadt, daher wurde ihm seine Ausbildung in griechischer Sprache vermittelt. Möglicherweise konnte er etwas Hebräisch; er widmete den jüdischen Schriften einen großen Teil seines Angriffs gegen das Christentum, aber nirgendwo zeigt er eine Kenntnis der Sprache.

Tyrus, ein an strategischer Stelle am östlichen Mittelmeer liegendes Handelszentrum, war ein Treffpunkt des Ostens und des Westens. Es rühmte sich eines ausgezeichneten Hafens und einer großen Purpurfärberei. Einige seiner Bürger unterhielten in Rom und Puteoli (heute Pozzuoli) zu geschäftlichen Zwecken feste Wohnsitze. In dieser Lage hat Tyrus verschiedene Religionen angezogen und gepflegt. Hier hatte Porphyrios seine erste Erfahrung mit der Vielfältigkeit der religiösen Praxis in der alten Welt, hier entwickelte er seine Toleranz gegenüber verschiedenen religiösen Anschauungen. In Tyrus ist er zum ersten Mal dem Christentum und dem Judentum begegnet. Möglicherweise erlernte er dort seine Auslegung des jüdischen Buches Daniel, die bei seiner Polemik gegen die Christen eine Rolle spielte und späteren christlichen Kommentatoren viel Ärger verursachte.[3]

Als junger Mann reiste Porphyrios von Tyrus die Mittelmeerküste hinunter nach Cäsarea, um die Lehren des christlichen Denkers *Origenes* zu besuchen. Zu der Zeit war Origenes, der originellste Kopf, den das Christentum in den ersten zwei Jahrhunderten seiner Geschichte hervorgebracht hatte, auf der Höhe seiner Kräfte. Er hatte erst vor kurzem den Römern seine umfangreiche Verteidigung des Christentums, sein Werk *Contra Celsum*, vorgelegt. Porphyrios wurde jedoch durch Origenes nicht beeindruckt. Befremdend wirkte auf ihn die „Absurdität" seines Bemühens, die griechische philosophische Überlieferung mit der neuen, in Palästina entstandenen Religion in Einklang zu bringen. Er verglich Origenes mit einem anderen zeitgenössischen griechischen Philosophen, mit *Ammonius*, und sagte:

„Ammonius nämlich wandte sich, obwohl von seinen Eltern als Christ im Christentum erzogen, sobald er zu denken und zu philosophieren anfing, sofort der den Gesetzen entsprechenden Lebensweise zu. Origenes aber irrte, obwohl als Grieche im griechischen Denken erzogen, zu barbarischer Dreistigkeit ab. Ihr zuliebe verkaufte er sich und seine Diskussionsgewandtheit. Sein Leben war das eines Christen und widersprach den Gesetzen. In seiner Auffassung von der Welt und von Gott spielte er den Griechen und schob den fremden Mythen griechische Ideen unter" [Eusebius, *Hist. Eccl.* 6.19].

Wegen seiner Bekanntschaft mit Origenes haben später einige Christen geglaubt, daß Porphyrios einmal Christ gewesen sei, der dann abgefallen und zum Hellenismus übergegangen sei. Das ist höchst unwahrscheinlich. Es ist jedoch leicht zu verstehen, wie man auf einen solchen Gedanken kommen kann. Christen war es unbegreiflich, daß ein Mann vom Format des Porphyrios nicht vom

Geist und der asketischen Religiosität des Origenes fasziniert war, besonders weil Porphyrios selbst Asket war. Trotzdem konnte nicht einmal der große Origenes den Porphyrios beeindrucken. Seine erste Berührung mit einem christlichen Denker hatte jedoch wichtige Folgen. Von Origenes lernte Porphyrios die Bedeutung der Bibel für das christliche Denken; und von ihm hat er möglicherweise sogar die Kunst der Bibelkritik gelernt. Robert Grant schreibt:

„Als er [Porphyrios] auf Origenes' Werk *Stromateis* [ein Buch über exegetische Schwierigkeiten] mit seiner Bibelkritik und seinen sinnbildlichen Darstellungen stieß, fand er wahrscheinlich, daß seine antichristlichen Aufgaben schon großenteils für ihn erledigt worden waren. Er brauchte lediglich die negativen Erklärungen des Origenes anzunehmen (obwohl er in manchen Fällen viel weiter auf dieser Linie ging) und den tieferen geistlichen Sinn abzulehnen, den Origenes zu finden suchte. In dieser Hinsicht verschaffte die kritische Arbeit des Origenes dem Werk des Porphyrios eine *praeparatio Neoplatonica.*"[4] Porphyrios sollte die Bibel mehr in den Mittelpunkt seines Angriffs gegen das Christentum rücken als jeder Kritiker vor oder nach ihm.

Die Ausbildung des Porphyrios war ähnlich der Bildung anderer Privilegierter der damaligen Zeit; sie war hauptsächlich rhetorischer und literarischer Art. In mancher Hinsicht war sie der Bildung ähnlich, die Plinius erhalten hatte; nur war die Unterrichtssprache Griechisch und nicht Latein; und die von ihm studierten Schriftsteller hießen Homer, Euripides, Menander und Demosthenes, und nicht Vergil, Terenz, Sallust und Cicero. Porphyrios suchte jedoch keine Laufbahn als Jurist oder im Staatsdienst einzuschlagen. Statt dessen verließ er Tyrus, um in Athen Philosophie zu studieren. Im 3. Jahrhundert war Athen immer noch ein geistiges Zentrum. Dort begegnete er seinem ersten Lehrer *Longinus*, einem Philosophen und Rhetor, doch nach Neigung und Temperament eher ein Literaturkritiker und Pedant. Porphyrios' Biograph *Eunapius* nannte Longinus eine „lebende Bibliothek und ein wandelndes Museum" (*VS* 456). Plotinus sagte, er wäre ein „Gelehrter, aber bestimmt kein Philosoph" (*Vita Plotini* 14). In Athen studierte Porphyrios Philosophie, doch seine Haupttätigkeit galt anscheinend der Philologie und der Literatur.

Einen Einblick in die Lebensweise der Schule des Longinus kann man an einer Stelle bei Porphyrios gewinnen, welche die Art und Weise beschreibt, wie die Schule Platos Geburtstag feierte. Unter den philosophischen Schulen war es gebräuchlich, des Gründers mit einem Festmahl zu gedenken. Dann folgte ein Diskurs. In diesem Fall war das Plagiat das Thema. Mit großer Gelehrsamkeit suchten die Mitglieder der Schule einander zu übertreffen, indem sie noch unbekanntere Autoren zitierten, oder indem sie zeigten, daß selbst die besten und angesehensten Schriftsteller Teile ihrer Schriften plagiiert hätten. Castrius, ein Mitglied der Gruppe, fing an zu zeigen, daß Ephorus bis zu dreitausend Zeilen von anderen Schriftstellern „borgte". Daraufhin erwiderte Apollonius, daß Theopompus in seiner Geschichte über Philipp aus dem Werk *Areopagiticus* von Isokrates wörtlich abgeschrieben hätte. Nachdem über diesen Punkt diskutiert wurde, sagte Apollonius, daß selbst der große Menander desselben Fehlers schuldig war, obwohl man es allgemein nicht beachtet hat. Latinus hätte dessen Plagiat in einem nur wenigen bekannten Werk aufgedeckt. Und so ging die Diskussion weiter: Salongeschwätz, Unterhaltung nach dem Mahl, die müßigen Augenblicke der Übergebildeten. In dieser Umgebung wuchs Porphyrios auf, durch diese Tür trat er in die große Welt griechischen Denkens ein. Von Longinus lernte er auch die Werkzeuge und die Kenntnisse, mit denen man sich kritisch mit Geschichts- und Literaturwerken beschäftigt. Diese Methoden sollten ihn später zu einem der gelehrtesten und angesehensten Männer seiner Zeit machen.

Unter dem Einfluß von Longinus veröffentlichte Porphyrios seine ersten Bücher. Eines davon, das Werk *Fragen zu Homer*, war eine Text- und Literaranalyse der Gedichte Homers. Er erörterte die Textschwierigkeiten, faßte die Meinungen früherer Gelehrter zusammen und gab die eigenen Lösungen dazu. Er analysierte die Etymologie und den Sinn von Wörtern und diskutierte Probleme der Grammatik und historische Anspielungen. Wir finden in dem Werk ein Interesse an philosophischen Fragen oder an der allegorischen Deutung des Textes. In einem späteren Werk jedoch, *De Antro Nympharum (Nymphenhöhle)*, hat Porphyrios gezeigt, daß er mit der Tradition allegorischer Deutung sehr vertraut war. In diesem Werk, einer Auslegung der Nymphenhöhle in der *Odyssee* (13, 102—112), argumentiert Porphyrios, daß der Dichter von „höheren Dingen" spreche. Die Nymphenhöhle sei ein Sinnbild des Weltalls und die Wohnstätte für die Seele.

Nachdem er einige Jahre unter der Leitung von Longinus verbracht hatte, wurde Porphyrios unruhig. Der Ruhm des Plotinus hatte den Osten erreicht, und Porphyrios entschloß sich, nach Rom zu ziehen und bei ihm zu studieren. Longinus war enttäuscht, daß Porphyrios einen neuen Meister suchen wollte; doch Porphyrios hatte alles gelernt, was ihm Longinus bieten konnte. Die Begegnung mit Plotinus sollte seine geistige Richtung sowie den Lauf seines Lebens ändern. Den Rest seines Lebens verbrachte Porphyrios in Rom, wo er die Lehren des Plotinus studierte und schließlich die Verantwortung für die Niederschrift seiner Vorlesungen und für die Herausgabe seiner Schriften übernahm. Als Porphyrios im Jahr 262–263 n. Chr. nach Rom zog, war er dreißig Jahre alt; Plotinus war neunundfünfzig. Vierzig Jahre lebte Porphyrios in Rom. Nach dem oberflächlichen Ästhetizismus des Longinus erschloß Plotinus neue philosophische und religiöse Horizonte.

Um ein Anhänger der Schule von Plotinus zu werden, mußte man sich von der Welt trennen. Die Philosophie war, wie wir in dem Kapitel über Galenus sahen, keine einfache geistige Tätigkeit; sie verlangte eine Lebensänderung, eine moralische Verpflichtung zu einer neuen und höheren Lebensweise. Porphyrios beschreibt die Änderung im Leben eines wohlbekannten Senators, der dieser Schule beitrat:

„Es gab auch Rogatianus, einen Senator, der mit dem Verzicht auf das öffentliche Leben so weit fortgeschritten war, daß er sich seines ganzen Eigentums entäußerte, sämtliche Dienerschaft entließ und von seinem Rang zurücktrat. Als er in der Öffentlichkeit noch als Prätor behandelt wurde und die Amtsdiener bereits da waren, weigerte er sich, den Anschein zu erwecken, daß er mit dem Amt des Prätors noch etwas zu tun hatte. Nicht einmal das eigene Haus zum Wohnen wollte er behalten, sondern er machte bei Freunden und Bekannten die Runde; bei dem einen speiste er, bei dem anderen schlief er (aber nur jeden zweiten Tag aß er). Als Folge seines Verzichts und seiner Gleichgültigkeit gegen die Bedürfnisse des Lebens ist er wieder gesund geworden, obwohl er so sehr an der Gicht erkrankt gewesen war, daß er auf einem Stuhl getragen werden mußte; obwohl er die Hände nicht hatte ausstrecken können, war er nun imstande, sie leichter zu gebrauchen als ein Berufshandwerker. Plotinus brachte ihm ein großes Wohlwollen entgegen, lobte ihn sehr und stellte ihn oft als Beispiel für alle hin, die Philosophie praktizierten" (*Vita Plotini* 7).

In dieser Umgebung gedieh Porphyrios, und bald wurde er der Lieblingsschüler des Plotinus. Einmal, als er an Platos Geburtstag ein Gedicht vortrug und dessen „mystische Lehre" erläuterte, sagten einige von Plotinus' Studenten, er sei „verrückt geworden". Aber Plotinus lobte ihn: „Du hast dich zugleich als Dichter, Philosoph und Oberpriester gezeigt" (*Vita Plotini* 15).

Obwohl es schwer ist, viele von Porphyrios' Schriften zu datieren, weil sie philosophische Abhandlungen ohne Bezug auf den Verlauf der äußeren Ereignisse sind, wird allgemein angenommen, daß seine Kommentare zu philosophischen Werken aus den in Rom verbrachten Jahren stammen. Er schrieb, wie schon erwähnt, einen Kommentar zur *Logik* des Aristoteles; er hat auch Kommentare zu anderen Werken des Aristoteles geschrieben, zum Beispiel zur *Physik* und zu den Abschnitten in der *Metaphysik*, die sich mit der Ideenlehre Platos befassen, sowie zu Werken Platos und anderer früher Philosophen. Nur wenige von diesen Werken sind noch erhalten, aber diese geben uns einen wichtigen Hinweis auf das Interesse der plotinischen Schule. Plotinus hielt sich für einen Träger der klassischen philosophischen Tradition, vor allem des Plato. Er sah es als seine Aufgabe an, diese Tradition kritisch zu untersuchen und sie in ihrer gewinnendsten und überzeugendsten Form darzulegen. Folglich gehörte es unter anderem zum Ziel dieser Schule, zu zeigen, wie andere die platonische Tradition verfälscht und deren Lehre verlassen hatten. Plotinus und seine Schüler verfaßten Abhandlungen zur Verteidigung der alten Philosophie (*Vita Plotini* 16). Unter den noch vorhandenen Schriften des Plotinus befindet sich ein Traktat gegen die Gnostiker.

Für Porphyrios waren die bei Plotinus verbrachten Jahre sowohl gefühlsmäßig intensiv als auch geistig kreativ gewesen. Irgendwann, als er Mitte dreißig war, fing er an, unter einer wachsenden Depression zu leiden, die ihn zwang, seine Arbeit aufzugeben. Die Depression war so schlimm, daß er an Selbstmord dachte (*Plot.* 11). Aber Plotinus schaltete sich ein, gab ihm einen guten Rat (nach Porphyrios' Bericht) und zeigte ihm, wie vernunftwidrig es sei, sich das Leben zu nehmen. Statt dessen empfahl Plotinus, daß er eine größere Reise machen sollte. Diesem Rat folgend brach er nach Sizilien auf, wo er mehrere Jahre blieb. Während seines dortigen Aufenthalts wurde er wieder gesund, und er fing an, noch einmal zu schreiben. Leider ist Plotinus jedoch während seiner Abwesenheit gestorben. Als Longinus vom Tod des Plotinus erfuhr, legte er dem Porphyrios nahe, nach Syrien zurückzukommen, wo er noch immer lehrte. Aber Porphyrios entschloß sich, nach Rom zurückzukehren.

Porphyrios ist Anfang des 4. Jahrhunderts, vielleicht erst im Jahre 305 n. Chr. gestorben. Wir wissen nur wenige Einzelheiten über sein Leben aus der Zeit von der Rückkehr nach Rom bis zu seinem Tod. In dieser Periode verbrachte er wahrscheinlich einen großen Teil seiner Zeit damit, eine Ausgabe der Schriften von Plotinus zusammenzustellen. Bis zum fünfzigsten Lebensjahr hatte Plotinus wenig geschrieben. Was er danach geschaffen hat, war hauptsächlich eine Reihe philosophischer Abhandlungen über die Schönheit, die Unsterblichkeit der Seele, über das Schicksal, über das Gute oder das Eine, über die Tugend und so weiter. Diese Abhandlungen wurden unter die Studenten verteilt. Porphyrios sammelte sie und ordnete sie je nach Thema in sechs *Enneaden* (Neunergruppen).

Aus dieser langen Periode im Leben des Porphyrios kennen wir nur zwei Ereignisse, doch beide sind interessant. Das eine war seine Eheschließung mit Marcella, einer Witwe mit sieben Kindern, als er fast siebzig Jahre alt war. Porphyrios hatte nie geheiratet; und er entschuldigt sich dafür, daß er es schließlich doch tat, entgegen seinem asketischen Leben. Die Askese förderte angeblich ein philosophisches Leben. In einem langen Brief an seine Frau verteidigte er seinen Entschluß zu heiraten, indem er Marcella daran erinnerte, daß sie ja nicht heirateten, um Kinder zu erzeugen; ihre Vereinigung sollte nur diejenige hervorbringen, die in der „richtigen Philosophie" erzogen werden. Sein Brief ist voll moralischer Ermahnungen; viele von ihm zitierte Lebensregeln wurden auch von den Christen benutzt. Mehr als alles sonst von ihm Geschriebene zeigt dieser Brief, daß Porphyrios und seine christlichen Gegner viele moralische und religiöse Werte gemeinsam hatten.

In demselben Brief an Marcella erwähnt Porphyrios ebenfalls, daß er die Reise gemacht hätte – es war ein echter Brief und keine literarische Fiktion –, weil er „die Griechen nötig hatte" (*Marc.* 4). Weder das Ziel noch der Zweck der Reise wird angegeben; der Ausdruck „die Griechen nötig haben" hat den Fachleuten Kopfzerbrechen bereitet. Die Reise fand gerade zu der Zeit statt, als Diokletian eine neue Christenverfolgung begann. Henry Chadwick hat die interessante Vermutung geäußert, daß Porphyrios vom Kaiser aufgefordert wurde, eine Verteidigung der römischen Religion zu verfassen, die als Rechtfertigung der Unterdrückung des Christentums benutzt werden sollte. Der christliche Schriftsteller *Lactantius* sagt, daß damals ein Mann, der in Konstantinopel, der Hauptstadt des

Reiches, lebte und den er den „Priester der Philosophie" (*Div. Inst.* 5.2) nennt, ein Werk gegen die Christen geschrieben hätte. Der Ausdruck „Priester der Philosophie" paßt auf Porphyrios; seine Reise, weil er „die Griechen nötig hatte", wurde möglicherweise unternommen, um einen totalen Angriff gegen die christliche Bewegung vorzubereiten.[5]

Im 20. Jahrhundert waren die Form und der Inhalt der Schriften des Porphyrios gegen die Christen unter den Fachleuten umstritten. Daß er gegen das Christentum geschrieben hat, wird nicht in Zweifel gezogen. Viele spätere Autoren bezeugen sein Werk, und eine Anzahl von diesen haben Widerlegungen dieses Werkes geschrieben. Die Erwiderung des Apollinarius umfaßte dreißig Bücher. Die Beschäftigung mit Porphyrios als Kritiker des Christentums konzentrierte sich fast gänzlich auf ein Werk mit dem Titel *Gegen die Christen*, obwohl dieser Titel erst um das Jahr 1000 n. Chr. erwähnt wird. Dieses Werk wird von den Kritikern des Porphyrios im 4. und 5. Jahrhundert nie erwähnt. Die meisten Forscher haben trotzdem angenommen, daß es ein solches Werk gegeben hat; sie haben sich bemüht, aufgrund von Porphyrios-Zitaten aus späteren Autoren seinen Inhalt und seinen Aufbau zu rekonstruieren. Doch jeder Rekonstruktionsversuch scheiterte, weil die Zahl der echten Fragmente sehr klein ist. Anfang dieses Jahrhunderts veröffentlichte Adolf von Harnack diejenigen Fragmente, die allgemein als echt angesehen werden. Diese siebenundneunzig Fragmente umfassende Sammlung dient gewöhnlich als Grundlage für die Erörterung des Werkes von Porphyrios gegen die Christen. Doch gut die Hälfte der Fragmente, die angeblich aus dem Werk *Gegen die Christen* stammen, wurde einem verhältnismäßig unbekannten Werk, dem *Apocriticus* des *Macarius Magnes*, einem christlichen Apologeten des 4. Jahrhunderts, entnommen. Viele sind der Meinung, daß Macarius sein Material aus dem Werk von Porphyrios entnahm. Aber das sagt er nicht ausdrücklich, und wir können unmöglich feststellen, ob das von ihm Dargebotene tatsächlich aus dieser Quelle stammt. Vor zehn Jahren hat der Historiker Timothy Barnes gezeigt, daß die makarianischen Fragmente unmöglich dazu verwendet werden können, das verlorene Werk des Porphyrios zu rekonstruieren.[6] Doch ohne sie ist unser Wissen über die Schrift *Gegen die Christen* äußerst lückenhaft.

Eine andere Seite des Angriffs von Porphyrios gegen das Christentum können wir in seinem nicht mehr vorhandenen Werk *Philosophie aus Orakeln* finden. Von diesem Werk haben wir einige echte Fragmente, auf deren Grundlage können wir einen groben Umriß des Buches herstellen. Außerdem wird dieses Buch durch christliche Autoren namentlich zitiert; aus Hinweisen darauf geht klar hervor, daß es von den Christen als ein gegen das Christentum gerichtetes Werk betrachtet wurde. Trotzdem wurde es selten dazu verwendet, die Argumente des Porphyrios gegen das Christentum zu verstehen und zu bewerten. Möglicherweise war dies das Werk, das Porphyrios im vorgerückten Alter auf Anordnung des Kaisers geschrieben hat.[7] Das von *Lactantius* erwähnte Werk, das den „Priester der Philosophie" zum Autor hatte, umfaßte drei Bücher, ebenso wie das Werk *Philosophie aus Orakeln*.

Das Werk *Philosophie aus Orakeln* ist an sich kein Werk gegen das Christentum, sondern eine positive Darlegung der alten Religion der römischen Welt. Porphyrios stellt eine ausführliche Erörterung der Theologie der verschiedenen alten Völker dar: der Griechen, Römer, Ägypter, Chaldäer, sogar der Hebräer. Er will zeigen, daß diese alten Glaubensformen der philosophischen Religion ähnlich sind, die im 3. Jahrhundert von vielen gebildeten Menschen angenommen wurde. Das tut er, indem er zeigt, daß die „Orakel" der herkömmlichen Religionen als Quelle des Glaubens an das eine höchste Wesen benutzt werden können. Seine Strategie war es, einen Weg für die Einfügung des Christentums, das ebenfalls behauptete, an den einen höchsten Gott zu glauben, in den religiösen Kontext der römischen Welt zu schaffen.

In der nun folgenden Erörterung des Angriffes von Porphyrios gegen das Christentum werde ich sowohl aus den Fragmenten, die möglicherweise aus dem gewöhnlich als *Gegen die Christen* bekannten Werk stammen, als auch aus seinem Werk *Philosophie aus Orakeln* schöpfen. In der Hauptsache behandelt das Material aus *Gegen die Christen* exegetische Fragen und literarische Probleme in der jüdischen und christlichen Heiligen Schrift. Hingegen befaßte sich das Material aus der *Philosophie aus Orakeln* mit der Gestalt Jesu, mit dem Glauben an den einen Gott und mit dem Abfall des Christentums von der herkömmlichen Religion.

Die jüdische Heilige Schrift

Auf der Grundlage der Fragmente von *Gegen die Christen* wissen wir, daß Porphyrios einen größeren Teil seines Buches der jüdischen

Heiligen Schrift bzw. dem christlichen Alten Testament gewidmet hat.[8] Ein christlicher Apologet aus dem 5. Jahrhundert, der Porphyrios' Werk kannte, hat gesagt, daß „dieser viel Zeit mit ihnen (d. h. den Schriften von Moses und den Propheten) verbrachte in seinen Schriften gegen uns" (*Theodoret* von Zypern, *Affect.* 7.36). *Eusebius* schreibt, was Porphyrios über Origenes in Wut brachte, sei sein Gebrauch der Allegorie, um die Schwierigkeiten in der jüdischen Heiligen Schrift „durch Erklären zu beseitigen" (*Hist. Eccl.* 6.19.2). Jedoch abgesehen von zwei Fragmenten, die sich mit dem historischen Datum des Moses befassen (es ist die Frage, ob die hebräische Religion älter sei als andere Religionen), beschäftigen sich alle noch vorhandenen Fragmente von der Kritik des Porphyrios an der jüdischen Heiligen Schrift mit dem Buch Daniel. Das ist an und für sich bezeichnend, weil frühere Kritiker dieses Buch nicht erörtert hatten. *Celsus* erwähnte Daniel in der Löwengrube; doch er interessierte sich lediglich für die heroische Figur des Daniel, die oft in der christlichen Kunst dargestellt wurde, nicht für das Buch selbst.

Zur Zeit, als Porphyrios schrieb, spielte das Buch Daniel bei dem Bemühen, eine christliche Auffassung der Geschichte zum Ausdruck zu bringen, bereits eine wichtige Rolle. Unmittelbar auf diese Entwicklung erwiderte Porphyrios, daß das Buch Daniel nicht als eine Prophezeiung der Zukunft gedeutet werden könnte, wie die Christen meinten, sondern als eine Geschichte von Ereignissen zur Lebzeit des Verfassers. Was Porphyrios über Daniel schrieb, war derart neu und für christliche Ausleger so beunruhigend, daß seine Kritiker versuchten, ihn in allen Einzelheiten ausführlich zu widerlegen. „Die Stellungnahme des Neoplatonikers Porphyrios in dieser Debatte ist bemerkenswert. Jahrhunderte vor der modernen Bibelkritik wußte Porphyrios schon, daß das Buch Daniel eine makkabäische Fälschung war."[9] In seiner Erwiderung auf Porphyrios widmete *Eusebius* dem Buch Daniel drei Bücher. *Methodius* schenkte ihm große Aufmerksamkeit und *Apollinarius* schrieb ein ganzes Buch darüber. Nachdem diese Gelehrten ihre Erwiderungen geschrieben hatten, verfaßte *Hieronymus* einen ganzen Kommentar zu dem Buch Daniel zur Verteidigung der traditionellen christlichen Auslegung. Auf der ersten Seite erwähnt er Porphyrios' Werk; und im Kommentar zitiert er ihn ausführlich, wobei er Vers für Vers auf seine Auslegung erwidert. Der Kommentar des Hieronymus ist somit unsere Hauptquelle für Porphyrios' Auslegung des Buches Daniel.

Warum wollte Porphyrios dem Buch Daniel so viel Aufmerksamkeit schenken? Und warum sollten seine Ansichten unter den christlichen Denkern derartige Bestürzung verursachen? Daniel ist ein Buch von Legenden über einen treuen Juden und seine drei Freunde Shadrach, Meshach und Abed Nego, die Gefangene waren, als die Juden im 6. Jahrhundert v. Chr. unter Nebukadnezar, dem König von Babel, im Exil waren. Die ersten sechs Kapitel des Buches umfassen Erzählungen über Daniel und darüber, was dieser mit dem König zu tun hatte; die übrigen sechs Kapitel befassen sich mit Daniels Visionen über die kommende Rechtfertigung der Heiligen Gottes, über den König und die Herrscher der Welt. Das Buch bringt die Erzählung über Daniel und seine Freunde so, wie wenn sie im 6. Jahrhundert v. Chr. stattfanden. Und es bringt die Visionen als Prophezeiung dessen, was in der Zukunft und am Ende der Zeit geschehen soll. Unter den Frühchristen ist das Buch Daniel beliebt geworden, weil es eine Sammlung dramatischer Erzählungen über die Befreiung aus der Verfolgung eines bösen Herrschers war. Die Szenen von Daniel in der Löwengrube und von den drei jungen Männern im brennenden Feuerofen finden sich unter den ersten und häufigsten Darstellungen aus der Bibel an den Wänden von frühchristlichen Katakomben.

Das Buch Daniel wurde als fruchtbare Quelle der Prophezeiungen über das Kommen Christi und über die Zerstörung des Tempels von Jerusalem gesehen. Dieses Thema gewann in frühchristlichen Geschichtsauffassungen große Bedeutung, wie wir im folgenden Kapitel bei der Erörterung Julians ausführlicher sehen werden. Von Anfang der christlichen Bewegung an hat man sich auf die Propheten berufen, um vor den Juden die Behauptungen der Christen über Jesus zu rechtfertigen. Als das Christentum sich aus der jüdischen Religion entfernte, um seine Sache den Gebildeten des Römischen Reiches darzustellen, fuhren seine Apologeten fort, sich auf die Propheten zu berufen. *Justin* der Märtyrer schrieb: „Aber falls jemand gegen uns das Argument vorbringt: was schließt die Annahme aus, daß diese Person, die ihr Christus nennt, ein Mann menschlichen Ursprungs war und diese Wunder, von denen ihr sprecht, durch Zauberkunst wirkte und so Gottes Sohn zu sein schien?, so führen wir unseren Beweis an. Wir trauen dem Hörensagen nicht, sondern wir sind gezwungen, denen zu glauben, die die Ereignisse prophezeit haben, ehe sie stattfanden. Denn wir sehen tatsächlich Dinge, die geschehen sind und die noch geschehen, so wie sie prophezeit wurden" (*Apol* 1.30).

Daniel war der hundertprozentige Prophet, denn wie der jüdische Historiker Josephus bemerkte, „prophezeite er nicht nur zukünftige Ereignisse, sondern er bestimmte auch den Zeitpunkt ihres Geschehens" (AJ 10.267). Deshalb wandten sich die Christen an das Buch Daniel, um ihre Behauptung zu unterstützen, daß Jesus der erwartete Messias sei. Es ist bemerkenswert, daß die erste, Vers für Vers ausführliche Auslegung eines Buches aus der jüdischen Bibel von *Hippolytus* verfaßt wurde, einem griechisch sprechenden Theologen aus dem 3. Jahrhundert, der in Rom lebte. In seinem Kommentar argumentiert Hippolytus auf der Grundlage chronologischer Überlegungen, daß die Prophezeiungen des Daniel über den Messias genau auf die Zeit der Geburt Jesu paßten.

Im 3. Jahrhundert fingen mehrere christliche Denker an, Geschichte und Chronologie zu studieren, und zwar in der Hoffnung, die heidnischen Kritiker zu widerlegen. Ihre Bemühungen führten schließlich zu einem christlichen Schema für die Weltgeschichte. Derselbe *Hippolytus* verfaßte eine „Chronik der Weltgeschichte", einen Bericht über die bedeutenderen Ereignisse der Geschichte vom Anfang bis zur Gegenwart. Ihm vorangegangen war *Julius Africanus,* dessen *Chronographiai* (Chroniken) eine Geschichte der Welt bis zum Jahr 217 n. Chr. in fünf Büchern darstellen. Das Werk des Africanus war dem Origenes bekannt und wurde von diesem und von Porphyrios benutzt. Eusebius hat es als Nachschlagewerk beim Verfassen seiner *Chronik* gebraucht, die mit der Geburt Abrahams (2016/15 v. Chr.) anfing und mit dem Jahr 303 n. Chr. endete. Eusebius wollte zeigen, daß das Christentum die rechtmäßige Fortsetzung der jüdischen Tradition sei. In all diesen Werken bildete die Chronologie im Buch Daniel, insbesondere seine Prophezeiung von der Geburt Christi, einen wesentlichen Teil.

Dem Porphyrios war die Wissenschaft der Chronologie nicht fremd. Irgendwann um das Jahr 270 n. Chr. lernte er das Werk von Callinicus kennen, der eine Geschichte der Ptolemäer geschrieben hatte, der hellenistischen Herrscher Ägyptens zwischen der Zeit Alexanders des Großen (Ende des 4. Jahrhunderts v. Chr.) und den Römern im 1. Jahrhundert v. Chr. Unter Benutzung des Werkes von Callinicus und anderer verfaßte Porphyrios seine eigene Chronik der Weltgeschichte, die mit dem Untergang Trojas anfing und mit dem Kaiser Claudius endete, der in den Jahren 268–270 n. Chr. herrschte.[10] Ausgerüstet mit diesen Kenntnissen sowie mit den bei Longinus erlernten literarischen Methoden schenkte Porphyrios dem Buch Daniel seine Aufmerksamkeit.

Nach der herkömmlichen Auffassung der Christen und Juden wurde das Buch Daniel angeblich im 6. Jahrhundert v. Chr. geschrieben und bezog sich prophetisch auf spätere Ereignisse; zum Beispiel auf die Königreiche von Persien und Griechenland sowie auf die Verfolgung der Juden unter Antiochus IV. (175–164 v. Chr.), dem König des Reiches der Seleukiden. Porphyrios hingegen kam zu dem Schluß, daß das Buch Daniel im 2. Jahrhundert v. Chr. geschrieben wurde, um die Juden angesichts der unterdrückenden Herrschaft von Antiochus zu ermutigen. Im Vorwort zu seinem Kommentar zu Daniel faßt *Hieronymus* die Auffassung des Porphyrios zusammen.

Porphyrios schrieb sein zwölftes Buch gegen die Prophezeiung von Daniel; er bestritt, daß sie von der Person verfaßt wurde, der sie unter ihrem Titel zugeschrieben wird; sie sei von irgend jemandem verfaßt worden, der zur Zeit des Antiochus (mit dem Beinamen Epiphanes) in Judäa lebte. Er behauptete außerdem, daß Daniel nicht die Zukunft voraussage, sondern vielmehr über die Vergangenheit berichte; wovon er bis zur Zeit des Antiochus erzählt, sei echte Geschichte; hingegen seien alle seine Vermutungen über die Zukunft falsch, da er die Zukunft nicht vorauswissen konnte.

Porphyrios zerstörte damit die ganze Geschichtsauslegung, welche die Christen auf der Grundlage von Daniel aufgebaut hatten. Hatte Porphyrios recht, dann war der apologetische Wert der Prophezeiungen von der Geburt Christi zunichte und die Behauptung, Daniel habe die endgültige Zerstörung des jüdischen Tempels vorausgesagt (eine weitere Waffe in dem christlichen Arsenal), wäre entkräftet.

Porphyrios war zu sehr Gelehrter, um sich einfach mit dem allgemeinen Argument zufrieden zu geben, Daniel wurde vier Jahrhunderte später geschrieben, als man angenommen hatte. Er ging das Buch Abschnitt für Abschnitt durch und zeigte auf der Grundlage einer ausführlichen Analyse des Textes, daß nicht eine prophetische, sondern nur eine geschichtliche Auslegung mit den Angaben des Buches vereinbar sei. Seiner Ansicht nach gab das Buch aus der Perspektive eines Menschen, der die Periode miterlebt hatte, einen ausführlichen Überblick über den Verlauf der Ereignisse, die sich in der ersten Hälfte des 2. Jahrhunderts unter dem Seleukidenkönig Antiochus Epiphanes zugetragen hatten. Daß das Buch Daniel (oder mindestens ein Teil davon) Ereignisse unter Antiochus schilderte, war zwischen Christen und Porphyrios nicht umstritten. Die Frage war, ob der Verfasser als Prophet sprach (aus der Perspektive des 6. Jahrhunderts), oder ob er nur vergangene Geschichte schrieb. „Weil Porphyrios sah, daß all diese Dinge in Erfüllung gegangen waren, und er es nicht bestreiten konnte, daß sie stattgefunden hatten, überging er diesen Beweis der historischen Richtigkeit, indem er Zuflucht zu dieser Ausrede nahm, nämlich daß das, was über den Antichrist am Ende der Welt vorausgesagt ist, tatsächlich während der Herrschaft von Antiochus Epiphanes erfüllt wurde, und zwar wegen gewisser Ähnlichkeiten mit Dingen, die sich damals ereignet hatten" (Hieronymus, Prolog, *Comm. in Danielem*).

Aber die Frage war nicht einfach, ob Daniel prophezeite oder Geschichte schrieb. Selbst wenn man mit der christlichen Auffassung einverstanden war, daß Daniel zukünftige Ereignisse voraussagte, gab es noch eine Schwierigkeit. Die Christen haben angenommen, der Prophet spräche von zwei verschiedenen Reihen von Ereignissen, von denjenigen Dingen, die während der Herrschaft von Antiochus im 2. Jahrhundert v. Chr. geschehen waren, und von den Dingen, die sich zur Zeit Christi ereignet hatten. In seinem Kommentar zu Daniel 11.20 ff: „An seine Stelle tritt einer, der einen Steuereintreiber schickt, welcher die Hände ausstreckt nach königlichem Glanz", schreibt Hieronymus: „Bis zu dieser Stelle wurde die geschichtliche Ordnung befolgt und es gab zwischen Porphyrios und uns keinen umstrittenen Punkt. Doch den übrigen Text von hier an bis zum Ende des Buches deutet er auf die Person von Antiochus, mit dem Beinamen Epiphanes, bezogen, den Bruder von Seleukus und den Sohn von Antiochus dem Großen" (*Comm. in Dan.* 11.24). Porphyrios behauptete, daß das ganze Buch ein Geschichtswerk sei; so war er gezwungen, die späteren Kapitel dementsprechend auszulegen. In diesem Punkt bezüglich des Charakters der späteren Kapitel hatte Hieronymus die besseren Argumente, denn von Kapitel 11 an bis zum Schluß prophezeit Daniel tatsächlich (nach der modernen Forschung) über das Ende der Geschichte. Bezüglich der Kernfrage jedoch, ob der erste Teil des Buches Geschichte oder Prophezeiung war, hatte Porphyrios die stärkeren Argumente. Er konnte zeigen, daß der Verfasser auf der Grundlage unmittelbarer Erlebnisse zeitgenössische (und keine zukünftigen) Ereignisse beschrieb.

Dem Kommentar von Hieronymus fehlte seltsamerweise – ja

verdächtigerweise – ein Abschnitt des Buches Daniel, der bei der christlichen Apologetik eine wichtige Rolle spielte. Damit meine ich die berühmte Stelle in Kapitel 9, die die endgültige Zerstörung des zweiten jüdischen Tempels im Jahre 70 n. Chr. vorausgesagt haben sollte. „Und über dem Flügel des Tempels wird der Greuel der Verwüstung stehen, bis zur Vollendung, bis zum Ende" (Dan 9,27). In seiner Erörterung von Daniel 9,24–27, berichtet Hieronymus ausführlich über die Ansichten früherer Kommentatoren wie Apollinarius von Laodiceia, Eusebius, Hippolytus, Klemens von Alexandria und Origenes; doch von Porphyrios sagt er nichts. Das Auslassen fällt besonders auf, weil Hieronymus in seinem Kommentar zu Matthäus (24,16ff.), wo diese Stelle aus Daniel zitiert wird, sagt, daß Porphyrios diesen Vers aus Daniel ausführlich erörtert hat (*Comm. in Matt.* 24,16). Außerdem waren die Stelle aus Daniel sowie die Prophezeiung von Jesus in Matthäus 24,1–2 schon längst in den christlichen Schriften ein apologetisches Thema geworden. Daniel und Matthäus wurden zusammen in dem Sinne ausgelegt, daß der im Jahr 70 n. Chr. zerstörte jüdische Tempel nie wieder aufgebaut werden würde; und „Opfer und Opfergabe werden bis zur Vollendung der Zeit aufhören", wie es Hieronymus ausdrückt (*Comm. in Dan.*, 9.24–27). Das Ende des Opferns in Jerusalem wurde so verstanden, daß die jüdische Religion ihre Rechtmäßigkeit eingebüßt hatte.

Es ist unwahrscheinlich, besonders im Licht der Bemerkung von Hieronymus in seinem Kommentar zu Matthäus 24, daß Porphyrios diese Gelegenheit, die Unrichtigkeit der christlichen Auffassung von Daniel 9 zu zeigen, übersehen hätte. Hieronymus vermeidet es jedoch, bei seiner Erörterung von Daniel 9 Porphyrios überhaupt zu erwähnen, obwohl er viele christliche Kommentatoren zu der Stelle zitiert. Möglicherweise hat Hieronymus diesen Teil von Porphyrios' Werk bewußt verschwiegen. Dies wäre durchaus begreiflich, denn Ende des 4. Jahrhunderts waren Daniel Kap. 9 und die Prophezeiung Jesu über den Tempel zu heiß umstrittenen Themen geworden, nachdem der Kaiser Julian sich bemüht hatte, den Tempel wiederaufzubauen und damit Jerusalem den religiösen Opferdienst zurückzugeben.[11] Hieronymus schrieb seinen *Kommentar zu Daniel* Anfang des 5. Jahrhunderts.

Porphyrios' Kritik am Alten Testament beschränkte sich nicht auf das Buch Daniel. Ich habe schon seine Erörterung des Mosesdatums erwähnt. Was er sonst zu sagen hatte, ist leider verschollen oder Teil einer stehenden Kritik am Alten Testament geworden. Augustinus zum Beispiel sagte, daß sich die Heiden über die Geschichte von Jonas und dem Walfisch lustig gemacht hätten. Er hielt eine solche Kritik für kindisch und wollte sie dem Porphyrios nicht zuschreiben, den er hoch achtete. Es gibt aber keinen Grund, daß sie nicht von Porphyrios stammen könnte. Augustinus berichtet über den Einwand folgendermaßen:

„Was sollen wir von Jonas halten, der angeblich drei Tage im Bauch eines Walfisches verbrachte? Es ist unwahrscheinlich und unglaublich, daß ein völlig angekleideter Mensch ins Innere eines Fisches verschlungen werden sollte; oder wenn das sinnbildlich gemeint ist, dann sollt ihr es gefälligst erklären. Und noch etwas, was soll das heißen, nachdem Jonas aufs Land gespien worden war, sei eine Rizinusstaude über ihn emporgewachsen? Aus welchem Grund ist sie emporgewachsen?" (*Ep.102 ad Deogratiam*) Anscheinend hat sich Porphyrios auch über das Buch Hosea lustig gemacht, denn darin gebot Gott dem Propheten, eine Hure zu heiraten und mit ihr Kinder zu erzeugen (Hieronymus, *Comm. in Oseam* 1.2).

Das christliche Neue Testament

Porphyrios' Werk *Gegen die Christen* muß einen größeren Abschnitt über die christliche Heilige Schrift, das Neue Testament, enthalten haben. Wir sind jedoch nur dürftig über diesen Aspekt der Kritik von Porphyrios unterrichtet. Denn christliche Autoren, die über heidnische Kritik am Neuen Testament berichten, erwähnen selten Porphyrios als ihre Quelle. Man hat angenommen, wie schon oben erwähnt, daß dem Werk *Apocriticus* von *Macarius Magnes*, einem christlichen Apologeten aus dem 4. Jahrhundert, das aus Porphyrios' Werk geschöpfte Material zugrunde lag. Doch man kann dies unmöglich belegen. Immerhin gibt es eine andere christliche Schrift über das Neue Testament, die Porphyrios benutzt, nämlich Augustinus' Werk *Über die Übereinstimmung der Evangelisten (De consensu Evangelistarum)*. Wenn man dieses Werk mit den wenigen noch vorhandenen angeblich echten Fragmenten (nicht aus Macarius) vergleicht, können wir mindestens einen allgemeinen Eindruck von Porphyrios' Ansatz zur Kritik am Neuen Testament gewinnen.

Über die Übereinstimmung der Evangelisten wurde in vier Hauptteile eingeteilt. Der erste Teil behandelt die Beschuldigung, die Jünger hätten das in den Evangelien gezeichnete Bild Christi erfunden. Nach Augustinus hatten einige heidnische Kritiker argumentiert, daß Christus wohl ein Weiser, aber kein göttliches Wesen war, wie die Verfasser des Neuen Testaments behaupteten, und daß er, wie andere Weise, die Menschen lehrte, den einen höchsten Gott zu verehren. Seine Jünger hatten Christus jedoch zum Gegenstand der Gottesverehrung gemacht und damit die dem einen höchsten Gott gebührende Ehre geschmälert. Der zweite und dritte Teil des Buches erörtern Unstimmigkeiten und Widersprüche zwischen den vier Evangelien, insbesondere jene Stellen bei Matthäus, die bei Markus, Lukas und Johannes Parallelen haben. Im vierten Teil erörtert Augustinus Texte aus den Evangelien von Markus, Lukas und Johannes, die im Matthäusevangelium keine Parallelen haben.

Augustinus hatte das Buch geschrieben, weil gewisse Leute die Autoren der Evangelien „mit Verleumdungen" angegriffen und „die Glaubwürdigkeit ihres Berichts" in Frage gestellt hatten (*De consensu Evangelistarum* 1.10). Ihr Haupteinwand war, daß die Evangelisten „nicht miteinander übereinstimmten". Augustinus wollte zeigen, daß die Verfasser der Evangelien ihr Christusbild „auf die zuverlässigsten Kenntnisse und die glaubenswürdigsten Zeugnisse gründeten" (*De cons.* 1.1.). Nach seiner Meinung waren die zwei Evangelisten Matthäus und Johannes Augenzeugen; und die beiden anderen, Markus und Lukas, erhielten ihre Kenntnisse durch die „glaubenswürdigen" Berichte jener.

Im ersten Teil des Buches *Über die Übereinstimmung der Evangelisten* erwähnt Augustinus mehrmals den Porphyrios; er deutet an, daß er die Quelle derartiger Kritik der Evangelien war. Einer der Gründe dafür, sagt Augustinus, daß die heidnischen Kritiker die Evangelien untersuchten, sei es, zu zeigen, daß die Jünger die Geschichten über Jesus erfunden hätten und für ihren Herrn mehr in Anspruch nahmen, als er in Wirklichkeit war; ja sie nannten ihn sogar den Sohn Gottes und das Wort Gottes, durch das alle Dinge erschaffen wurden; und sie behaupteten, daß er und Gott eins seien. Und in gleicher Weise tun sie [die heidnischen Kritiker] alle sonstigen Stellen dieser Art in den Apostelbriefen ab, im Lichte derer wir gelehrt worden sind, daß er als der eine Gott mit dem Vater verehrt werden soll. Denn sie sind der Meinung, daß er gewiß als der weiseste der Menschen verehrt werden sollte; sie bestreiten jedoch, daß er als Gott verehrt werden soll (*De cons.* 1.11). Diese Bemerkungen scheinen den Porphyrios zu beschreiben.

Ein Großteil des Buches *Über die Übereinstimmung der Evangelisten* befaßt sich mit offensichtlichen Unstimmigkeiten in den Evangelien. Augustinus erörtert die scheinbaren Widersprüche zwischen der genealogischen Liste bei Matthäus und der bei Lukas, die Verschiedenheit des Berichts über die Kindheit Christi in diesen beiden Evangelien, die Abweichungen im Bericht über die Taufe Jesu (Matthäus allein berichtet von einem Gespräch zwischen Jesus und Johannes dem Täufer), die Unterschiede in den verschiedenen Berichten über das Abendmahl, die Tatsache, daß Matthäus (27,3—10) eine Stelle aus Jeremia zitiert, die tatsächlich aus dem Buch Sacharja stammt, die Diskrepanz in den Berichten über den Tod Jesu (ob er in der dritten oder der sechsten Stunde gestorben ist), die verschiedenen Äußerungen Jesu am Kreuz und vieles andere.

Es ist fraglich, ob alles, was man in Augustinus' *Über die Übereinstimmung der Evangelisten* findet, aus Porphyrios' Werk *Gegen die Christen* stammt; aber der allgemeine Ansatz hat eine Ähnlichkeit mit dem, was wir bei anderen Autoren über Porphyrios erfahren. Hieronymus sagte zum Beispiel, daß Porphyrios (zusammen mit Celsus und Julian) die Evangelisten der Falschheit beschuldigt hätte (Hieronymus, *Ep.* 57 *ad Pammach.* 9). An einer anderen Stelle berichtet Hieronymus, daß Porphyrios glaubte, die Jünger wären bei der Behandlung historischer Fragen unerfahren und sogar der jüdischen Heiligen Schrift unkundig. Porphyrios bemerkte, daß das Markusevangelium einen Vers aus Maleachi zitiert und ihn Jesaja zuschreibt (Mk 1,2 *Frag.* 9). An einer anderen Stelle (Mt 13,35) wies Porphyrios darauf hin, daß Matthäus eine Stelle Jesaja zuschreibt, die tatsächlich aus Psalm 77 stammt (*Frag.* 10). Anderswo kritisiert er die Genealogie bei Matthäus und die Verschiedenheiten zwischen den Kindheitserzählungen bei Matthäus und bei Lukas (*Frag.* 11).

Auch wenn diese Art literarischer und historischer Kritik einen großen Teil von Porphyrios' Analyse der christlichen Heiligen Schrift umfaßt haben muß, scheint es wahrscheinlich, daß er sich auch mit Widersprüchen und Unvereinbarkeiten anderer Art befaßte und daß er sogar das Verhalten und den Charakter der Jünger Jesu erörtert haben könnte. Porphyrios erwähnt Stellen im Neuen Testament, die Streit zwischen den Jüngern beschreiben oder wo diese albern erscheinen. Ein Beispiel dafür ist der in den Anfangskapiteln des

Galaterbriefs dargestellte Streit zwischen Paulus und Petrus. Als es zwischen Paulus und Petrus über die Sache der Beschneidung eine Meinungsverschiedenheit gab, war Paulus nach seinen eigenen Worten dem Petrus „Auge in Auge entgegengetreten". Porphyrios nimmt dieses Vorkommnis als Beweis dafür, daß Petrus im Unrecht war (*Frag.* 21b). Das unterstützte die Meinung, daß die Apostel, denen von seiten der Christen ehrfurchtgebietende Gewalt beigemessen wurde, keine zuverlässigen Menschen waren. Dieses Vorkommnis zeigte auch die „Unverschämtheit" des Paulus, weil er behauptete, eine besondere Offenbarung von Gott empfangen zu haben (Gal 1,16); er brüstete sich damit, daß er sich nicht erst „an Fleisch und Blut" zu wenden brauchte, um zu erfahren, was er zu lehren hätte. All das zeigt nach Porphyrios, daß die Jünger über die Lehre nicht einig waren und daß es von Anfang an in der Kirche Streit und Zwietracht gab. Dieses Bild vom Streit zwischen Paulus und Petrus muß die Christen sehr beunruhigt haben, da Hieronymus es ausführlich und an mehreren Stellen erörtert hat.

Im Buch des Porphyrios gab es ohne Zweifel noch viel mehr derartige Kritiken und Aufdeckungen von Widersprüchen in den Schriften des Paulus; doch leider gibt es sonst wenig, was wir mit Sicherheit dem Porphyrios zuschreiben können. Das Werk *Apocriticus* von *Macarius Magnes* zählt viele andere Kritiken, insbesondere an Paulus auf, dessen jähzornige Ausbrüche und paradoxe Sprache, Ungereimtheit und Unvernunft einem Mann wie Porphyrios anstößig waren. Es gibt jedoch keinen einwandfreien Beleg dafür, daß diese Kritiken tatsächlich von ihm stammen.

Auf der Grundlage der dürftigen Kenntnisse über die Angriffe von Porphyrios gegen das Christentum, die wir haben, wird doch klar, daß er sich für die christliche und die jüdische Heilige Schrift besonders interessierte und daß er darin besonders geschickt war, literarische und historische Kritik der Bibel zu bieten. Wie wir in einem früheren Kapitel sahen, hatte auch *Celsus* den Bibeltext kritisiert; doch er kannte die Heilige Schrift nicht so gut, und er war auch nicht ein so erfahrener literarischer Kritiker wie Porphyrios. Porphyrios hatte auch den Vorteil, Origenes' Exegese zu kennen, was ihm geholfen hat, zu erkennen, wo die Probleme lagen.

Es ist wichtig für ein Verständnis der heidnischen Kritik des Christentums im Altertum, wie auch der Entwicklung der christlichen Apologetik, daß man sieht, daß die literarische und historische Kritik der Heiligen Schrift bei dem Streit zwischen dem Hellenismus und dem Christentum eine Rolle gespielt hat.¹² Die Kernfrage, wie sie Porphyrios darstellte und Augustinus bei seiner Verteidigung der Heiligen Schrift wiederholte, war immer, ob die Evangelien einen zuverlässigen Bericht über die Geschichte Jesu lieferten. Heidnische Kritiker waren sich darüber klar, daß die christlichen Behauptungen über Jesus nicht einfach auf den nicht untersuchten Erklärungen von Christen beruhen konnten – ob diese Erklärungen nun von den ersten Jüngern stammten oder von denen, die zu einer späteren Zeit den früheren Texten Autorität beigemessen haben. Wenn die Christen Behauptungen über die Person und das Werk Jesu aufstellten, so konnten diese nicht auf dem Glauben oder der Erinnerung und dem Selbstverständnis der Gemeinde selbst beruhen; sie mußten vielmehr mit denselben Kriterien bewiesen werden, die man bei der Feststellung der Zuverlässigkeit jedes anderen Dokuments oder des historischen Charakters jedes Ereignisses benutzt. Die Frage von Glauben und Geschichte, die seit der Aufklärung einen bedeutenden Teil der modernen theologischen Diskussion bildet, spielte auch in der alten Welt bei der Auseinandersetzung zwischen Heiden und Christen eine wichtige Rolle.

Philosophie aus Orakeln

Wäre das, was wir bisher erörtert haben, der ganze Angriff des Porphyrios gegen das Christentum, dann könnte man sich nur schwer vorstellen, warum sein Werk von den Christen so gefürchtet war. Das ist der Schluß, zu dem ein moderner Autor über Porphyrios' *Gegen die Christen* gekommen ist. „Daß noch im Jahre 448 seine Verbrennung für notwendig gehalten wurde, zeugt eindeutig von seiner Macht über die Gemüter der Menschen. Und doch, wenn wir die zweifellos echten Fragmente betrachten, fällt es schwer zu begreifen, warum eine solche Angst vorhanden war, wenn sie tatsächlich für das Ganze kennzeichnend sind."¹³ Porphyrios' Deutung der christlichen Bewegung beinhaltete jedoch viel mehr als das, was die wenigen noch vorhandenen Fragmente des Werkes *Gegen die Christen* liefern. Man hat Porphyrios gefürchtet, weil er noch ein anderes Buch *Philosophie aus Orakeln* schrieb. Und dieses Werk bot eine grundlegende Kritik des Christentums. Darin gab Porphyrios einen positiven Bericht über die herkömmlichen Religionen der griechisch-römischen Welt; er verteidigte sie und versuchte, innerhalb dieses Schemas einen Platz für die neue, von Jesus von Nazareth gegründete Religion zu finden.

Porphyrios' *Philosophie aus Orakeln* war ein Buch, das sich mit der Götterverehrung befaßte. Um seinen Ansatz richtig zu verstehen, ist es notwendig, einiges darüber zu sagen, wie sich die Menschen zu jener Zeit die Götter vorstellten und wie sie die Beziehung zwischen den vielen Göttern und dem einen, höchsten, über alles herrschenden Gott verstanden. Wir neigen dazu, uns Gott als einen einzigen, alleinigen, die Kategorie des Göttlichen ausschöpfenden höchsten Gott vorzustellen. Für die Alten gab es jedoch viele Formen der Gottheit. Wie im vorigen Kapitel schon erwähnt wurde, glaubten Intellektuelle wie Porphyrios und Celsus, obwohl es nur einen höchsten Gott gab, daß die Menschen auch weiterhin an niedrigere Götter glauben konnten. Der Ausdruck *göttlich* kennzeichnete eine Wesenskategorie, die von dem einen höchsten Gott hinunter durch die Olympier, die sichtbaren Götter (die Sterne), die Dämonen und schließlich bis zu den Helden oder den vergötterten Menschen reichte. Der höchste Gott herrschte über eine Göttergesellschaft.

Jedes göttliche Wesen fordert eine andere Verehrungsform. Für den einen höchsten Gott wurde nur religiöse Verehrung mit dem Herzen und dem Geist als angemessen betrachtet. Hingegen ist es für die übrigen Götter angebracht, Opfergaben zu bringen. „Vor langer Zeit", sagt Porphyrios, „weihten die Menschen den Olympiern Tempel, Heiligtümer und Altäre, den irdischen Gottheiten und Helden Hausopfer, den Göttern der Unterwelt heilige Höhlen und Gruben ... und dem Weltall weihten sie Höhlen und Grotten" *(De Antro Nympharum 6)*. In seinem Werk *Über die Enthaltsamkeit von Tierfleisch*, in dem Porphyrios die vegetarische Lebensweise verteidigt, skizziert er die den verschiedenen Gottheiten angemessenen Verehrungsarten: „Der erste Gott ist unkörperlich, unbeweglich und unsichtbar, er bedarf nichts außerhalb seiner selbst. Folglich opfert man diesem Gott, der über allen Dingen steht, weder Weihrauch, noch weiht man ihm Wahrnehmbares ... Und weder mündliche noch innere Sprache ist an den höchsten Gott anwendbar ... Sondern wir sollten ihn im tiefen Schweigen mit reiner Seele und mit reinen Vorstellungen verehren" *(Abst. 2.37,34)*. „Seiner Nachkommenschaft jedoch sollen mündlich vorgetragene Hymnen dargebracht werden." Anderen Göttern, wie den Sternen, sind leblose Opfergaben angemessen; für niedrigere Götter sollen religiöse Feiern gehalten und andere Opfer dargebracht werden. Die Dämonen zum Beispiel haben den Geruch von brennendem Fleisch gern *(Abst.* 2.42).

Die verschiedenen Kategorien der göttlichen Wesen stehen nicht fest. Manchen Gottheiten ist es möglich, in der Hierarchie der Götter auf- oder abzusteigen. Dies zeigt sich besonders im Falle der Helden; sie waren einmal hervorragende Menschen, die im Laufe der Zeit auf Grund ihrer Lebensart oder der von ihnen vollbrachten wunderbaren Dinge in den göttlichen Stand emporgehoben wurden. Im Kapitel über Celsus habe ich eine Stelle aus *Plutarch* zitiert, die diesen Punkt veranschaulicht. Vielleicht hilft es, sie zu wiederholen. Er sagt, daß einige Helden „von Menschen zu Helden und von Helden zu Dämonen aufwärts getragen werden ... Aber von den Dämonen kommen nach langer Zeit noch einige wenige Seelen wegen höchster Vorzüglichkeit dazu, nach ihrer Läuterung an göttlichen Eigenschaften ganz teilzuhaben" *(De def. or.* 415c).

Porphyrios' *Philosophie aus Orakeln* unterschied sich darin von seinen sonstigen theologischen Werken, daß es aus Orakeln schöpfte, die unter den Griechen und anderen alten Völkern überliefert worden waren. Statt einfach philosophische Gründe für seinen Glauben zu bieten, suchte er seine Ansichten in alten heiligen Texten zu verwurzeln.

„Sicher also und feststehend ist jener, der die Hoffnung auf sein Seelenheil hieraus als aus der einzig sicheren Quelle schöpft; dem wirst du vorbehaltlos Kenntnisse erteilen. Denn ich selbst rufe die Götter als Zeugen an, daß ich dem Sinn der Orakel weder etwas hinzugefügt noch etwas weggenommen habe; außer wo ich einen falschen Ausdruck korrigierte oder etwas um der größeren Klarheit willen geändert habe, oder ein mangelhaftes Versmaß ergänzte, oder etwas strich, was zum Zweck nicht paßte; so daß ich den Sinn dessen, was gesprochen wurde, unberührt bewahrte, um mich eher vor der Gottlosigkeit solcher Änderungen als vor der rächenden Gerechtigkeit zu hüten, die auf den Frevel folgt. Und unsere jetzige Sammlung wird eine Liste von vielen philosophischen Lehren umfassen, je nachdem wie die Götter durch Orakel offenbarten, was die Wahrheit sei."[14] Indem er aus Orakeln schöpfte, suchte Porphyrios eine Verbindung herzustellen zwischen dem religiösen Glauben der Philosophen und dem Glauben der Menschen auf der Straße, die nicht über die Götter philosophierten, sondern sie zu Hause verehrten oder sich an öffentlichen Riten beteiligten.

Das Werk *Philosophie aus Orakeln* umfaßt drei Bücher; sein Aufbau, wie er aus den Fragmenten rekonstruiert werden kann, entspricht der oben skizzierten allgemeinen theologischen Anschauung. Das erste Buch behandelt die Götterverehrung im eigentlichen Sinne des Wortes; den einen höchsten Gott, die olympischen Gottheiten (Hera, Apollo, Hermes, Poseidon, Artemis), die Sterne und himmlische Wesen (die sichtbaren Götter); es erörtert die verschiedenen Gestalten, in denen die Gottheiten erscheinen, was für Opfer ihnen angemessen sind und was es heißt, vor ihnen fromm zu sein. Das zweite Buch befaßt sich mit den Dämonen, denen ebenfalls eigene Formen religiöser Feier und Ehre erwiesen werden. Im dritten Buch geht es um die Helden oder göttliche Menschen – zum Beispiel Gestalten wie Herakles, die Dioscuren, Orpheus, Pythagoras und so weiter. Porphyrios gab Jesus einen Platz im dritten Buch unter den Helden, als einem Menschen und einem Weisen, der nach seinem Tod in den göttlichen Stand erhoben worden war.

Um die Bedeutung der Behandlung Jesu durch Porphyrios zu verstehen, hilft es vielleicht, ganz kurz die geistige Tradition innerhalb des Christentums zu umreißen, auf die er erwiderte. Mehr als ein Jahrhundert schon seit der Zeit, als die Apologeten anfingen, den heidnischen Intellektuellen eine wohldurchdachte und philosophische Darlegung des Christentums zu bieten, hatten christliche Denker behauptet, daß sie denselben Gott verehrten wie die Griechen und Römer; mit anderen Worten dieselbe von anderen vernünftigen Menschen verehrte Gottheit. In der Tat eigneten sie sich die gleiche Sprache an wie die heidnischen Intellektuellen, um Gott zu beschreiben. Der christliche Apologet *Theophilus* von Antiochien beschreibt Gott als „unaussprechlich... unsagbar... unvergleichbar... unvermittelbar... unveränderlich... unfaßbar... ohne Anfang, weil er unerschaffen ist, unveränderlich, weil er unsterblich ist" *(Ad Autol.* 1.3–4). Diese Auffassung, daß Gott ein immaterielles, zeitloses und leidensunfähiges Wesen sei, das nur durch den Geist erkannt wird, wurde ein Hauptgedanke der christlichen Apologetik. Er diente dazu, eine entscheidende Verbindung mit der griechischen religiösen und geistigen Überlieferung herzustellen. Noch im 5. Jahrhundert, im Buch *Der Gottesstaat* des Augustinus und in der Apologetik des *Theodoret* von Zypern *(Das Heilen der griechischen Krankheiten)* argumentierten die Apologeten, daß Christen und Heiden das gleiche höchste Wesen verehrten. Die Strategie des Porphyrios war es nun, die Verbindung zwischen dem Christentum und dem Hellenismus zu lösen, indem er zeigte, daß die Christen die Verehrung dieses höchsten Gottes zugunsten der Verehrung Christi aufgegeben hätten. Den Kern seines Arguments kann man aus einer Reihe von Zitaten in Augustinus' *Gottesstaat* schließen. In seinem Werk verteidigt Augustinus immer wieder die Verehrung des einen wahren Gottes; und im Buch 19 zitiert er Porphyrios als eine Unterstützung seines Arguments. Als Antwort auf die Frage: „Wer ist der Gott, den ihr verehrt?", sagt Augustinus: Der Gott, den wir verehren, „ist der Gott, den der Gelehrteste unter den Philosophen, obwohl der erbittertste Feind der Christen, Porphyrios, als den großen Gott sogar auf Grund der Aussprüche derer bekennt, die er für Götter hält. In seinem Buch nämlich, das er *Philosophie aus Orakeln* betitelt, worin er angebliche Götteraussprüche über philosophische Dinge anführt und zusammenstellt, sagt Porphyrios..." *(Civ. Dei* 19.22–23). Augustinus fährt dann fort, mehrere Orakel aus dem Werk *Philosophie aus Orakeln* zu zitieren, in denen die Juden wegen ihres Glaubens an den einen Gott gelobt, die Christen jedoch getadelt werden. Als Beispiel für ein derartiges Orakel erwähnt Augustinus eines von Apollo, das von Porphyrios angeführt wurde: „Auf Gott aber, den Erzeuger, den König über alles, vor dem Himmel und Erde erzittern und das Meer und der Unterwelt Tiefen und selbst die Götter erschaudern; deren Gesetz ist der Vater, den die heiligen Hebräer gar sehr in Ehren halten."

Dann zitiert Augustinus eine andere Stelle aus der *Philosophie aus Orakeln,* wo Porphyrios Jesus lobt: „Gewiß recht unerwartet wird manchem kommen, was wir nun mitzuteilen haben. Christus haben die Götter für sehr fromm und für unsterblich geworden erklärt und seiner rühmlich gedacht; die Christen dagegen gelten ihnen als befleckt und besudelt und in Irrtum verfallen; und noch viele derartige verunglimpfende Worte wenden sie auf sie an." Als Bestätigung zitiert Porphyrios ein Orakel der Göttin Hekate: Auf die Anfrage über Christus, ob er Gott sei, erwiderte Hekate: „Daß die unsterbliche Seele ihren Wandel nicht mit dem des Leibes beschließt, weißt du ja; aber von der Weisheit losgelöst, geht sie immer irre. Jene Seele gehört einem Mann von ganz hervorragender Frömmigkeit [d. h. Jesus]; seinen Verehrern ist die Wahrheit fremd!"

Diese gewiß dunklen Orakel sollten zeigen, daß echt religiöse Menschen den einen höchsten Gott verehrten, den „großen Gott", der über allem ist, der Anfang und die Quelle aller Dinge, ein immaterielles und unveränderliches Wesen, und daß Jesus zu den frommen Menschen gehörte, die diesen einen Gott verehrten. Porphyrios zitiert ein Orakel von Hekate, das Jesus als einen „sehr frommen Menschen" beschreibt. Er zitiert ein anderes, das sagte: „Die Weisen der Hebräer (deren einer auch der bekannte Jesus war, wie du aus den oben angeführten göttlichen Aussprüchen Apollos vernommen hast) warnten religiöse Menschen vor diesen ganz schlechten Dämonen und niedrigen Geistern; und den Gottesfürchtigen wurde verboten, sich mit ihnen abzugeben; vielmehr muß man die himmlischen Götter verehren, vor allem aber Gott den Vater. Aber das schreiben auch die Götter vor; und wir haben oben dargetan, wie sie uns auffordern, unseren Geist Gott zuzuwenden und ihn zu verehren überall..." *(Civ. Dei* 19.23).

Zusammengefaßt lautet das Argument des Porphyrios folgendermaßen: Es gibt einen Gott, den alle Menschen verehren. Jesus verehrte wie andere fromme Menschen diesen Gott und lehrte andere, ihn zu verehren. Durch seine Lehre lenkte Jesus die Aufmerksamkeit der Menschen auf den einen Gott. Aber seine Jünger sind in einen Irrtum verfallen und haben die Menschen gelehrt, Jesus zu verehren. „Einen sehr frommen Mann also nannte Hekate ihn [Jesus]; und seine Seele sei, wie die anderer Frommer auch, nach dem Tode der Unsterblichkeit gewürdigt worden; und diese verehrten die Christen aus Unverstand" *(Civ. Dei* 19.23).

Schon in diesem Kapitel habe ich Augustinus' Werk *Über die Übereinstimmung der Evangelisten* als Quelle für Porphyrios' Kritik an den Evangelien erörtert. Dieses Werk enthält ebenfalls Zitate von Porphyrios, die sich mit Jesus und der Verehrung des einen Gottes befassen. Einige Heiden, sagte Augustinus, haben Jesus deswegen kritisiert, weil er keine Bücher schrieb und durch die Anwendung der Magie seinen Ruhm verbreitete. Andere jedoch messen Jesus „höhere Weisheit" *(sapientia)* bei, doch „nur als Menschen". Sie sagen, seine Jünger seien dafür verantwortlich, die Menschen zu lehren, daß er der Sohn Gottes sei, und die Auffassung zu verkünden, er sei derjenige, durch den alle Dinge erschaffen sind (Joh 1,1). Diese Kritiker des Christentums glauben, daß Jesus „als ein großer Weiser geehrt werden soll, aber sie bestreiten, daß er als Gott verehrt werden sollte" *(De cons.* 1.7.11). Warum die Heiden Christus ehren sollten, kann man bei einigen ihrer Philosophen sehen – zum Beispiel bei Porphyrios –, die „bei ihren Göttern anfragen, um herauszufinden, was sie über Christus antworten sollten, und die durch die eigenen Orakel aufgefordert werden, ihn zu preisen" *(De Cons.* 1.15.23).

Dieselben heidnischen Philosophen, fährt Augustinus fort, kritisieren die Jünger Jesu, weil sie die Lehre Jesu aufgaben, von der herkömmlichen Götterverehrung abfielen, für die Zerstörung der Tempel, für das Beenden der Tieropfer und für das Zertrümmern der Götzenbilder eintraten. Jesus könne man daraus keinen Vorwurf machen, daß die Christen sich weigern, die Götter zu verehren, denn die Jünger hätten etwas anderes gelehrt als das, was er lehrte *(De cons.* 1.16.24). Sie hätten eine umstürzlerische Bewegung angefangen, deren Lehre im Gegensatz zu dem stand, was sie von Christus gelernt hätten; das Christentum, wie es seitdem bekannt und praktiziert werde, sei nicht die Religion, die Jesus einführte, sondern ein neues von seinen Jüngern eingesetztes Glaubenssystem. Die neue Religion stellt Jesus in den Mittelpunkt, während die Religion Jesu den allerhöchsten Gott zum Mittelpunkt hatte. Des Porphyrios Kritik klingt merkwürdig modern.

Nach den Schriften von Augustinus umfaßte Porphyrios' Erörterung des Christentums in dem Werk *Philosophie aus Orakeln* folgendes: a) Das Lob auf Jesus als einen guten und frommen Menschen, der zu den anderen Weisen oder göttlichen Menschen gerechnet wird; ähnlich wie Pythagoras oder Herakles, die von den Griechen und Römern verehrt wurden; b) die Kritik an den Jüngern und an denen, die der Jünger Lehre befolgen, weil sie Jesus falsch darstellen und eine neue Verehrungsform einführten; c) die Verteidigung der Verehrung des einen höchsten Gottes; d) das Lob auf die Juden dafür, daß sie diesen einen Gott verehrten.

Neben Augustinus geben uns zwei andere lateinische Apologeten, *Arnobius* und *Lactantius*, die beide Anfang des 4. Jahrhunderts schrieben (d. h. kurze Zeit nach Porphyrios), weitere Informationen über Porphyrios' Behandlung des Christentums in *Philosophie aus Orakeln*. In seinem im Jahre 311 n. Chr. verfaßten Werk *Adversus Nationes* sagt *Arnobius*, daß er nicht verstehen kann, warum die Heiden die Christen angreifen und die Götter ihnen feindselig gesinnt sind. „Wir haben", schreibt er, „eine mit euch gemeinsame Religion und verehren gemeinsam mit euch den einen wahren Gott. Worauf die Heiden erwidern: ‚Die Götter sind euch feindselig gesinnt, weil ihr behauptet, daß ein von einem menschlichen Wesen Geborener Gott sei, und weil ihr glaubt, daß er immer noch existiert und weil ihr ihn verehrt in den täglichen Gebeten'" *(Adv. Nat. 1.36)*.

Arnobius erwähnt Porphyrios nicht beim Namen, aber sein Werk *Adversus Nationes* hatte Porphyrios bestimmt im Sinne,[15] denn die von ihm angegriffenen Ansichten sind genau die gleichen wie die von Augustinus beschriebenen. Die Christen werden so dargestellt, daß sie den gleichen Gott wie die Heiden verehren; sie unterscheiden sich nur bei ihrer Auffassung über Jesus. Diese Verehrung, die den christlichen Glauben und die christliche Praxis kennzeichnet, hat die Christen dazu geführt, die herkömmliche Gottesverehrung aufzugeben. „Ihr [d. h. Porphyrios] beschuldigt uns, die Religion früherer Zeiten aufgegeben zu haben" *(Adv. Nat. 2.67)*.

Der andere lateinische Apologet *Lactantius,* der ungefähr zehn Jahre vor Arnobius geschrieben hat, scheint ebenfalls *Philosophie aus Orakeln* im Sinne gehabt zu haben, als er im Jahre 303 sein Werk *Göttliche Institutionen* schrieb. Lactantius erwähnt einen „Priester der Philosophie", der in der Hauptstadt lebte und der ein Werk in drei Büchern gegen die Christen schrieb. In *Göttliche Institutionen* zitiert Lactantius einen Teil desselben Orakels von Apollo, das Augustinus im *Gottesstaat* anführt. Dieses Orakel, sagt Lactantius, spricht die Wahrheit, wenn es Jesus wegen dessen Weisheit und Wunderwerken lobt; doch es irrt sich, „wenn es bestreitet, daß er Gott war". Denn wenn „Jesus weise ist, dann ist sein Lehrsystem weise; und die sind weise, die es befolgen. Warum hält man uns für töricht, phantastisch, unvernünftig, die wir einem Meister folgen, der sogar nach dem Spruch der Götter selbst ein Weiser ist?" *(Gött. Inst. 4.13)* Die Heiden werfen uns das Leiden Jesu vor, denn sie sagen, daß „wir einen Mann verehren, der von einer grausamen Strafe heimgesucht und gequält wurde" *(Göttl. Inst. 4.16)*. Ohne Porphyrios mit Namen zu erwähnen, scheint *Lactantius* die Hauptargumente seines Werkes *Philosophie aus Orakeln* zusammenzufassen. Die gleichen Leitgedanken erscheinen auch hier wie bei dem von Augustinus gebrachten Zitat: das Lob auf Jesus als eines Weisen und die Kritik seiner Anhänger ob ihrer Torheit, ihn als Gott zu verehren.

Eusebius, der Kirchenhistoriker, der auch Anfang des 4. Jahrhunderts kurz nach dem Tod Porphyrios' schrieb, hatte ebenfalls das Werk *Philosophie aus Orakeln* sorgfältig untersucht. In seinem Werk *Praeparatio Evangelii,* eine sehr umfangreiche Verteidigung des Christentums, zitierte er an fast hundert Stellen die Schriften des

Porphyrios. Der einzige Autor, der öfter als Porphyrios zitiert wurde, ist Plato. Einer der Hauptzwecke der *Praeparatio Evangelii* war es, den heidnischen Kritikern des Christentums zu beweisen, daß der Abfall des Christentums („unser Abfall", sagt Eusebius) von der herkömmlichen Religion „begründet" sei (Buch 2, Vorwort). In einem langen Passus im ersten Buch des Werkes *Praeparatio Evangelii* faßt Eusebius das Argument gegen die Christen zusammen. Dieser Passus soll angeblich von Porphyrios stammen, der nicht namentlich genannt, aber als „einer der Griechen" identifiziert wird. Nach der Darstellung des *Eusebius* schrieb Porphyrios:

„Wie müssen die Menschen nicht in jeder Weise gottlos und atheistisch sein, die von den Bräuchen unserer Väter abgefallen sind, durch die jedes Volk und jede Stadt erhalten wird? Was kann man Gutes von denjenigen vernünftigerweise erhoffen, die als Feinde und Kämpfer gegen ihre Wohltäter dastehen? Was sind sie anderes als Kämpfer gegen Gott? Welcher Art Verzeihung werden sie wert sein, die sich von jenen abgewendet haben, die seit den frühesten Zeiten von allen Griechen und Barbaren als Götter anerkannt werden, sowohl in den Städten als auf dem Lande, mit jeder Art von Opfern, Mysterien und Einweihungen durch Könige, Gesetzgeber und Philosophen, die also das gewählt haben, was unter den Menschen gottlos und atheistisch ist...? Sie sind dem von den Juden verehrten Gott nicht treu geblieben..., sondern sie haben für sich einen neuen Weg eingeschlagen..." *(Praep. Evang.* 1.2.1–4).

Auch wenn das Argument an dieser Stelle dem ähnlich ist, was von Augustinus und den lateinischen Apologeten berichtet wird, so wird doch der Abfall von der herkömmlichen Religion viel stärker unterstrichen. Aus diesem Passus geht klar hervor, daß die Schriften des Porphyrios als eine religiöse Verteidigung der Christenverfolgung hätten benutzt werden können. Denn dieses Fragment bringt die Anklage gegen die Christen in Zusammenhang mit der öffentlichen Frömmigkeit, die für die Erhaltung der Städte und des Reiches notwendig war. In einer klugen Form hat Porphyrios die gleichen Argumente wiedergegeben, die im 2. Jahrhundert schon vorhanden waren, als man das Christentum einen „Aberglauben" nannte.

Die Religion des Kaisers

Porphyrios' Worte über das Christentum sind keine bloß müßigen Betrachtungen eines einzelnen Philosophen. Ähnliche Einstellungen wurden durch kaiserliche Beamte geteilt, wie aus mehreren amtlichen Dokumenten aus der Regierungszeit des Maximin Daia (310–313 n. Chr.), eines der letzten Verfolger der Christen, ersichtlich ist. Von allen die Christen verfolgenden römischen Kaisern war Maximin am stärksten religiös motiviert.[16] Alles, was wir über sein Leben und seine kurze Regierungszeit wissen, deutet darauf hin, daß er die öffentliche Frömmigkeit des Römischen Reiches sehr ernst nahm. Zum Glück besitzen wir eine Abschrift einer durch eine Anzahl kleinasiatischer Städte an den Kaiser adressierten Bittschriften sowie die Antwort des Kaisers auf eine Bittschrift der Stadt Tyrus. Sowohl die Bittschrift als auch die Antwort spiegeln die Ansichten Maximins wieder, da der Kaiser wahrscheinlich den ersten Anstoß zu den Bittschriften gegeben hat. Die Bittschrift von Lycia und Pamphylia (Provinzen im Südwesten von Kleinasien) wurde im Jahre 1892 im Dorf Aruf (das alte Arykanda in Lycia) auf einer Stele aus Marmor entdeckt; sie befindet sich heute im Nationalmuseum von Istanbul. Ein Teil lautet: „An die Herren jeder Nation und jedes Volkes, die Kaiser und Cäsaren Galerius Valerius Maximinus und Valerius Licinianus Licinius, von der Nation Lycien und Pamphylien, ein Gesuch und eine demütige Bitte. Da die Götter, eure Verwandten, allen ihre Menschenliebe erwiesen haben, göttlichste Könige, die sich im Interesse der ewigen Sicherheit eurer selbst um ihre Verehrung bemühen, sind wir der Meinung, daß es richtig wäre, zu eurer ewigen Majestät Zuflucht zu nehmen und die Bitte vorzubringen, daß die Christen, die schon lange an einem Wahnsinn leiden und die jetzt noch die gleiche Krankheit aufrechterhalten, endlich gezwungen werden, damit aufzuhören, mit einem unheilanzeigenden neuen Kult bei den Göttern Anstoß zu erregen."

In seiner Antwort auf diese Bittschrift hat der Kaiser anerkannt, daß die Welt „durch die wohlwollende Vorsehung der unsterblichen Götter gelenkt und aufrechterhalten wird"; er dankte der Stadt für die Bitte, die zeigt, „welche Beachtung und Verehrung *(theosebeia)* ihr gegen die unsterblichen Götter hegt". Er beschreibt die Christen als diejenigen, „die bei dieser verfluchten Torheit beharren"; er ermutigt die Bürger, „Jupiter, den besten und mächtigsten, den Hüter eurer glorreichen Stadt", zu verehren. Diejenigen, die bei der Torheit beharren, die herkömmliche Götterverehrung zu meiden, sollen „aus eurer Stadt vertrieben werden..., damit diese von jeder Befleckung und Gottlosigkeit *(asebeia)* gereinigt und im Streben nach ihrem festen Ziel sich mit gebührender Ehrfurcht der ordentlichen Verehrung der unsterblichen Götter hingeben". Zum Schluß bringt Maximin noch einmal den Wunsch zum Ausdruck, daß die Bürger von Tyrus weiterhin „ihre Frömmigkeit gegen die unsterblichen Götter" unter Beweis stellen mögen (Eusebius, *Hist. Eccl.* 9.7.3–15).

Die Sprache des kaiserlichen Reskriptes zeigt eine bemerkenswerte Ähnlichkeit mit der Gesinnung in Porphyrios' *Philosophie aus Orakeln.* Schon Anfang des 4. Jahrhunderts war die amtliche Erwiderung auf das Christentum von seiten des Kaisers und die Einstellung einiger Intellektuellen die gleiche. Innerhalb des Lebens des Reiches war das Christentum nunmehr eine beträchtliche Macht geworden. Seine Mitgliederzahl hatte sich bedeutend vermehrt, und seine Führer waren gebildet und einflußreich. Und doch blieben die Christen im Denken, wenn auch nicht immer im Handeln, ein Volk für sich. Sie beteiligten sich wenig am öffentlichen Leben der Gesellschaft; durch ihre Festlegung auf Jesus haben sie die religiösen Grundlagen der Städte zerstört, in denen sie wohnten.

Porphyrios hat seine große Herausforderung an die Christen verfaßt, als die Kaiser noch einmal versuchten, durch Verfolgung das Fortschreiten der christlichen Bewegung aufzuhalten. Im Mittelpunkt der Auseinandersetzung zwischen Heiden und Christen stand das, was Eusebius „politische Theologie" nannte, das ist der religiöse und theologische Glaube, der wesentlich zum Leben eines Volkes oder einer Stadt gehört. „Die Heiden bringen diese Anklage gegen uns vor", schreibt *Eusebius,* „daß wir die Götter der Städte nicht verehren; wir sollen der größten Gottlosigkeit schuldig sein, indem wir solche offenkundige und wohlwollende Mächte nicht berücksichtigen, sondern öffentlich die Gesetze übertreten, die verlangen, daß jeder die herkömmlichen Bräuche ehren und das nicht stören soll, was heilig ist; sie sagen, daß wir dem Beispiel der Frömmigkeit *(eusebeia)* der Vorfahren nicht folgen und aus einer Neuerungssucht lästig sind. Unsere Gegner", schließt Eusebius, „glauben, daß die Todesstrafe für eine solche Gesetzesverletzung angemessen sei" (*Praep. Evang.* 4.1.3).

Obwohl Porphyrios' *Philosophie aus Orakeln* eine philosophische Abhandlung zur Verteidigung der herkömmlichen Religion war, kann sie sehr wohl den Nebenzweck gehabt haben, eine logische Grundlage für die Christenverfolgung zu schaffen; denn sie wiederholte die alte Anklage, daß die Christen sich durch eine neue, der Verehrung Jesu gewidmete Religion von der Verehrung des einen höchsten Gottes abwandten, obwohl sie diese Verehrung mit anderen zu teilen beanspruchten, und daß sie damit die herkömmliche Frömmigkeit aushöhlten. Die Kaiser, die für die Überwachung und den Schutz der herkömmlichen Götterverehrung verantwortlich waren, und der Philosoph Porphyrios, der es zu seiner Aufgabe machte, diese Religion zu verteidigen, handelten also im Einvernehmen. Porphyrios wurde zum Theoretiker für die Ideen, die den Handlungen der römischen Beamten (angefangen mit Plinius zu Beginn des 2. Jahrhunderts) zugrunde lagen.

Jesus kein Magier

Ehe wir nun diesen Abschnitt über Porphyrios' *Philosophie aus Orakeln* abschließen, gibt es einen letzten Punkt, der noch erörtert werden muß. Wie wir im vorigen Kapitel gesehen haben, war eine der gegen Jesus vorgebrachten Anklagen die, daß er ein Magier gewesen sei und daß er durch Anwendung der magischen Künste seine Wunder gewirkt hätte. Zur Zeit, als Porphyrios schrieb, war diese Anklage unter den Heiden immer noch aktuell. *Eusebius* zum Beispiel schrieb eine kleine Abhandlung gegen einen gewissen Hierocles, der ein Buch verfaßt hatte, in dem er Jesus mit Apollonius von Tyana verglich, einem sehr bekannten Wundertäter, einem Weisen und einem Heiligen, der von vielen Griechen verehrt wurde. Hierocles argumentierte, daß Apollonius ein wahrer Weiser und Philosoph gewesen sei, wohingegen Jesus ein Magier und Zauberer sei *(Hierocl.* 1–2). *Arnobius* hat auch die Anklage erwähnt, daß Jesus ein Magier wäre, der von Beschwörungen, Zauberformeln und sonstigen magischen Künsten Gebrauch machte, um seine Wunder zu wirken *(Adv. Nat.* 1.43). *Lactantius* berichtete von einer ähnlichen Anklage *(Div. Inst.* 5.3); möglicherweise hatte er Hierocles im Sinne.

Porphyrios hat Jesus der Magie jedoch nicht beschuldigt. Statt dessen lobte er ihn als einen „Weisen"; er distanzierte sich von derartigen Kritiken, damit er Jesus in sein Bild der herkömmlichen Religion aufnehmen konnte. Die *Evangelische Demonstration,* auch ein umfangreiches apologetisches Werk, das Eusebius ungefähr gleichzeitig mit seiner *Praeparatio Evangelii* schrieb, erörtert die Anklage, daß

Jesus ein Magier sei. Um Jesus gegen diesen Angriff zu verteidigen, beruft sich Eusebius auf die „Orakel eurer [der heidnischen] Götter"; er zitiert ein Orakel, um zu zeigen, daß Jesus „kein Magier, sondern fromm und weise war und Zutritt zum himmlischen Reich hat". Welches Zeugnis könnte überzeugender sein, sagt er, „als die gegen uns gerichtete Schrift unseres Feindes, die er *Philosophie aus Orakeln* betitelte, wo er im dritten Buch wörtlich sagt: Was ich jetzt sage, mag vielleicht einige von euch überraschen, nämlich daß die Götter den Christus für in höchstem Maß fromm und unsterblich erklärt haben und daß sie seiner in einer lobenden Weise gedenken" *(Demon. 3.6.39–3.7.1)*. Dies ist die gleiche Stelle, die von Augustinus im *Gottesstaat* zitiert und von Lactantius in seinem Werk *Institutiones Divinae* zusammengefaßt wurde. Indem er sich auf die positive Bewertung Jesu durch Porphyrios stützte, benutzte *Eusebius* den Porphyrios, um Hierocles zu kritisieren; er spielte so den einen heidnischen Kritiker gegen den anderen aus. Porphyrios widerlegt diejenigen, die sagen, Jesus wäre ein Magier und Zauberer. Denn an Hand der Orakel zeigt dieser, daß Jesus „fromm und äußerst gerecht und weise war und im Himmelsgewölbe wohnhaft ist".

Die Christen fürchteten Porphyrios' *Philosophie aus Orakeln*, weil es das erste Werk war, das eine positive Wertung Jesu im Rahmen der heidnischen Religion bot. Gerade zu der Zeit, als Porphyrios sein Buch schrieb, waren christliche Theologen in einer großen Auseinandersetzung über den Rang Christi. Kurz danach brach der Streit um die Lehre des Arius aus; christliche Bischöfe wurden in eine Debatte von großer Tragweite verwickelt, ob Jesus völlig göttlicher Natur und dem einen höchsten Gott gleich sei. Es wäre übertrieben zu sagen, einige christliche Bischöfe hätten mit der Ansicht des Porphyrios über Christus übereingestimmt. Aber vielen von ihnen, darunter auch dem *Eusebius* von Caesarea, widerstrebte es, Jesus im gleichen Sinne als göttlich zu betrachten, wie Gott der Schöpfer göttlich war. In der Tat war gerade das die Zentralfrage, die über Generationen hin die christliche Welt spalten sollte: Sollte man Jesus als völlig göttlicher Natur und als dem einen höchsten Gott gleich betrachten? Oder war er ein niedrigerer Gott, der, auch wenn er eine intime Beziehung zu Gottvater teilte, trotzdem im zweiten Rang stand? Jesus unter die griechischen Helden zu stellen hieß für das heidnische Denken, ihm tatsächlich einen erhabenen Platz zu geben; denn damit wurde er dem Herakles oder dem Pythagoras gleichgestellt. Aber für jene Christen, die behaupteten, Jesus sei dem einen höchsten Gott gleich, war es eine peinliche Widerlegung ihrer Ansicht.

Ein nicht reflektierender Glaube

Wie ich schon in den vorigen Abschnitten angedeutet habe, bin ich der Meinung, daß Porphyrios' *Philosophie aus Orakeln* seine bedeutendste Kritik der christlichen Bewegung darlegt. Vor Abschluß dieses Kapitels jedoch sollten einige Worte über andere Argumente des Porphyrios gegen das Christentum gesagt werden. Denn sie helfen uns zu sehen, wie gründlich er die neue Religion analysiert hat; und sie zeigen auch, daß einige der früher hauptsächlich durch Celsus, aber auch durch Galenus gebrachten Kritiken späteren heidnischen Kritikern immer weiter als Quellen dienten. Einige von diesen sollten mehrere Generationen später durch Kaiser Julian wiederholt werden.

Wie Galenus und Celsus hat auch Porphyrios die Christen der Verbreitung eines „nicht reflektierenden Glaubens" (Eusebius, *Praep. Evang.* 1.3.1) beschuldigt. In einem vor kurzem gefundenen Fragment von Porphyrios, das in einem Werk von *Didymus* dem Blinden entdeckt wurde, einem aus Alexandria stammenden christlichen Exegeten aus dem 4. Jahrhundert, erörterte Porphyrios die christliche Lehre, daß „bei Gott alle Dinge möglich sind". Er bezieht sich auf die Stelle bei Joh 10,13 (LXX): „Ich weiß, daß du alles kannst. Nichts ist dir unmöglich", und er lehnt ähnlich wie Galenus die Auffassung ab, daß Gott allmächtig sei. Wenn Gott alles kann, dann kann er Dinge tun, die gegen die Natur sind. Wenn dem so ist, wie kann man behaupten, eine vernünftige Auffassung von Gott zu haben?

Mehrere dieser Einwände betreffen bestimmte christliche Lehren. Er stellt Fragen bezüglich der Auferstehung der Toten am Ende der Zeit: Wird die Auferstehung aller Menschen der Auferstehung von Lazarus oder der Auferstehung Christi ähnlich sein?, fragt Porphyrios. „Wenn sie der von Christus entspricht, wie kann die Auferstehung eines ohne menschlichen Samen Geborenen in Einklang stehen mit der Auferstehung der Söhne menschlichen Samens? Entspricht sie aber der Auferstehung von Lazarus, so scheint dies nicht angemessen zu sein, weil die Auferstehung des Lazarus an einem noch nicht verwesten Körper sich ereignete, an demselben Körper, in dem man ihn als Lazarus erkannte; während unsere Körper erst dann auferstehen, nachdem sie schon viele Jahrhunderte lang verstreut worden sind" *(Frag.* 92). „Außerdem, wie wird der auferstandene Körper beschaffen sein? Wird der Körper in einen Stand der Glückseligkeit erhoben, für das Leiden unzugänglich? Warum hat Christus dann nach seiner Auferstehung seine Wundmale gezeigt und gegessen?" Derartige Einwände wurden von den Christen sehr ernst genommen. In einem langen Brief antwortete Augustinus auf die Fragen eines Freundes, der durch solche Probleme beunruhigt war *(Ep.* 102). Ähnliche Fragen stecken hinter den späteren Büchern des Werkes *Der Gottesstaat,* wo Augustinus die Auferstehung der Toten und das zukünftige Leben erörtert.

Porphyrios formulierte auch erneut ein von Celsus vorgebrachtes Thema, nämlich die Schwierigkeiten, an eine historische Offenbarung zu glauben. Celsus hatte die Christen deswegen kritisiert, weil sie glaubten, daß Gott an einem bestimmten Ort und zu einem bestimmten Zeitpunkt in der Geschichte dem Menschengeschlecht erschienen sei *(c.Cels.* 4.7). Porphyrios war über die Stelle im Johannesevangelium betroffen: „Ich bin der Weg und die Wahrheit und das Leben. Niemand kommt zum Vater, außer durch mich" (Joh 14,6). „Wenn", fragt Porphyrios, „Christus sagt, er sei der Weg, die Gnade und die Wahrheit, und er behauptet, daß allein in ihm selbst gläubige Seelen einen Weg zu Gott finden können, was haben die Leute getan, die in den vielen Jahrhunderten vor Christus lebten...? Was ist aus den unzähligen Seelen geworden, die keine Schuld treffen kann, als er, an den sie glauben sollten, unter den Menschen noch nicht erschienen war?... Warum hat er, der der Erlöser heißt, sich so lange Zeit versteckt?" Es ist anmaßend von den Christen zu glauben, daß erst seit dem Kommen Christi die Menschen Zugang zu Gott hätten. Wohl wissend, daß die Christen auf diesen Einwand mit dem Hinweis auf das Altertum der jüdischen Tradition antworteten, sagt er:

Ihr dürft nicht sagen, daß das Menschengeschlecht durch das jüdische Gesetz gerettet wurde, da das jüdische Gesetz nur in einem kleinen Teil von Syrien erschien und florierte, lange Zeit nach den alten Kulten in Italien; und erst später, nach der Herrschaft von Gaius Caesar, oder wahrscheinlich während seiner Herrschaft, machte es seinen Weg in die italischen Länder. Was ist also aus den Seelen von Römern und Latinern geworden, die von der Gnade Christi ausgeschlossen waren, die erst zur Zeit der Caesaren gekommen sein soll? (Augustinus, *Ep.* 102.8).

Diese Kritik ist von besonderer Bedeutung, weil sie den eigentlichen Mittelpunkt des christlichen Verständnisses von Gottes Beziehung zur Welt berührt; sie erscheint wieder in den Schriften von Kaiser *Julian* und von *Symmachus*, einem römischen Senator, der später im selben Jahrhundert die alte Religion gegen den Bischof Ambrosius verteidigte. Porphyrios' Argument ist zugleich historisch und theologisch. Es war ihm nicht gelungen, einen allgemein verbreiteten Weg unter den vielen Völkern der Welt zu entdecken, obwohl er die Sache eingehend erforscht hatte. „Es habe noch keine Schule die Behauptung, daß sie den allgemeinen Weg zur Befreiung der Seele in sich schließe, in ihr Lehrgebäude aufgenommen, weder aus einem der wahren Philosophiesysteme noch aus den Einrichtungen und Lehren der Inder, weder aus der Einweihung bei den Chaldäern, noch sonst auf einem Weg" (Augustinus, *Civ. Dei*, 10.32). Alle Wege zur Erlösung waren konkret und individuell, für das eine Volk oder die eine Nation geeignet; daher ist es unrechtmäßig zu glauben, daß der Weg eines Volkes allen übrigen Völkern aufgezwungen werden kann. Symmachus schrieb gegen Ende des 4. Jahrhunderts eine kleine Abhandlung, die als Verteidigung des Siegesaltars im Senatorenpalast gegen das Bemühen der Christen, ihn zu entfernen, verfaßt wurde: „Wir können nicht auf einem einzigen Weg zu einem so großen Geheimnis gelangen" *(Relat.* 10).

Auch wenn es Porphyrios noch nicht gelungen ist, einen allgemeinen Weg zu entdecken, so glaubte er doch, daß es einen gab. Das Christentum konnte nicht für sich in Anspruch nehmen, einen solchen Weg zu bieten, und zwar wegen der besonderen Art der christlichen Offenbarungsauffassung: Durch seine Beteuerung, daß keiner zu Gott kommen kann außer durch einen Mann, der zu einer bestimmten Zeit und an einem bestimmten Ort lebte, schließt das Christentum diejenigen aus, die vorangegangen sind und die von Jesus aus Nazareth keine Kenntnis haben.

7. KAPITEL

Julian „der Abtrünnige" – das jüdische Gesetz und die christliche Wahrheit

Es gibt wenige Gestalten aus der alten Welt, die uns heute so interessieren wie der römische Kaiser Julian, dessen Herrschaft in den Jahren 361–363 neunzehn kurze Monate dauerte. Vor etwas mehr als einem Jahrzehnt war er das Thema eines von Gore Vidal geschriebenen sehr erfolgreichen Romans; vorher gab er das Grundthema für eine Reihe anregender Gedichte von dem modernen griechischen Dichter C. P. Cavafy. In den letzten Jahren sind zwei neue Biographien von ihm in englischer Sprache erschienen; die eine von dem britischen Historiker Robert Browning und die andere vom amerikanischen Altphilologen Glenn Bowersock von der Princetown-Universität. In der historischen Tradition des Westens, die durch das Christentum geprägt worden ist, erhielt Julian den Namen *Apostata*, („der Abtrünnige"), denn er hat die für Christen unverzeihliche Sünde begangen: Er wurde als Christ erzogen, gab aber später seine „ererbte Frömmigkeit" auf, wie ein Christ es ausdrückte, um mit Begeisterung die römische Religion anzunehmen. Einigen war Julian jedoch eine edle und tragische Gestalt, eines der letzten Sinnbilder der klassischen Kultur, der im Alter von einunddreißig Jahren durch das grausame Schicksal dahingerafft wurde, als er um den Sieg gegen die persischen Armeen kämpfte.

Seine Zeitgenossen waren ebenfalls geteilter Meinung. Sein ehemaliger Freund *Gregor* von Nazianz, ein Dichter, Rhetor und christlicher Bischof, verfaßte gegen ihn zwei bittere Schmähreden: „Hört, Nation, Stämme, Sprachen", fängt die erste an, „jede Art Menschen aus jedem Zeitalter, so viele es jetzt gibt und so viele es geben wird ... jede Macht des Himmels. Hört, ihr Engel, deren Tat es war, den Tyrannen zu schlagen; ihr, die ihr Sihon, den König der Amoriter, nicht gestürzt habt, auch nicht Og, den König von Bashan – unbedeutende Fürsten, die nur einem kleinen Teil des Landes Israel schadeten; ihr habt gestürzt den Drachen, den Abtrünnigen, den großen Geist, den Assyrer, den öffentlichen und privaten Feind von allen gemeinsam, ihn, der wahnsinnig getobt und viel auf Erden bedroht und derartige Gottlosigkeit gegen den Himmel verkündet hat" *(Or.* 4.1).

Ein anderer Zeitgenosse, der große heidnische Rhetor *Libanius,* Lehrer sowohl von Gregor als auch von Julian, kommt in einem Klagelied über Julian den Unmäßigkeiten Gregors mit der eigenen Übertreibung gleich, aber nicht um zu schmähen, sondern um Julians Tod zu beklagen:

„O Weh! Wahrlich groß ist die Trauer, die nicht bloß das Land Achaia bedrängt, sondern das ganze Reich, wo die Gesetze Roms herrschen. Sie ist vielleicht größer in jenem Teil, wo die Griechen wohnen... aber der Schlag, der unsere Seelen traf und verletzte mit dem Gedanken, daß das Leben ein Hohn für den guten Menschen ist, der ein anständiges Leben führen will, hat... die Welt in ihrer ganzen Länge und Breite getroffen. Verschwunden ist der Glanz des Guten; die Gesellschaft des Bösen und der Zügellosigkeit ist erhöht" (*Or.* 17.1–2).

Julian lebte in einer immer noch gespaltenen Welt. Seit dem Jahr 312, als das Christentum durch die römische Regierung als gesetzlich erlaubter Kult anerkannt wurde und Konstantin die christliche Religion angenommen hatte, waren die Kaiser Christen gewesen. Doch das Römische Reich war nicht über Nacht ein christlicher Staat geworden, und schon gar nicht eine christliche Gesellschaft. Erst im Jahre 380 n. Chr., siebzehn Jahre nach Julians Tod, erklärte der Kaiser Theodosius I. das Christentum zur offiziellen Religion des Römischen Reiches. Und erst mehrere Generationen nach Theodosius war es in der Lage, das Leben der Gesellschaft zu beherrschen. In der Frömmigkeit und der Praxis von Millionen von Menschen und im Denken der Intellektuellen blieb das Heidentum durchaus lebendig. Trotzdem hatte es die Christen schwer getroffen, als der junge Sohn von Julius Konstantius, dem Halbbruder des Konstantin, der als Christ erzogen worden war und als Lektor in der Kirche gedient hatte, als Kaiser die christliche Tradition ablehnte und mit Begeisterung die Götter von Griechenland und Rom annahm.

Julian war jedoch nicht damit zufrieden, einfach zur alten Religion zurückzukehren und die christlichen Neuerungen gewähren zu lassen. Er leitete einen Frontalangriff gegen die christliche Bewegung ein, indem er das Gesetz dazu benutzte, den christlichen Einfluß einzuschränken. Er setzte die Macht und das Ansehen seines Amtes ein, um die Ausübung der herkömmlichen heidnischen Riten zu fördern. Julian war auch ein Literat und ein Philosoph. Er schrieb ein Buch über das Christentum mit dem Titel *Gegen die Galiläer*, das die Tradition der heidnischen Kritik des Christentums wiederbelebte, die in das 2. Jahrhundert zurückreichte. Ähnlich wie die Bücher von *Celsus* und *Porphyrios* wurde Julians Werk von den Christen vernichtet. Doch einen Großteil davon kann man aus einer im 5. Jahrhundert von Bischof *Kyrillos* von Alexandrien (412–444 n. Chr.) geschriebenen Erwiderung rekonstruieren. In Kyrillos' *Contra Julianum* wird Julians Buch ausgiebig zitiert; daraus können wir eine klare Vorstellung vom Charakter und vom Inhalt des Werkes gewinnen. Außerdem haben wir Informationen über Julians Herrschaft aus zeitgenössischen Quellen sowie aus seinen eigenen Briefen und Schriften. So erhalten wir ein ziemlich vollständiges Bild von dem Menschen und von seinen Ansichten über das Christentum. Weil Julian ein Staatsmann und Politiker, ein Mann der Tat und nicht bloß der Worte war, muß man seinen Angriff gegen das Christentum in Verbindung mit anderen Ereignissen seiner Herrschaft sehen, unter denen das wichtigste der Versuch war, den jüdischen Tempel in Jerusalem wiederaufzubauen.

Des Kaisers Frömmigkeit

Julian wurde im Jahre 331 n. Chr. als Sohn von Julius Konstantius, dem Halbbruder Konstantins, und der Basilina, einer reichen Dame aus Bithynien, geboren. Er verbrachte seine ersten Lebensjahre in der Hauptstadt Konstantinopel, bis diese Welt der Kindheit durch den Tod des Konstantinus im Jahre 337 n. Chr. zerstört wurde. Konstantins drei Söhne kamen an die Macht: Konstantius, Konstans und Konstantin II. Konstantius, der stärkste von ihnen, der bis 361 n. Chr. herrschen sollte (dem Jahr, in dem Julian Kaiser wurde), ließ Julians Vater und acht seiner Verwandten ermorden. Allein Julian und sein Halbbruder Gallus wurden geschont.

Julian war erst sechs Jahre alt, als er nach Nicomedia, sechzig Meilen von Konstantinopel entfernt, geschickt und in die Obhut seiner Großmutter mütterlicherseits und des christlichen Bischofs Eusebius gegeben wurde. Dort erhielt er seinen ersten Unterricht in den griechischen Klassikern Homer und Hesiod; durch Eusebius wurde er in die christliche Kultur eingeführt. Es war bei den Söhnen der Reichen üblich, sowohl die griechischen Klassiker als auch die christliche Heilige Schrift zu studieren. Aber auf Julian machte die heidnische Literatur den größeren Eindruck. Als er zehn oder elf Jahre alt war, wurde er zusammen mit seinem Halbbruder Gallus auf ein Reichslandgut in Cappadocia versetzt; dort lebte er die nächsten sechs Jahre von der Gesellschaft völlig isoliert. Die meiste Zeit wurde damit verbracht, Werke der Rhetorik und der Philosophie zu studieren. Als er ungefähr achtzehn Jahre alt war, durfte er bei zwei Rhetoren, Nicocles, einem Heiden, und Hecebolius, einem Christen, mit dem Studium der Rhetorik anfangen. Nachdem er bei diesen beiden Männern studiert hatte, zog er nach Nicomedia, wo er trotz der Einsprüche von Hecebolius ein Schüler des großen heidnischen Rhetors des 4. Jahrhunderts, Libanius von Antiochien, wurde.

Nach Abschluß des rhetorischen Studiums interessierte er sich für die Philosophie, und er fing an, die besten Lehrer in Kleinasien aufzusuchen. Zunächst ging er nach Pergamum, um bei Aedesius, einem Schüler von Iamblichus, der selbst ein Schüler von Porphyrios gewesen war, zu studieren. Aedesius hob das Religiöse und die Riten in der neuplatonischen Schule hervor; das gefiel Julian. *Iamblichus*, der im 4. Jahrhundert lebte, hatte dazu beigetragen, die philosophische Religion der Platoniker in eine durch religiöse Riten und Zauberkunst belebte empirische Religion zu verwandeln. Diese Zauberkunst gründet in der Überzeugung, daß durch magische Handlungen, durch die Anwendung von Salben, Kräutern und Wurzeln, das Göttliche beeinflußt werden kann. Nicht „das Denken" ist es, das die Menschen mit den Göttern in Verbindung bringt, sagte Iamblichus; die Vereinigung wird „durch die Wirksamkeit der unsagbaren, in der angemessenen Art und Weise ausgeführten Handlungen erlangt, Handlungen, die über jedes Begreifen sind, und durch die Macht der unaussprechlichen Symbole, die von den Göttern allein verstanden werden ... Ohne daß wir uns geistig bemühen, verrichten diese Zeichen durch die eigene Kraft ihre besondere Arbeit" *(Myst.* 2.11). Eine Art und Weise, eine Verbindung mit den Göttern zustande zu bringen, war es, Bildsäulen zu schmücken, um ihnen Orakel zu entlocken. Mit dem Gebrauch von Weihrauch, von Kräutern, Wohlgerüchen und begleitenden Gesängen suchte der Verehrer eine Bildsäule dazu zu bringen, zu lächeln, mit dem Kopf zu nicken oder in irgendeiner Weise sonst auf das vorgebrachte Gesuch zu antworten. Jeder Gott hatte die ihm angenehme Darstellung aus der Welt der Tiere, der Pflanzen oder der Mineralien; und wenn der Zauberkünstler die Darstellung richtig behandelte, würde die Gottheit angeblich Antwort geben. Eine der berühmtesten Leistungen dieser Zauberkunst zur Zeit Julians war es, Fackeln in den Händen der Göttin Hekate entflammen zu lassen. Eine andere Methode war es, die Anwesenheit des Gottes in einem Menschen zu beschwören, indem man eine Ekstase oder einen veränderten Bewußtseinszustand herbeiführte. Der Ekstatiker wurde zunächst mit Feuer und Wasser gereinigt, mit einem besonderen der Gottheit angemessenen Gürtel bekleidet, mit einem Blumengewinde geschmückt, seine Augen wurden mit Salben gesalbt. In seiner Person sollte Gott als eine leuchtende Erscheinung auftreten.

Als Julian als junger Mann bei seinem philosophischen Studium war, hatte er von derartigen Erlebnissen gehört. Durch Eusebius, einen Studenten des Aedesius, erfuhr er von einem Philosophen namens Maximus von Ephesus, der solche Leistungen vollbringen konnte. Den Einsprüchen des Eusebius zum Trotz suchte ihn Julian sofort auf: „Bleib du bei deinen Büchern", sagte Julian zu Eusebius, „du hast mir den Mann gezeigt, den ich brauche."

Kurze Zeit darauf hatte Julian schon angefangen, es mit der Praxis dieser Zauberkunst zu versuchen; und er verlangte danach, eingeweiht zu werden. Sobald Maximus glaubte, er sei vorbereitet, nahm er ihn mit in eine unterirdische Gruft, wo Julian in den Kult der Göttin Cybele eingeweiht wurde; das war ein Erlebnis, das für den Rest seines Lebens seine religiöse Anschauung prägen sollte. Später wurde er auch in den Mithraskult eingeweiht. Diese Einweihung fand mit Weihrauch, Feuer und Gesängen in einer unterirdischen Kammer statt. Eines der Gedichte von Cavafy zeigt (allerdings in christlicher Sicht) Julians Faszination durch die fremdartigen Riten, aber auch seine Angst vor den heidnischen Göttern.

Doch als er sich in Finsternis befand,
in der Erde furchtbaren Tiefen,
mit einer Gruppe gottloser Griechen,
und vor ihm körperlose Gestalten erschienen
mit Glorienscheinen aus Licht,
hat der junge Julian für einen Augenblick
die Fassung verloren:

ein Impuls aus seinen frommen Jahren
kehrte zurück
und er machte das Zeichen des Kreuzes.
Die Gestalten verschwanden sofort;
die Glorienscheine verblaßten,
die Lichter erloschen.
Die Griechen sahen einander flüchtig an.
Der junge Mann sagte:
„Habt ihr das Wunder gesehen?
Ich habe Angst, Freunde, ich will weg von hier.
Habt ihr nicht gesehen, wie die Dämonen
verschwanden, sobald sie mich das
heilige Zeichen des Kreuzes machen sahen?"
Die Griechen lachten verächtlich:
„Schäme dich doch, zu uns Sophisten und
Philosophen auf diese Weise zu sprechen!
Willst du derartige Dinge sagen,
dann sage sie dem Bischof von Nicomedia und seinen Priestern.
Die mächtigsten Götter unseres glorreichen
Griechenlands sind dir erschienen.
Und haben sie sich entfernt, so glaube keinen
Augenblick, daß sie über eine Geste erschreckt waren.
Bloß, als sie dich jenes abscheuliche,
jenes grobe Zeichen machen sahen,
hat es ihre edle Natur angeekelt,
und sie haben dich mit Verachtung verlassen."
Das haben sie ihm gesagt, und der Tor,
durch die unheiligen Worte der Griechen überzeugt,
erholte sich von seiner heiligen,
segenbringenden Angst.[1]

Julian setzt seine Bekehrung in dieser Periode seines Lebens an. Er war zwanzig Jahre alt. Der Philosoph Maximus von Ephesus hatte dazu beigetragen, Julian vom Christentum weg wieder den alten Göttern von Griechenland und Rom zuzuführen. „Bei Deiner Ankunft in Ionia", schrieb später Libanius an Julian, „erblicktest Du einen Mann, der sowohl im Ruf als auch in Wirklichkeit weise war [Maximus]. Du hörtest von den Göttern, die dieses ganze Weltall erschufen und erhalten, Du betrachtetest die Schönheit der Philosophie und kostetest ihre süßesten Quellen. Dann hast Du schnell

Deinen Irrtum abgeworfen und wie ein Löwe Deine Fesseln gesprengt, Dich aus der Finsternis befreit, Dich der Wahrheit statt des Unwissens, dem Wirklichen statt dem Falschen, unseren alten Göttern statt dieses neuen Eindringlings und seiner verderblichen Riten zugewandt" *(Or. 13.12)*. Julian konnte natürlich nicht öffentlich bekanntgeben, daß er das Christentum verlassen hatte, da sein Vetter, der Kaiser Konstantius, arianischer Christ war. Man nahm an, daß alle Mitglieder der kaiserlichen Familie Christen waren. Zehn Jahre lang also fuhr er fort, seinen neuen Glauben geheimzuhalten und nach außen hin die christlichen Riten zu befolgen. Gelegentlich diente er sogar als Lektor in der Kirche.

Nun trat Julian in einen neuen Lebensabschnitt. Der Kaiser Konstantius hatte immer größere Schwierigkeiten mit den an den nördlichen und westlichen Grenzen wohnenden germanischen Stämmen. Er ließ daher Julian nach Gallien kommen. Konstantius ernannte ihn zum „Caesar", einem zweitrangigen Kaiser unter dem höchsten Herrscher, dem „Augustus", und setzte ihn über die römischen Armeen im Westen. Die nächsten sechs Jahre lebte Julian in Gallien; trotz des Lebensstils eines Philosophen erntete er großen Ruhm als Heerführer.

In einer Reihe von Feldzügen schwächte Julian die Anstürme der Franken und Germanen; er stellte die Sicherheit an der Rheingrenze wieder her. Als er von einem Sieg zum anderen zog, bekam Konstantius Bedenken wegen seiner wachsenden Macht; und er befahl ihm, einen Teil seiner Truppen nach dem Osten zu schicken. Das Heer weigerte sich jedoch, dem Befehl Folge zu leisten; und im Februar des Jahres 360 riefen die Soldaten in Paris Julian öffentlich zum Augustus aus. Julian deutete diese Proklamation als ein Zeichen von den Göttern und nahm die Ehre an. Konstantius war wütend, aber hilflos. Als nun Julian nach Osten marschierte, um seinem Gegner entgegenzutreten und seinen neuen Status als Mitkaiser zu beanspruchen, da konnte Konstantius nichts unternehmen. Als Julian mit seiner Armee ihm entgegenmarschierte, starb Konstantius. Das war am 3. November 361.

Julian war jetzt der alleinige Kaiser. Jetzt brauchte er nicht mehr so tun, als ob er den Gott der Christen verehrte. An seinen ehemaligen Lehrer Maximus schrieb er: „Wir verehren offen die Götter, und die Mehrzahl der Truppen, die mit mir zurückkehren, verehrt die Götter. Wir opfern öffentlich den Göttern Ochsen. Wir haben den Göttern viele Hekatomben als Dankesopfer dargebracht. Die Götter haben mir befohlen, möglichst alles zu reinigen; und ich gehorche ihnen mit Begeisterung" *(Ep.* 8).² In diesem Brief bringt Julian seine Freude darüber zum Ausdruck, daß er nunmehr seine Religion offen ausüben kann, aber er läßt auch seine Absicht durchblicken, die herkömmliche Götterverehrung wieder zurückzubringen und zu erneuern. Da er nun Kaiser geworden war, hat er „die Maske fallen gelassen", wie Bowersock schreibt. „Mit der Ausscheidung des christlichen Augustus (Konstantius) glaubte Julian, daß die Götter die langen Jahre seiner geheimen Frömmigkeit und Hingabe belohnt hätten. So wie er das Rasieren des Bartes aufgegeben hatte und die Maske der Ehrerbietung vor Konstantius hatte fallen lassen, genauso ließ er jetzt die Maske des Christseins fallen. Der ehrerbietige christliche Caesar verschwand und an seiner Stelle erstand der heidnische Augustus."³

Griechische Bildung und christliche Werte

Im Gegensatz zu sämtlichen früheren Kritikern des Christentums wurde Julian als Christ erzogen. Er traf bewußt und nach reichlicher Überlegung freiwillig die Entscheidung, die alten Götter anzunehmen. Eigentlich könnte man ihn mit Recht den ersten zum Heidentum „Bekehrten" nennen.

Er war kein „altmodischer" Hellenist wie Libanius, aber auch kein bloß rationaler Verteidiger der herkömmlichen Götter, wie Symmachus, der römische Senator und sein Zeitgenosse, es war.

Für Libanius und Symmachus war die Hauptfunktion der Religion gesellschaftlicher und kultureller Natur. Die Götterverehrung und die Erhaltung des Kulturerbes Griechenlands standen in enger Beziehung zueinander, sagte Libanius *(Or.* 62.8). Die Götter waren die „Beschützer der Stadt", und die Religion besteht darin, alte Traditionen zu erhalten, die griechische Literatur und Sprache zu überliefern, herkömmliche Werte zu pflegen. „An die Stadt als wesentliche Form der Gesellschaftsgestaltung glauben und an die Werte der Kulte der Stadt glauben sind verschiedene Aspekte der gleichen Einstellung des kulturellen Konservatismus."⁴ Religiöse Einrichtungen sollten gepflegt werden, weil sie einen Teil des kulturellen Erbes bildeten. Die geziemende Feier der religiösen Riten verbürgte die Stabilität und das Wohl der Städte. Auch Julian war ein Liebhaber des griechischen

Altertums, auch er glaubte, daß die herkömmliche Religion und das kulturelle Erbe Griechenlands Hand in Hand gingen. Doch Julians Einstellung der herkömmlichen Religion gegenüber war nicht bloß kultureller und geistiger Natur, sie war auch leidenschaftlich und emotional. „Die Seele Julians wurde von aufrichtigem, tiefem und unwandelbarem Enthusiasmus durchdrungen", schrieb Edward Gibbon in seinem Werk *Der Untergang Roms*.[5] Obwohl Julian die Sprache der kulturellen Religion sprach und ganz gewiß an die öffentliche und bürgerliche Funktion der Religion glaubte, zeigte er auch alle Zeichen des überschwenglichen Konvertiten: Ergebung angesichts einer Wirklichkeit, die größer als er selbst war; Gehorsam gegen den Willen der Götter, Inbrunst, sogar Fanatismus für seinen neuen Glauben. Sein Glaube war privater und besonderer Art. Er beklagte es, daß das Opfern hauptsächlich eine öffentliche Angelegenheit war, ohne die Möglichkeit zur Meditation. „Dinge, die den Göttern heilig sind, sollten abseits von den alten Gleisen in aller Stille verrichtet werden" *(Ep. 58)*. Er spricht davon, Leute dazu zu überreden, seine Religion anzunehmen und die Kleingläubigen zu überzeugen. Von einer Gruppe von Senatoren in Syrien sagt er, daß sie „applaudierten", als sie seine Argumente hörten, doch „nur wenige wurden durch sie bekehrt" *(Ep. 58)*. Als er von den Juden sprach, lobte er „ihre inbrünstige Frömmigkeit, daß sie bereit seien, für ihren Glauben zu sterben" *(Ep. 20)*. Das ist eine seltsame Sprache für einen griechischen Intellektuellen. Der Gegensatz zu Libanius, einem typischen Exponenten des herkömmlichen Hellenismus, ist auffallend. An öffentlichen Feiertagen, wenn vor einem Tempel Opfergaben dargebracht wurden, begnügte sich Libanius damit, zu Hause zu bleiben und ein Buch zu lesen. Julian dagegen brachte sehr gerne Opfer dar; selbst während eines Feldzuges opferte er regelmäßig. „Ich opferte abends und wieder einmal bei Tagesanbruch, wie ich es gewohnt bin, fast jeden Tag" *(Ep. 58)*.

Wollen wir Julians Einstellung dem Christentum gegenüber verstehen, dann müssen wir uns sowohl seine Verpflichtung zur herkömmlichen Kultur als auch seine inbrünstige persönliche Frömmigkeit, insbesondere seine Liebe zum Opfern, vor Augen halten. Es wurde von dem Kaiser gesagt, wenn er den persischen Feldzug gewinnen würde, dann hätte das Reich nicht genug Stiere, um sein Verlangen nach Opfern zu befriedigen. Aber wir dürfen auch nicht vergessen, daß Julian als Christ erzogen wurde und daß er eine gründliche Bildung in der Heiligen Schrift und in der christlichen Literatur erhalten hatte. Seine Kenntnisse der christlichen Überlieferung gaben ihm eine Einsicht in jene Fragen des christlichen Glaubens, die der Kritik gegenüber am anfechtbarsten waren. Das kann man an seiner Vorliebe für griechische Sprache und Kultur sehen und bei seiner Benutzung des Judentums als Waffe gegen die Christen.

Sechs Monate nachdem er Alleinherrscher geworden war, gab Julian den folgenden öffentlichen Erlaß heraus: „Rhetoren und Lehrer sollten sich erstens im Charakter und zweitens in der Redekunst auszeichnen. Da ich selbst nicht in jeder Stadt anwesend sein kann, ordne ich an, wer Lehrer werden will, der sollte nicht übereilt und unbesonnen diesen Beruf ergreifen, sondern er sollte durch das Gutachten des Stadtrates bestätigt werden und mit allgemeiner Übereinstimmung und mit Einwilligung der besten Männer eine behördliche Lehrbefugnis erhalten. Diese Befugnis wird an mich überwiesen, und ich werde mich damit befassen, so daß sie ihre Stellung in den städtischen Schulen mit meiner Genehmigung als einer Art höherer Empfehlung antreten können."[6]

Uns Heutigen scheint in diesem Erlaß nichts Außergewöhnliches zu sein, und selbst für die Alten enthielt er wenigstens an der Oberfläche nichts Neues. Es oblag den Städten, die Erziehung zu beaufsichtigen, insbesondere die Ernennung der Lehrer; die Gesetze gestanden den Lehrern Befreiung von gewissen Abgaben zu. Die Gesetze aus der damaligen Zeit zeigen, daß die Stadträte im Auftrag des Kaisers die Verantwortung für die Ernennung von Lehrern übernahmen. Neu in diesem Gesetz ist, daß die Lehrer nicht nur nach ihren Fachkenntnissen in der Sprache und in der Literatur („Redekunst"), sondern auch nach ihrem „Charakter" bewertet werden sollen. Mit „Charakter" meinte Julian nicht, daß die Lehrer die allgemein geltenden Tugenden der Unbescholtenheit, der Rechtschaffenheit, der Ehrlichkeit und so weiter zeigen, sondern daß sie an die bestimmten, durch die griechische Literatur überlieferten religiösen und sittlichen Werte glauben sollten.

Die Literatur des griechischen Altertums und die Schultradition, durch die sie überliefert wurde, war keine zufällige Sammlung klassischen Schrifttums, das einfach zu ästhetischen und literarischen Zwecken studiert wurde. Diese Literatur war der Träger der von der Gesellschaft gepflegten Werte; sein Studium sollte den Charakter und die Lebensanschauung des Studenten bilden. Da diese Werte von der

Religion nicht getrennt waren, flößte das Erziehungssystem den Glauben an die herkömmlichen Götter ein, die in der alten Dichtung und im alten Drama eine große Rolle spielen: Zeus, Hera, Apollo, Ares, Artemis, Aphrodite und wie sie alle heißen.

Julians scheinbar harmloser Erziehungserlaß war die erste Salve in seinem Angriff gegen die Christen. Seine Veröffentlichung machte christlichen Führern Sorge und ärgerte christliche Eltern, deren Kinder durch ihn beeinflußt werden würden. Selbst der Historiker *Ammianus Marcellinus* nannte das Gesetz „unmenschlich"; er sagte, es „sollte in ewigem Stillschweigen begraben werden" (22.10.7). Mehrere Monate später wurde offenbar, daß sich die Christen mit ihrer Vermutung nicht geirrt hatten, daß der Erlaß gegen sie gerichtet war. Julian schrieb:

„Ich fordere sie [die Lehrer] darum nicht auf, ihren Glauben zu wechseln. Ich gebe ihnen vielmehr die Wahl, entweder das nicht zu lehren, woran sie nicht glauben, oder wenn sie lehren, es ehrlich zu tun und die Alten nicht zu loben, wenn sie deren Glauben mißbilligen. Da sie von *ihren* Schriften leben, wäre es verständlich, daß sie für ein paar Drachmen alles tun wollen. Bisher gab es viele Gründe dafür, nicht in die Tempel zu gehen; und den eigenen Glauben geheimzuhalten war verzeihlich. Jetzt aber, da uns die Götter die Freiheit gewährt haben, scheint es mir albern, wenn Männer das lehren, was sie mißbilligen. Sind sie echte Ausleger der alten Weisen, dann sollen sie zunächst die Frömmigkeit der Alten nachahmen. Sind sie aber der Meinung, daß in dieser Hinsicht die Klassiker falsch sind, dann sollen sie hingehen und Matthäus und Lukas in der Kirche lehren" *(Ep. 36).*

Die Fähigkeit, in den Schulen Grammatik und Literatur zu lehren, sollte nunmehr eine Sache der religiösen Treue sein. Dem Lehrer oblag es, der Jugend den Glauben und die Werte beizubringen, die in der Literatur verkörpert waren. Und wenn er an andere Götter und andere Werte glaubte, sagt Julian, konnte man von ihm kaum erwarten, daß er ein erfolgreicher Lehrer der Jugend sein würde. Dieses Gesetz brachte Gregor von Nazianz, einen christlichen Bischof, der wie viele andere Bischöfe in der griechischen rhetorischen Tradition erzogen wurde, in Wut. „Julian hat gehandelt", schrieb Gregor, „als wenn die griechische Sprache ausschließlich der Religion zugehörte und nicht der Zunge ... indem er erklärt, daß wir durch den Gebrauch der griechischen Sprache das stehlen, was anderen gehört" *(Or.* 4.5).

Schon seit zwei Jahrhunderten waren christliche Intellektuelle dabei, zwischen dem Christentum und der klassischen Überlieferung ein Bindeglied zu schmieden. Mit einem schnellen Hieb suchte Julian nun, dieses Bindeglied zu durchschneiden. Julians Gesetz betraf jedoch nicht bloß die Intellektuellen, denn eine rhetorische Bildung war für jeden unbedingt notwendig, der in der Gesellschaft weiterkommen wollte. Christliche Eltern, insbesondere die reichen, bestanden darauf, daß ihre Söhne eine rhetorische Bildung erhielten. Nun sah es so aus, als wenn Julian dies den Heiden vorbehalten wollte.

Vertrautheit mit der klassischen Literatur und die Fähigkeit, sich im klassischen Stil der literarischen Sprache auszudrücken, sowie die Vertrautheit mit Hinweisen und Anspielungen der Tradition war für den jungen Mann unerläßlich, der als Jurist oder im höheren Staatsdienst eine Laufbahn einschlagen oder aktiv an den öffentlichen Angelegenheiten seiner Stadt oder seiner Provinz teilnehmen wollte. Es war auch ein Zeichen gesellschaftlicher Bedeutung, es zeigte, daß man zu einer gebildeten Gesellschaftsschicht gehörte. Dem Mann, der keine klassische literarische Bildung besaß, fehlte es an Ansehen und Einfluß in seiner Stadt. Er war von dem Geflecht des Briefwechsels und der Empfehlungen ausgeschlossen, wovon uns die Briefe des hl. Basilius und des Libanius Beispiele geben. Er konnte keine führende Rolle ausüben. Christliche Eltern, die zur höheren Klasse gehörten, mußten entweder ihren Söhnen die herkömmliche, mit ihrer gesellschaftlichen Stellung verbundene Erziehung versagen und sie dadurch zu „Außenseitern" machen, oder sie mußten sie während der wichtigsten Entwicklungsjahre ihres Lebens dem Einfluß eines Lehrers aussetzen, der es sich angelegen sein ließ, das Christentum zu bekämpfen.[7]

Die Situation war so ernst, daß die Christen einen eigenen Weg suchten, um sicherzustellen, daß ihre Kinder eine richtige Erziehung erhielten. Zwei Männer, Vater und Sohn, beide mit dem Namen Apollinarius, brachten die kluge Idee vor, die Heilige Schrift im Stil und in der Form von griechischer Literatur wiederzugeben. Sie machten sich daran, ein Epos über die Altertümer der Hebräer bis zur Herrschaft von Saul zu schreiben, das den Homer ersetzen sollte. Sie schrieben Lustspiele, um den Dramatiker Menander nachzuahmen, sowie Tragödien nach dem Vorbild von Euripides und Oden nach der Art von Pindar. Ihre Absicht war es, der Heiligen Schrift Themen zu entnehmen und „eine Reihe von Werken zu schaffen, die nach Art,

Ausdruck, Charakter und Zusammensetzung der griechischen Literatur ähnlich und anerkannt sind und an Zahl und Kraft gleichkommen" (Sozomen, *Historia ecclesiastica*, 5.18).

Julians Schulgesetz war ein rechtzeitiger, wohlüberlegter und schlauer Angriff auf die christlichen Gemeinden innerhalb des Römischen Reiches. Er war sich dessen bewußt, daß das Christentum, das noch kein eigenes Schulsystem entwickelt hatte, von den heidnischen Schulen und von der in diesen Schulen überlieferten literarischen Tradition völlig abhängig war. Ohne den Vorteil dieser Erziehung würde es bald eine seiner mächtigsten Hilfsquellen verlieren, nämlich richtig gesprochenes und richtig geschriebenes Griechisch und Latein. Julian beanspruchte die griechische geistige und literarische Überlieferung für die Exponenten der herkömmlichen Religion und hoffte, dadurch die Verbindung zwischen Religion und Kultur zu festigen, die die neue christliche Bewegung aufzulösen drohte.

Gegen die Galiläer

Das Schulgesetz wurde im Sommer des Jahres 362 n. Chr. erlassen. Julian verbrachte den darauffolgenden Winter in der Stadt Antiochien im nördlichen Syrien. Ende des 4. Jahrhunderts war Antiochien eine der prächtigsten Städte im Reich, ein berühmtes Zentrum der griechischen Kultur und Wissenschaft. Seine Erziehungsinstitute und Sitten, sein kulturelles und geistiges Leben, seine Feste und seine Kunst waren immer noch mit dem griechischen Geist beseelt. Aber viele Einwohner der Stadt waren Christen. Julian war enttäuscht, als er sah, wie einflußreich die Christen waren. Es ärgerte ihn, daß sie (er nennt sie „Atheisten") „keine richtige Ehrerbietung vor den heiligen Riten haben, die die Vorfahren befolgten" *(Misopogon* 357d). Die Anwesenheit einer großen Anzahl von Christen an einem der ersten Plätze der griechischen Kultur stärkte nur seinen Entschluß, die alten Riten zu erneuern und der emporgekommenen neuen Religion ihre Macht und ihren Einfluß zu entziehen.

Seit einigen Monaten schon trug sich Julian mit dem Gedanken, einen literarischen Angriff gegen das Christentum im Stil der Werke von Porphyrios und Celsus vorzubereiten. In einem während dieser Zeit geschriebenen Brief deutete er auf seine Absicht hin, ein Werk zu schreiben, in dem er „jenen neumodischen galiläischen Gott" der „ihm fälschlich zugeschriebenen Gottheit" entkleiden würde *(Ep. 55)*. Nach Libanius wurde das Werk vom „frommen Kaiser während der langen Winternächte geschrieben, wo sich andere Leute gewöhnlich mehr für den Sex interessieren" *(Or. 18.179)*.

Obwohl das Werk mit dem Titel *Gegen die Galiläer* drei Bücher umfaßte, enthalten die Fragmente, die in dem Werk *Contra Julianum* von Kyrillos von Alexandrien, unserer Hauptquelle, erhalten sind, Material nur aus dem ersten Buch. Kyrillos' Widerlegung wurde ungefähr im Jahre 440 n. Chr. (d. h. annähernd 80 Jahre nachdem *Gegen die Galiläer* geschrieben worden war, und lange Zeit nach Julians Tod) verfaßt. Außerdem war zur Zeit, als Kyrillos schrieb, das Römische Reich schon offiziell christlich geworden (380 n. Chr.). Anscheinend wurden zu dieser Zeit schon die heidnischen Kritiker unterdrückt. Trotzdem darf man nicht vergessen, daß die Werke von Porphyrios erst im Jahre 448 n. Chr. durch den christlichen Kaiser Theodosius II. verbrannt wurden.

Julians Werk machte auf die Christen einen tiefen Eindruck; in der Mitte des 5. Jahrhunderts wurde es immer noch gelesen. Im Vorwort zu seinem Werk *Gegen Julian* sagt Kyrillos, daß unter allen „Feinden" Christi Julian besonders zu fürchten sei, weil er, „ehe er Kaiser wurde, zu den Gläubigen gezählt wurde, weil er der heiligen Taufe würdig war und weil er in der Heiligen Schrift unterrichtet wurde". Mit anderen Worten, er kannte das Christentum von innen her und er konnte den christlichen Apologeten in ihrer eigenen Sprache entgegentreten. Er war, sagt Kyrillos, auch „in der Rhetorik von Natur her begabt". Das war keine unbedeutende Begabung in einem Zeitalter, wo die rhetorische Kunst bei religiösen Auseinandersetzungen eine unentbehrliche Stütze war. Julians Bücher hatten „viele beunruhigt und viel Schaden angerichtet", schrieb Kyrillos. Einfache und leicht beeindruckbare Christen wurden durch seine Ideen stark beeinflußt; aber mehr noch, „selbst diejenigen, die im Glauben stark sind, wurden beunruhigt, weil sie meinten, daß er die Heilige Schrift kannte. Er häufte viele Zeugnisse daraus auf, und zwar in den Worten der Heiligen Schrift selbst, obwohl er ihre Bedeutung nicht begriffen hat." Folglich „werfen viele Heiden den Christen allerhand vor. Sie führen seine Schriften gegen uns auf und behaupten, daß sie unvergleichlich klüger sind und daß keiner unserer Lehrer seine Ideen widerlegen kann" *(Patrologia Graeca 76.508c)*.

Wir können nicht mit Sicherheit sagen, wie Julians Buch

aufgebaut war. Kyrillos sagt, daß er die Evangelien und die christliche Religion angegriffen hat (*PG* 78.508); aber das ist zu allgemein, um uns weiterzuhelfen. Es scheint nach den von Kyrillos zitierten Fragmenten, daß ein Gutteil des Buches der christlichen Auslegung der jüdischen Heiligen Schrift (des christlichen Alten Testaments) und der Auffassungen über Gott gewidmet war, welche die Christen als Erben der jüdischen Tradition mit den Juden teilten. Es gab auch Stellen, die sich mit den Evangelien und den Paulusbriefen befaßten, doch in den noch vorhandenen Fragmenten spielen sie keine große Rolle. Besonders bezeichnend für Julians Buch war, daß er die Art der Kritik erweitert und vertieft hatte, die auf Celsus zurückführt: das Christentum sei ein Abfall vom Judentum.

Es ist offenkundig, daß Julian mit der Kritik vertraut war, die Porphyrios in seinem Werk *Philosophie aus Orakeln* vorgetragen hatte. Der Zweck des Werkes war es, nach Libanius, die christliche Heilige Schrift anzugreifen, „in der behauptet wird, daß jener aus Palästina ein Gott und ein Gottessohn ist" *(Or.* 18.178). Julian wollte Jesus von dessen Gottheit entkleiden. Dieses Thema kommt in verschiedenen Formen in dem Buch immer wieder vor, gerade dort, wo Julian die Beziehung des Christentums zum Judentum erörtert. Doch der Abschnitt, der sich ausdrücklich mit Christus befaßt, ist anscheinend verlorengegangen. Julian argumentiert jedoch wie Porphyrios, daß die Christen in den Irrtum verfallen seien, einen Menschen zu verehren *(Gal.* 201e). Er erwähnt zum Ärger der Christen, die in den Kontroversen des 4. Jahrhunderts über die Gottheit Christi zerstritten waren, daß der einzige Autor, der Jesus Gott nannte, der Evangelist Johannes sei, der dies aber nicht einmal „klar und eindeutig" tat (213b). „Außer ihm wagten es weder Paulus noch Matthäus, weder Lukas noch Markus, Jesus Gott zu nennen" (327a). Diese Behauptung wird von der modernen Exegese als wahr erkannt, aber sie machte Kyrillos wütend *(PG* 76.1004d).

Julian argumentiert also ähnlich wie Porphyrios gegen die Gottheit Jesu, indem er sich auf die christliche Heilige Schrift beruft. Ihm wurde die Aufgabe leichter gemacht durch den aktuellen Streit über den Status Christi innerhalb der Kirche in den Jahren nach dem Konzil von Nicäa. Während der Lebenszeit Julians hatte die neuarianische Partei, die sich weigerte, Jesus im eigentlichen Sinne des Wortes Gott zu nennen, beredte Führer und starke Unterstützung in maßgeblichen Kreisen. Julians Vorgänger Kaiser Konstantius sympathisierte mit den Arianern. Ähnlich wie Porphyrios argumentierte Julian, daß die Vorstellung, Jesus sei göttlicher Natur, eine Fälschung seiner Jünger und nicht die Lehre Jesu selbst sei: Aber er geht sicherer als Porphyrios mit dem Text des Neuen Testaments um, er ist umsichtiger bei der Verwendung von biblischen Tatsachen: Nur einer von den Jüngern, Johannes, lehrte die neue Idee, daß Jesus göttlicher Natur war. Die übrigen Apostel taten es nicht. Julian war sich darüber klar, wie wichtig die christliche Berufung auf die jüdische Heilige Schrift war. Deswegen stellte er fest, daß es in den mosaischen Schriften keine Grundlage für die Auffassung gäbe, daß Jesus göttlicher Natur sei. Moses „lehrte, daß es nur einen Gott gibt"; und die Vorstellung, daß „das Wort der erstgeborene Sohn Gottes oder Gott sei, ist eine der von euch Christen später fälschlich fabrizierten Ideen" (290c).

Julian wollte zeigen, daß Jesus ein Mensch war wie andere Menschen. Er behauptet nicht einmal, daß Jesus ein Weiser war, wie Porphyrios es tat. Nach Jesu Tod haben ihm die Christen göttlichen Status verliehen. Diese Behauptung hat Kyrillos gekränkt, der gegen Nestorius einen Streit über die Frage der Gottheit Christi führte. In seiner Erwiderung auf Julian sagt er: „Wir haben aus einem Menschen keinen Gott gemacht, wie ihr glaubt" *(PG* 76.809c); er legt dar, daß dies das Argument Julians war. Mit diesen allgemeinen Bemerkungen wollen wir uns nun zunächst der Kritik Julians am christlichen (und jüdischen) Gottesbegriff in der jüdischen Heiligen Schrift zuwenden, dann seiner Erörterung des Abfalls des Christentums vom Judentum.

Der Stammesgott der Juden und der Christen

Julian hatte eine zwiespältige Einstellung dem Judentum und der jüdischen Heiligen Schrift gegenüber. Er achtete jüdische Traditionen, insbesondere den Eifer der Juden für die Erhaltung der Bräuche ihrer Ahnen – zum Beispiel bei der Befolgung der ritualen Forderungen des Gesetzes. Und doch verspottete er die Mythen und Legenden der jüdischen Heiligen Schrift. An einigen Stellen bringt er seine Bewunderung für den jüdischen Gott zum Ausdruck; er ist bereit, ihn mit dem von allen verehrten höchsten Gott zu identifizieren. Doch an anderen Stellen, besonders in dem Werk *Contra Galilaeos*, kritisiert er die Juden, weil sie glaubten, ihr Gott, der bloß ein Volks- oder

Stammesgott ist, sollte als der eine, über alle herrschende Gott verehrt werden. Mit diesen Bemerkungen wollte er jedoch nicht die Juden kritisieren, sondern die Christen angreifen, die die jüdische Auffassung übernommen hatten und die jüdische Heilige Schrift immer noch benutzten.

„Der Gott der Hebräer", schreibt Julian, „ist nicht der Schöpfer des ganzen Weltalls, der über alle Dinge herrscht, sondern er hat seine Begrenzungen; und da seine Herrschaft Grenzen hat, müssen wir uns ihn als einen unter anderen Göttern vorstellen" (100c). Hinter dieser Kritik steckt die bekannte theologische Auffassung, die bei mehreren in diesem Buch erörterten Autoren deutlich wird. Die Griechen stellten sich ein einziges höchstes Wesen vor, das über alles herrschte. Aber sie glaubten gleichzeitig, daß jede Nation und jedes Volk die eigenen Gottheiten mitbrachte, die zusammen mit dem einen höchsten Gott verehrt werden sollten, wenn auch nicht mit der gleichen Ehrerbietung. Nach Julians Ansicht war der Gott der Hebräer und der Christen ein „Stammesgott"; man sollte ihn daher als eine niedrigere Gottheit verehren, die dem einen höchsten Gott untertan ist. Man sollte nicht so tun, als wenn er mehr wäre als dies.

Ist der eigentliche Gegenstand der höchsten Form der Gottesverehrung der Gott von allen Menschen, so folgt daraus, sagt Julian, daß dieser höchste Gott das Eigentum keines bestimmten Volkes sei und daß man ihn auch nicht durch eine bestimmte Offenbarung erkennen könne. Der Gott von allen Menschen sei vielmehr dem ganzen Menschengeschlecht bekannt.

„Daß das Menschengeschlecht seine Gotteserkenntnis von Natur her hat und nicht durch Offenbarung, wird uns durch das allgemeine Verlangen nach dem Göttlichen bewiesen, das in allen Menschen, ob Privatpersonen oder Gemeinschaften, in einzelnen und Völkern steckt. Denn wir alle sind ohne Belehrung oder Offenbarung zum Glauben an eine höchste Gottheit gelangt, auch wenn es nicht für alle Menschen leicht ist, die genaue Wahrheit darüber zu erfahren. Daher ist es denen, die sie kennen, auch nicht möglich, sie allen Menschen mitzuteilen" (52b).

Julians Ansicht wurde von vielen Philosophen und religiösen Denkern zu seiner Zeit und in den Jahrhunderten davor geteilt. Der Grund, warum ein solches Argument in das Werk gegen die Christen eingebracht wurde, ist der, die törichte Idee zu entlarven, daß dieser eine Gott sich nur in einer bestimmten historischen Offenbarung gezeigt habe. Bei den Juden greift Julian ihren Anspruch des Auserwähltseins als den anstößigsten heraus: „Moses sagt, daß der Schöpfer des Weltalls das hebräische Volk auserwählt habe, daß er sich um dieses Volk allein kümmere und für es sorge und daß er es allein in seine Obhut nehme. Doch darüber, wie und durch welche Götter die übrigen Völker regiert werden, hat er kein Wort gesagt" (100a). Diese Vorstellung vom Auserwähltsein, bemerkt Julian, wurde ebenfalls von den Christen übernommen. Denn „Jesus der Nazarener und auch Paulus, der alle Magier und Quacksalber jedes Orts und jeder Zeit übertraf, behaupten, daß er der Gott von Israel und von Judäa sei und daß die Juden sein auserwähltes Volk seien" (100a).

Den Argumenten des Porphyrios gegen die Vorstellung, daß sich der Gott von allen einem bestimmten Volk oder in einer einzigen historischen Gestalt offenbaren würde, fügt Julian eine neue Nuance hinzu. Porphyrios fragte, was aus den alten Römern werden sollte, die von Jesus nichts wußten, weil sie lange vor seiner Zeit lebten *(Frag.* 81). Schon im 2. Jahrhundert hatte *Celsus* eine ähnliche Frage gestellt: „Hat Gott erst jetzt nach einer so langen Zeit daran gedacht, das Leben der Menschen zu beurteilen? Hat er sich vorher nicht darum gekümmert?" *(c.Cels.* 4) Julian fügt den eigenen Gedanken hinzu und fragt, warum Judäa „das einzige Land ist, das er auserwählt hat, um dafür Sorge zu tragen" (141). An einer anderen Stelle, wo er von Jesus spricht, fragt Julian, warum Gott den Juden Propheten sandte, „uns aber keinen Propheten, keinen Gesalbten, keinen Lehrer, keinen Vorläufer, um seine Menschenliebe zu verkünden, die eines Tages, wenn auch spät, sogar auch uns erreichen sollte? ... Ist er der Gott von uns allen und der Schöpfer von allem, warum hat er uns so vernachlässigt?" (106d)

Der Streit zwischen Julian und den Christen ist also kein Streit zwischen der Vielgötterei der Griechen und dem Monotheismus der Christen und Juden. Was Julian dem Christentum und dem Judentum entgegensetzte, war ein hochentwickelter Gottesbegriff, den er bei seinen platonischen Lehrern gelernt hatte. Der wahre Gott ist ein geistiges Wesen, der Herr über alle und allen offenbar. Das ganze Menschengeschlecht ist, ohne unterrichtet worden zu sein, dazu gekommen, an irgendeine Art Gottheit zu glauben (52b). Dieser Gott, der über die Volks- und Ortsgötter der verschiedenen Nationen hoch erhaben ist, offenbart sich nicht zu bestimmten Zeiten und an bestimmten Orten. Er ist allen Menschen guten Willens bekannt, die ihr Denken und ihren Geist dazu erzogen haben, Gott zu betrachten. Daher ist es unverschämt von Christen zu glauben, sie hätten eine besondere, anderen unbekannte Offenbarung erhalten. Julian wiederholt nach Celsus und Porphyrios eine grundlegende Kritik an der christlichen Überlieferung. Das ist eine Kritik, die auch immer wieder von modernen Kritikern des Christentums, besonders seit der Aufklärung, zum Ausdruck gebracht wird.

Um die Überlegenheit des klassischen Gottesbegriffs zu zeigen, stellt Julian nun einen Vergleich zwischen der griechischen Überlieferung und der jüdischen (und christlichen) Heiligen Schrift an. Er widmet einer Analyse der Schöpfungsgeschichte im Buch *Genesis* und im *Timaios* von Plato beträchtlichen Raum. Das führt ihn dazu, die Rolle von Mythen und Legenden bei der Darstellung religiöser Wahrheiten zu erörtern. Julian gibt ohne weiteres zu, so wie die jüdische Heilige Schrift in mythischer Sprache die Schöpfungsgeschichte darstelle, hätten auch die Griechen eine mythologische Überlieferung. Es verletzt ihn jedoch, daß sich die Juden und die Christen darüber nicht klar sind, daß sie es hier mit Mythen zu tun haben. Statt dessen bestehen sie darauf, diese Geschichten wortwörtlich und ohne eine allegorische Auslegung zu verstehen. Nimmt man die Mythen in der Bibel wörtlich, dann geben sie ein unglaubliches Bild von Gott und von der Menschheit.

Er greift die Geschichte von der Schlange im Garten Eden heraus. Was ist das für ein Gott, fragt er, der die Menschen ohne Erkenntnis von Gut und Böse erschaffen hat? Wie kann ein guter Gott Menschen erschaffen, ohne ihnen Weisheit zu verleihen, nämlich die Fähigkeit, zwischen Gut und Böse unterscheiden zu können? Nimmt man die Geschichte wörtlich, dann muß die Schlange gelobt werden; denn die Schlange war es, die den Menschen moralische Verantwortung beigebracht hat. Der hebräische Mythos vermittelt also die seltsame Lehre, daß „die Schlange eher ein Wohltäter als ein Zerstörer der Menschheit war"; denn die Schlange hat die Menschen dazu gebracht, verantwortungsbewußt zu handeln (93d). Doch wenn der Mythos das lehrt, dann ist es klar, daß die hebräische Heilige Schrift „viele gotteslästerliche Sprüche enthält. Erstens weiß sie nicht, daß sie, die als Gehilfin erschaffen wurde, den Sündenfall verursachen würde; zweitens wird die Erkenntnis von Gut und Böse versagt, welche allein dem menschlichen Geist Klarheit verschafft; und schließlich ist Gott eifrig darauf bedacht, daß der Mensch von dem Baum des Lebens nicht nimmt, damit aus einem Unsterblichen ein Sterblicher werde; – das heißt, dieser Gott ist äußerst neidisch und mißgünstig" (94a).

Diese Stelle deutet auf einen anderen unangenehmen Charakterzug des jüdischen Gottes: Der Gott der Bibel ist eifersüchtig. Die Heilige Schrift berichtet ausdrücklich das Wort Gottes: „Ich bin ein eifersüchtiger Gott." Was muß das für ein Gott sein? „Wenn ein Mensch eifersüchtig und neidisch ist, hält man ihn für tadelnswert. Hingegen wenn man Gott eifersüchtig nennt, soll das eine göttliche Eigenschaft sein?" (155c) In den griechischen Mythen wird Gott „niemals als zornig oder grollend, erzürnt oder verfluchend, als wankelmütig oder als wortbrüchig gezeigt" (160d). Doch die jüdische Heilige Schrift stellt Gott regelmäßig auf diese Weise dar.

Vergleicht man Platos Weltentstehung im Buch *Timaios* mit dem von Moses im Buch *Genesis* gegebenen Schöpfungsbericht, so ist es klar, sagt Julian, daß Plato eine viel klarere Auffassung vom Hergang der Weltschöpfung hatte. Zum einen ist Moses viel weniger genau bei seiner Darstellung der Schöpfung. Er spricht vom Himmelszelt und der Erde, von den auf der Erde existierenden Kreaturen, aber von den zwischen Gott und der Welt befindlichen Wesen sagt er nichts; und er beachtet die Natur der Engel nicht.

Er erwähnt den Geist, aber über die „Erzeugung oder die Schaffung des Geistes" sagt er nichts. Er sagt bloß, daß „der Geist Gottes über den Wassern schwebte". Er sagt auch nicht, ob der Geist „ungezeugt" oder „gezeugt" war. Hier ist Julian zweifellos sarkastisch, denn als einer, der als Christ erzogen worden war, wußte er, daß der Ausdruck „ungezeugt" *(agenetos)* unter den Christen heiß umstritten war. Seit mehreren Jahrzehnten hatten christliche Denker darüber debattiert, ob der Sohn „ungezeugt" oder „gezeugt" war. War der Sohn gezeugt, das heißt, fing er zu existieren an, dann konnte er nicht göttlicher Natur sein. Nur Gott ist ungezeugt, denn er existiert ewig unverändert. Zur Zeit, als Julian an seinem Werk *Contra Galilaeos* schrieb, standen die Christen in der hitzigen Debatte, ob der Heilige Geist gezeugt oder ungezeugt sei – mit anderen Worten, ob der Geist wahrhaftig göttlicher Natur sei. Also macht er sich über die Christen lustig, weil Moses über das Thema nichts gesagt habe. Dies läßt vermuten, daß der Geist gezeugt worden sein muß. Denn wäre er ungezeugt (göttlich), dann hätte Moses es sicherlich gesagt.

Es ist seltsam, sagt Julian, daß die Christen, die behaupten, eine hochgeistige Religion zu haben, sich auf einen Schöpfungsbericht verlassen, der über geistige Wesenheiten nichts zu sagen hat. „Nach Moses ist Gott der Schöpfer von nichts, das unkörperlich ist; er ist nur der Verfüger über schon vorhandene Materie. Denn die Worte: Die Erde aber war wüst und leer, können nur bedeuten, daß er die nasse und trockene Substanz als die Urmaterie betrachtet und daß er Gott als den Verfüger über diese Materie einführt." Moses ist mangelhaft, weil er lediglich über die Schöpfung der physikalischen Welt spricht, die Engel und andere geistige Wesen aber nicht beachtet. Platos Bericht über die geistigen und unsichtbaren Wesen, die von Gott gezeugt wurden und aus ihm hervorgegangen sind, ist weit überlegen. Denn Moses „ist es nicht gelungen, einen vollständigen Bericht über den Gestalter des Weltalls zu geben" (99c).

Julian hat noch vieles über dieses Thema zu sagen, aber Kyrillos von Alexandrien hat wahrscheinlich nur einen kleinen Teil seiner Kritik an der jüdischen Heiligen Schrift und an den Legenden und Mythen der Bibel enthalten. Wir wissen, daß er auch die Geschichte des Turms von Babel erörtert hat, die er eine „ganz fabelhafte Erklärung" (134d) für die Mannigfaltigkeit der Sprachen in der Welt nennt. Er fragt sich, warum die Christen diese Geschichte so sehr lieben, während sie sich doch weigern, der Erzählung von Alodae in Homers Odyssee Glauben zu schenken, der versucht hat, drei Berge aufeinander zu setzen, „damit man das Himmelszelt erklimmen könnte" (Odyssee 11.316). „Ich für meinen Teil sage, daß diese Geschichte fast genauso fabelhaft ist wie die andere. Aber wenn ihr jenen Turm von Babel gelten laßt, warum im Namen der Götter glaubt ihr Homers Fabel nicht?" Auch wenn viele Einzelheiten von Julians Kritik fehlen, ist sein grundlegendes Argument klar. Er will zeigen, daß jüdische und christliche Weisheit der Weisheit des alten Griechenlands nicht gewachsen ist. Juden und Christen können auf keine Reihe so berühmter Lehrer hinweisen wie Plato, Sokrates, Aristides, Thales, Lykurgos, Archidamus und so weiter. *Gegen die Galiläer* ergänzt Julians Erlaß über den Literaturunterricht. Werden die Christen von der griechischen Überlieferung ausgeschlossen und dazu gezwungen, sich auf die eigene Heilige Schrift und die eigenen Lehrer zu verlassen, werden sie bald zum Gegenstand des Gelächters. Sie brauchen die Weisheit Griechenlands, um die eigene unfruchtbare und dämliche Überlieferung zu verbessern.

Ein Abfall vom Judentum

So wichtig die obigen Überlegungen bei einer Bewertung von Julians Schrift *Contra Galilaeos* auch sind, noch sind wir zu den überzeugendsten der dort vorgebrachten Argumente nicht gekommen. Denn im Gegensatz zu früheren Werken über die Christen ist es der charakteristische Zug von *Contra Galilaeos*, daß Julian den Abfall vom Judentum als die anfechtbarste Stelle des Christentums herausgreift. Für Julian ist dies kein bloß philosophisches oder literarisches Argument. Seinen Angriff auf das Christentum unterstützt er durch eine bewußte historische Geste, die nur ein Kaiser setzen konnte: Es war der Plan, den jüdischen Tempel in Jerusalem wiederaufzubauen. Mehr als alles andere hat dieser Plan seine Kritik von anderen Kritikern unterschieden und den Zorn der späteren Christen ausgelöst. „Möge selbst sein Andenken verflucht sein!" schrieb der mittelalterliche Chronist Michael der Syrer.

Im Jahre 70 n. Chr. waren der jüdische Tempel und die Stadt Jerusalem durch die römischen Armeen unter dem Kaiser Titus zerstört worden. Zur Zeit des Bar-Kochba-Aufstands in den Jahren 132–135 n. Chr. haben die Juden für eine kurze Zeit die Stadt Jerusalem zurückerobert und sich bemüht, den Tempel wiederherzustellen. Doch als der Aufstand schließlich durch den Kaiser Hadrian niedergeschlagen wurde, wurden Pläne für die Umwandlung der Stadt in eine römische Kolonie mit dem Namen Aelia Capitolina (von Hadrians Familiennamen Aelius) entworfen. Die Juden, die noch in der Stadt waren, wurden vertrieben; ein römischer Tempel, dem Jupiter Capitolinus geweiht, wurde auf dem Platz errichtet; und dort wurde ein Standbild von Kaiser Hadrian aufgestellt. Jerusalem war keine jüdische Stadt mehr. Es war nach den Christen (Eusebius, *Comm. in Ps.* 82.2–4; *PG* 23.1044c) eine Stadt der „Griechen, Ausländer und Götzendiener".

Die Christen haben die Eroberung der Stadt und das Aufhören der Opfer und des Gottesdienstes als das Ende der jüdischen Religion gedeutet. Aus der jüdischen Heiligen Schrift (dem Alten Testament) wußten die Christen, daß der Tempel schon früher einmal zerstört und die Stadt verwüstet wurde, daß die Juden in die Verbannung vertrieben wurden. Doch als dies geschehen war, hatte Gott nach einer angemessenen Zeit seinem Volk die Stadt zurückgegeben und den Tempel wiederaufbauen lassen. Dieses Mal war es anders. Nie zuvor, schreibt Origenes, waren die Juden „für eine so lange Zeit von ihren Riten und ihrer Gottesverehrung ausgeschlossen" *(c.Cels.* 4.22). Gott hatte das jüdische Gesetz einem Volk gegeben, das in Jerusalem und im Land Israel wohnte. Da aber diese Stadt jetzt den Juden versperrt war, konnte dieses Gesetz unmöglich korrekt und rechtmäßig beobachtet werden. Der Verlust von Jerusalem sollte auch das alte jüdische Gesetz ungültig machen.

So lange der Tempel in Trümmern lag und den Juden die Stadt versperrt war, schien es den Christen und einigen Heiden, daß die Christen mit der Behauptung recht hatten, das Judentum habe seine Rechtmäßigkeit verloren. Die Christen beriefen sich auf die Prophezeiungen in der jüdischen Heiligen Schrift, um zu beweisen, daß nicht nur die Zerstörung des Tempels vor Jahrhunderten schon vorausgesagt worden war, sondern daß er auch nie wiederaufgebaut werden würde. Seine Zerstörung war endgültig. Das Buch Daniel lieferte den bedeutendsten Beweistext. In der griechischen Fassung, die von den Christen in der römischen Welt benutzt wurde, sagte Daniel, daß „er den Schlacht- und Speiseopfern ein Ende macht" (Dan 9,27). Hieronymus, ein christlicher Exeget und Zeitgenosse Julians, (342–420 n. Chr.) deutet diese Stelle so, daß der Tempel eine Ruine bleiben würde „bis zur Vollendung der Welt und bis zum Ende" *(Comm. in Danielem 9.24).*

Da hatte nicht nur die jüdische Heilige Schrift (nach Ansicht der Christen) die Zerstörung des Tempels prophezeit, sondern Jesus selbst hatte die Juden vor ihrem nahe bevorstehenden Schicksal gewarnt. Sowohl Matthäus als auch Lukas berichten von der Prophezeiung Jesu: „Als Jesus den Tempel verließ und weiterging, traten seine Jünger zu ihm hin, um ihn auf die Tempelbauten hinzuweisen. Er aber antwortete ihnen: Seht ihr nicht dies alles? Wahrlich, ich sage euch: Kein Stein hier wird auf dem anderen bleiben, der nicht weggerissen wird" (Mt 24,1–2; vgl. Lk 21,6). Später im selben Kapitel zitiert Jesus eine Stelle aus dem Buch Daniel über die Zerstörung des Tempels (Mt 24,15–16). In christlichen Kreisen wurde die Prophezeiung aus Daniel zusammen mit der Prophezeiung Jesu dahin ausgelegt, daß der Tempel am Tage des Jüngsten Gerichts immer noch in Ruinen liegen würde – wie auch Kyrillos, der Bischof von Jerusalem, Mitte des 4. Jahrhunderts in einer seiner Predigten sagte *(Catech.* 15.15).

Als wollten sie die Wahrheit dieser Prophezeiung unterstreichen und zeigen, daß Jerusalem keine jüdische Stadt mehr war und den Juden nie wieder gehören würde, unternahmen die Christen im 4. Jahrhundert mit Unterstützung Kaiser Konstantins und seiner Mutter Helena und mit den materiellen Anreizen der Reichsschatzkammer ein umfangreiches Bauprogramm in Jerusalem. Zum ersten Mal in der christlichen Geschichte fingen Christen an, nach Palästina zu pilgern, um an den heiligen Stätten von Jerusalem und Umgebung Gott zu verehren. Eusebius, Kirchenhistoriker und Bischof der palästinensischen Küstenstadt Caesarea und Biograph von Konstantin, sah die neuen Bauten, von denen der prachtvollste die Auferstehungskirche über dem Grab Jesu war *(Anastasis)*, als sichtbaren Beweis für den Sieg des Christentums über das Judentum und das Verdrängen der Juden durch die Christen. Nach Eusebius hatte Konstantin „in der palästinensischen Nation, im Herzen des hebräischen Königreichs, an der eigentlichen Zeugnisstelle des Heils, ein riesengroßes Gebetshaus und einen Tempel" errichtet *(Lob Konstantins 9.16)*. Konstantins Bauten gründeten ein „neues Jerusalem im Gegensatz zu dem in alten Zeiten so berühmten" *(Leben Konstantins 3.33)*. Bezeichnenderweise war die neue Stadt geographisch von der dem Tempelhügel gegenüber errichteten alten jüdischen Stadt verschieden.[8]

Von seiner christlichen Erziehung her war Julian mit der christlichen Deutung der Stadt Jerusalem und ihres Tempels vertraut. Er wußte, daß die Zerstörung des Tempels als Erfüllung der Prophezeiung gesehen wurde. Und er war sich darüber klar, daß die Christen seine Ruinen als Beweis für die Wahrheit des Christentums betrachteten. Nach der christlichen Auffassung war der Tempel Symbol der Rechtmäßigkeit des Judentums und der Beobachtung des jüdischen Gesetzes geworden. So lange der Tempel in Ruinen lag – und es wurde angenommen, daß er für immer so bleiben würde –, hatten die Christen anscheinend recht: Die jüdische Lebensweise war ungültig, das Christentum war der rechtmäßige Erbe der alten jüdischen Überlieferung.

Doch Julian konnte sehen, daß zu seiner eigenen Lebzeit das Judentum ganz lebendig war. Als er die großen Städte des östlichen Reiches besuchte, sah er blühende jüdische Gemeinden, deren Führer gut erzogene und gebildete Männer waren. Er war sich darüber klar, daß die Juden weiterhin mit Eifer ihre altererbten Traditionen befolgen und den Gesetzesunterricht und das Studium der Heiligen Schrift betreiben. Und er wußte, daß die Juden die törichte Ansicht sofort ablehnten, daß die emporgekommene Religion das Judentum ersetzt hätte oder daß diese einen rechtmäßigen Anspruch auf das Erbe ihrer Väter erheben könnte. Nur die Christen und vielleicht einige ungebildete Heiden glaubten, daß die jüdische Lebensweise veraltet oder ausgestorben sei.

In dieser gesellschaftlichen Umwelt hat Julian seine Taktik gegen die Christen ausgedacht. Er wußte, daß frühere Kritiker das Christentum als Abfall von der jüdischen Überlieferung angegriffen hatten. Celsus bemerkte, daß die Christen das jüdische Gesetz verachteten (c. Cels. 2.4), während sie behaupteten, die Erben der jüdischen Überlieferung zu sein. Wie wir gesehen haben, hat Celsus die Widersprüche zwischen Jesus und Moses aufgedeckt. Er stellte die Frage: Hat Gott widersprüchliche Gesetze, das eine dem Moses, ein anderes seinem Sohn, diesem Mann aus Nazareth, gegeben? Wer hat recht, Moses oder Jesus? Als der Vater Jesus sandte, hatte er da vergessen, was für Gebote er dem Moses gegeben hatte? Oder hat er die eigenen Gesetze mißbilligt und seine Meinung geändert und seinen Boten zu einem entgegengesetzten Zweck entsandt? (c.Cels. 7.18)

Das Argument des Celsus setzte voraus, daß es lebendige jüdische Gemeinden gab, die die jüdische Heilige Schrift weiterhin lasen und das jüdische Gesetz beobachteten. Zur Lebzeit von Celsus in der zweiten Hälfte des 2. Jahrhunderts, wie auch zur Zeit Julians, waren die Juden ein auffälliger Faktor im Leben der Städte. Sie dienten im Stadtrat und bekleideten Ämter in der Provinzverwaltung; ihre Söhne erhielten eine griechische Erziehung, ihren Kindern wurden griechische Namen gegeben; in jeder sonstigen Art und Weise nahmen die Juden vollen Anteil am Leben der Städte, in denen sie wohnten. Doch sie blieben Juden und behaupteten, daß sie (und sie allein) die Nachkommenschaft des alten Israels waren. Im 4. Jahrhundert wurde die jüdische Lebensweise geachtet. Wie Johannes Chrysostomus, ein christlicher Priester in Antiochien, Ende des 4. Jahrhunderts sagte: „Ich weiß, daß viele die Juden hochachteten und glauben, daß ihre derzeitige Lebensweise heilig ist" (Ad Jud. 1.3). Aus der Perspektive heidnischer Kritiker des Christentums war das Vorhandensein jüdischer Gemeinden ein durchschlagendes Argument gegen die Behauptungen der Christen. Wie konnten die Christen behaupten, die wahren Nachfolger der Juden zu sein, wenn sie die jüdische Lebensweise nicht befolgten?

Behauptungen bezüglich der Wahrheit des Christentums und der Unrechtmäßigkeit des Judentums ruhten schwer auf der Überzeugungskraft sichtbarer Fakten, etwa des Erfolges der Christen bei der Gewinnung von Konvertiten oder der Anwesenheit von Ruinen an der Stelle des ehemaligen jüdischen Tempels. Wie würden die christlichen Behauptungen in der Öffentlichkeit wirken, wenn der Tempel nicht mehr in Trümmern läge und die Juden nicht nur in die Stadt zurückkehrten, sondern wieder in ihrem Tempel Opfer brächten? Hierin liegt der Kern von Julians Absicht, den Tempel wiederaufzubauen. Frühere Kritiker hatten die christlichen Behauptungen dadurch bestritten, indem sie zeigten, wie die Christen durch Nichtachtung des jüdischen Gesetzes vom Judentum abgefallen sind. Julian bestärkte nun diese Argumente mit der Ankündigung, daß er den Tempel wiederaufbauen würde. Welch größeren Beweis konnte es dafür geben, daß das Christentum falsch war und daß die Juden, nicht aber die Christen, die rechtmäßigen Erben der alten Traditionen Israels waren. Seine Vorgänger hatten nur literarische und philosophische Argumente gegen das Christentum gebracht. Aber warum sollte er sich auf Worte verlassen? Er war der römische Kaiser. Warum über die Geschichte sprechen, wo er doch Geschichte machen konnte?

Julians Plan, den Tempel wiederaufzubauen, paßte auch zu seiner Erneuerung der herkömmlichen Religion. Er glaubte, wie er es von seinen neuplatonischen Lehrern gelernt hatte, daß das Gebet ohne Opfer unvollständig sei. Auch wenn die Juden nicht mehr opferten, so war doch das Tieropfer einmal ein wesentlicher Teil der jüdischen Religion gewesen. „Abraham pflegte zu opfern, eben wie wir Hellenen es tun, immer und fortwährend" *(Gal.* 356c). Hier gab es einen bedeutenden Unterschied zwischen dem Judentum und dem Christentum. Die Juden, die sich in mancher Hinsicht von anderen Völkern unterschieden, waren in dieser Hinsicht den anderen Völkern des Mittelmeerraumes ähnlich. Alle praktizierten irgendeine Form des Tieropfers. Mit ihrem Ritus des geistigen oder unblutigen Opfers standen die Christen allein. Sogar zu unserer Zeit, sagte Julian, opfern die Juden zu Hause; „und vor dem Opfer beten sie, und den Priestern geben sie die rechte Schulter als erste Opfergabe" *(Gal.* 306a). Anscheinend weist Julian hier nicht auf die Praxis des Opferns an sich hin, sondern auf das rituelle Schlachten (d. h. *kasruth),* das die Zubereitung des jüdischen Festmahles begleitete.

Warum sollte er nicht die Juden als Verbündete gewinnen bei dem

Bemühen, den Städten des Römischen Reiches die herkömmliche Gottesverehrung zurückzugeben? Auch wenn die Juden die alte Religion Griechenlands und Roms nicht annehmen können, so glauben sie doch an die Wirksamkeit des Opfers. Laßt den jüdischen Tempel in seiner ehemaligen Herrlichkeit wiedererrichten, und laßt die jüdischen Führer die alte Tradition des vor Gott dargebrachten Tieropfers wieder einführen. Es gibt doch keine wirksamere Art und Weise, die Christen von allen übrigen Bürgern des Reiches abzusondern. Die Juden, die sich von der öffentlichen Religion ferngehalten hatten, würden sich nun anderen Bürgern bei der Verrichtung von Gebeten für den Kaiser anschließen können.

Die Wiederherstellung des Tempels in Jerusalem würde nicht nur christliche Behauptungen in Zweifel ziehen, daß sie die echten Erben Israels sind, sie würde auch Julians religiöses Erneuerungsprogramm unterstützen; sie würde außerdem einen zusätzlichen Beweis dafür bringen, daß Jesus kein Gott war. Denn würde der Tempel wiederaufgebaut, dann würde die Prophezeiung Jesu, daß „kein Stein hier auf dem anderen bleiben wird", als falsch erwiesen sein.

In den noch vorhandenen Fragmenten aus dem Werk *Gegen die Galiläer* sagt Julian wenig über den Tempel selbst; es kann durchaus sein, daß dieser Abschnitt des Werkes verlorengegangen ist oder daß Kyrillos von Alexandria ihn bewußt unterdrückt hat. Doch das allgemeine Argument des Buches, ergänzt man es durch Äußerungen in Julians Briefen und Bemerkungen seiner Zeitgenossen, ergibt Hinweise auf die Richtung von Julians Denken. Wie ich schon bemerkt habe, war es eine der Beschuldigungen Julians gegen die Christen, daß sie die Lehren der Griechen aufgegeben und die jüdische Lebensweise angenommen hatten (235d; 207d). Aber warum sind die Christen, nachdem sie nun die jüdische Überlieferung übernommen hatten, ihr nicht treu geblieben? „Wie kommt es, daß ihr selbst der Überlieferung der Hebräer nicht treu bleibt oder das Gesetz annehmt, das Gott ihnen gegeben hat? Ihr habt ihre Lehre noch mehr als unsere aufgegeben und euch den Voraussagungen der Propheten ergeben" (238a).

Julian wußte wohl, daß die Christen ihre Abwendung von der jüdischen Überlieferung rechtfertigten, indem sie sich auf jüdische Propheten beriefen. Also ging er daran, zu beweisen, daß die Christen die Propheten mißverstanden haben und daß sie mit einer solchen Berufung ihre neue Lebensweise nicht verteidigen konnten. „Da die

Galiläer sagen, obwohl sie anders als die Juden sind, sie seien immer noch genaugenommen Israeliten gemäß ihren Propheten und sie gehorchten Moses und den ihm in Judäa nachgefolgten Propheten, so wollen wir sehen, in welcher Hinsicht sie wirklich mit diesen Propheten übereinstimmen" (253b). Sein erstes Beispiel ist die Geburt Jesu. Moses hat oft gesagt, daß das ganze Menschengeschlecht den einen Gott verehren sollte. Doch nirgends spricht er davon, „einen anderen Gott" zu verehren (253c). Einige mögen auf die Stelle im Deuteronomium (18,15.18) hinweisen: „Einen Propheten wie mich wird dir Jahwe, dein Gott, aus der Mitte deiner Brüder erstehen lassen; auf ihn sollt ihr hören." Dieser Text, der im Buch Apostelgeschichte in Hinblick auf Jesus zitiert ist (Apg 7,37), wurde von den Christen oft als Beweis dafür angeführt, daß Moses das Kommen Jesu vorausgesagt habe. Aus seiner christlichen Erziehung war Julian diese Auslegung bekannt. Er wies nun darauf hin, daß der Text nirgends andeutet, daß der, der kommen sollte, ein Gott sein wird. Ja, Moses sagt ausdrücklich (Deut 18,18), daß der „Prophet wie er sein wird und nicht wie Gott, ein Prophet von Menschen geboren, kein Gott" (253d).

Eine andere wohlbekannte Prophezeiung war Genesis 49,10: „Nicht wird das Zeichen von Juda weichen, noch der Herrscherstab von seinen Füßen..." Dieser Text sollte sich auch auf Jesus beziehen. Julian ist auch hier über die christliche Auslegung der Stelle gut unterrichtet. Man konnte den Text in zweierlei Weise auslegen: „Der Herrscherstab soll nicht weichen... bis *er* kommt, dem er vorbehalten ist"; oder: „bis das kommt, was ihm vorbehalten ist". Die Christen verstehen die Stelle im ersten Sinne. Aber, bemerkt Julian, es ist klar, daß Moses dabei überhaupt nicht an Jesus denkt. Der Text bezieht sich auf die israelitische Monarchie, das „Königshaus David", das zur Zeit des Zedekiah zu Ende ging. Wie kann der Text von Jesus sprechen, der nicht aus Juda stammte? Selbst wenn Josefs Geschlecht auf Juda zurückgeführt werden kann, wie kann das gelten, „da er nicht von Josef, sondern von dem Heiligen Geist geboren wurde"? Außerdem beweisen die Genealogien wenig, weil Matthäus und Lukas bezüglich der Familiengeschichte nicht übereinstimmen (253e; 261e).

Wenige Kritiker des Christentums konnten über solche Kenntnisse der Bibelauslegung und der theologischen Erörterung verfügen. Julian ärgerte die Christen, denn er hob die schwachen Stellen der christlichen Bibelauslegung hervor; er griff Stellen an, mit denen die scharfsinnigsten christlichen Exegeten seit Generationen gerungen hatten. In den meisten Fällen wußte Julian schon die Antworten auf die Fragen, die er stellte; er konnte also voraussehen, was darauf erwidert würde. Wie Kyrillos von Alexandria sagte, blieben seine Kritiker sprachlos.

Ein weiteres Beispiel ist die berühmte Prophezeiung von Jesaja 7,14: „Seht, das junge Mädchen wird empfangen und einen Sohn gebären." Die Christen zitieren diese Stelle, um zu zeigen, daß Jesus ein Gott war, weil er von einer Jungfrau geboren wurde. Jedoch im Text steht nichts über einen Gott; und Jesaja sagt nirgends, daß „ein Gott von einer Jungfrau geboren wird". Warum also plappern die Christen davon, daß Maria die Mutter Gottes sei, wenn Jesaja nirgends sagt, daß „der eingeborene Sohn Gottes" oder der „Erstgeborene der Schöpfung" von der Jungfrau geboren ist? (Gal 262d)

Julians Auslegung der biblischen Prophezeiung schuf die Grundlage für sein Hauptargument: Die Christen haben ohne Berechtigung durch die Heilige Schrift ein neues Gesetz eingeführt und das Gesetz der Juden verlassen. Die Juden „haben genaue Gesetze bezüglich der Gottesverehrung"; diese werden heute immer noch befolgt. Die Christen beobachten nicht die Gesetze des Moses; ja sie sind stolz darauf, das Gesetz abgeschafft zu haben. Aber wo in der Heiligen Schrift lehrt Moses, daß zu einer späteren Zeit ein neues Gesetz eingeführt wird? Nirgends gibt Gott „den Hebräern ein zweites Gesetz neben dem schon bestehenden bekannt. Nirgends geschieht es, nicht einmal eine Revision des schon bestehenden Gesetzes" (320b). Ja, Moses lehrte, daß das Gesetz auf ewig dauern wird und daß ihm nichts hinzugefügt oder weggenommen wird. „Dem Worte, das ich euch gebiete, dürft ihr nichts hinzufügen, auch nichts davon wegnehmen; vielmehr habt ihr die Gebote Jahwes, eures Gottes, die ich euch gebe, zu beobachten" (Deut 4,2; Julian zitiert auch Deut 27,26). Die Christen haben diese Worte der Heiligen Schrift mutwillig mißachtet, obwohl Moses eindeutig lehrte (Ex 12,14–15), daß „das Gesetz Moses auf ewig dauern sollte" (320a).

Ein anderes Beispiel für die Verletzung des jüdischen Gesetzes durch die Christen war die Vernachlässigung des Brauches der Beschneidung. Julian wußte wohl, daß die Christen eine Erwiderung bereit hatten auf die Beschuldigung, daß sie nicht beschnitten. Als er den Christen die Frage stellt: „Warum praktiziert ihr die Beschneidung nicht?", gibt er sofort die christliche Antwort: „Paulus sagte, daß dem Abraham Beschneidung des Herzens und nicht des Fleisches gewährt wurde, weil er glaubte. Er sprach nicht vom Fleisch, und wir sollten den von ihm und von Petrus verkündeten frommen Worten glauben." Aber, sagt er weiter, es ist ebenfalls klar, daß die Heilige Schrift lehrt, daß die „Beschneidung des Fleisches" dem Abraham als Bund und als Zeichen gegeben wurde. Denn im Buch Genesis steht geschrieben: „Dies ist mein Bund, den ihr wahren sollt zwischen mir und euch und deinen Nachkommen nach dir. Alles Männliche unter euch soll beschnitten werden, und zwar sollt ihr an dem Fleisch eurer Vorhaut beschnitten werden. Dies sei zum Zeichen des Bundes zwischen mir und euch" (Gen 17,1–11). Julian zitierte nicht nur die jüdische Heilige Schrift; er zitierte auch die Worte Jesu bei Matthäus und deutete an, daß es die Jünger waren, nicht Jesus, die die Christen dazu führten, von der jüdischen Überlieferung abzufallen: „Ich bin nicht gekommen, das Gesetz und die Propheten aufzulösen, sondern zu erfüllen" (Mt 5,17); und: „Wer also eines dieser geringsten Gebote aufhebt und die Menschen so lehrt, wird der Geringste heißen im Himmelreich" (Mt 5,19)... Jesus hat die Menschen gelehrt, das jüdische Gesetz zu beobachten.

Schließlich kommt Julian zur Sache des Opfers. „Warum opfert ihr nicht", fragt er die Christen, wo doch die Heilige Schrift und die jüdische Überlieferung eindeutig das Opfern gebieten? „Wie kommt es, daß ihr, nachdem ihr uns [die Griechen] verlassen habt, das Gesetz der Juden nicht liebt und den Sprüchen des Moses auch nicht treu bleibt?" (305d) Wieder weiß Julian, was die Christen darauf erwidern. Zweifellos antwortet irgendein Scharfsinniger: „Auch die Juden opfern nicht mehr." Worauf Julian erwidert: „Und auch ihr beobachtet keinen der übrigen von den Juden befolgten Bräuche; ... die Juden opfern doch bei sich zu Hause, und bis auf den heutigen Tag wird alles geweiht, was sie essen; und vor dem Opfern beten sie, und den Priestern geben sie die rechte Schulter als erste Opfergabe" (305d).

Man muß es unterstreichen, daß Julians Argument, auch wenn es hier besonders mit dem Opfern zu tun hat, sich doch mit der Beziehung des Christentums zum jüdischen Gesetz im allgemeinen befaßt. Die Christen, die behaupten, die Erben der Lehre des Moses zu sein, beobachten *keines* der Gesetze der Juden. Zur selben Zeit beobachten die Juden weiterhin die Gesetze des Moses. So wird klar, daß die Christen zu Unrecht behaupten, sie seien die Nachkommenschaft der alten Israeliten.

Doch Julians Argument bezüglich des Opferns beruht nicht auf dem Brauch, „reines" Fleisch zu essen, nämlich auf *kasruth*; das ist unmittelbar mit dem Status des Tempels verbunden. Der Grund, warum die Juden nicht opfern, ist der, daß sie keinen Tempel haben. „Seitdem ihnen der Tempel genommen wurde, bzw. wie sie es gewohnt sind, ihn zu nennen: ihre heilige Stätte, sind sie daran verhindert, Gott die ersten Früchte als Opfer darzubringen." Die Christen haben auf der anderen Seite „ein neues Opfer erfunden, das Jerusalem nicht benötigt" und aus diesem Grund opfern sie nicht (306b). Daher ist es klar, daß das Christentum, auch wenn es das Judentum als seinen Ursprung beansprucht, mit dem Judentum nichts zu tun hat. Es ist ein neuer, fremdartiger Ritus, den sich die Anhänger Jesu vor kurzem ausgedacht haben und der keinen Anspruch auf Altertum hat. Die Griechen haben mit den Juden mehr gemeinsam, weil sie „Tempel, Heiligtümer, Altäre, Reinigungen und Gebote" haben (306b).

Trotz seiner Vorbehalte hinsichtlich des Judentums gelang es Julian, die Juden auf seine Seite gegen die Christen einzuspannen. Die Rechtsgültigkeit des Christentums gründet auf die Glaubwürdigkeit seiner Beziehung zum Judentum. Würde den Christen die jüdische Heilige Schrift genommen oder würde man zeigen, daß sie den Sinn nicht hat, den ihr die Christen geben, und daß sie eigentlich von Jesus von Nazareth als von dem Christus nie sprach, dann verlören die Christen einen der Grundsteine ihres Glaubensgefüges. Außerdem, wenn die Juden weiterhin das Gesetz des Moses beobachteten und wenn Moses lehrte, daß das Gesetz für alle Zeit zu beobachten sei und wenn er von einem „zweiten Gesetz" nichts sagte, dann machten sich die Christen schuldig, gerade den Lehrer zu verleugnen, den sie zu verehren behaupteten. Die Juden und nicht die Christen waren der Lehre des Moses treu. Julians Todesstoß war jedoch der Tempel selbst, denn für die Christen war er zum Symbol der Rechtmäßigkeit des Judentums geworden. Die „einzige Entschuldigung", die die Christen dafür vorbringen, daß sie das Gesetz nicht beobachten, sagt Julian, ist es, daß es den Juden „verboten ist, außerhalb Jerusalems zu opfern" (351d). Gab es in Jerusalem keinen Tempel, dann waren die Juden nicht befugt, ihre Religion auszuüben. Wenn aber der Tempel wiederaufgebaut wäre, dann müßten die Christen anerkennen, daß das Judentum immer noch Gültigkeit hatte; und die christlichen Behauptungen bezüglich der Wahrheit ihrer Religion wären offensichtlich falsch.

Im Winter des Jahres 362–363, als er sich in Antiochien aufhielt und sich auf den Feldzug gegen die Perser vorbereitete, beauftragte Julian den Alypius, einen engen Freund und ehemaligen Provinzstatthalter, den Wiederaufbau des Tempels zu leiten: „Ich werde auf meine Kosten die heilige Stadt Jerusalem wiederaufbauen" *(Ep. 51).* Reichlich mit Reichsgeldern versehen trat Alypius die Reise nach Jerusalem an, um mit dem Projekt anzufangen. Der Bau wurde jedoch im Frühjahr durch ein Erdbeben oder ein ähnliches Naturereignis plötzlich abgebrochen. Der römische Historiker *Ammianus Marcellinus* (23.1.2–3) schreibt, daß Feuerbälle unter den Grundmauern hervorschossen. Christliche Historiker berichteten, daß aus dem Himmel Feuer herunterkam und die Baustelle und die Arbeiter verbrannte (Socrates, *Hist. Eccl.* 320). Der Plan wurde damit aufgegeben. Vielleicht haben Julians Ratgeber dringend gebeten, ihn beiseitezulegen wegen des bevorstehenden Feldzugs gegen die Perser. Im Juni desselben Jahres, bei der Schlacht gegen die Perser, ist Kaiser Julian gefallen. Der Plan wurde nie wieder aufgenommen.

Dadurch, daß Julians Plan mißglückte, wurde seine Bedeutung nicht geringer. Zur Lebzeit Julians und in den darauffolgenden Generationen hat die Vorstellung, daß der Tempel eines Tages wiederaufgebaut werden könnte, die Christen tief beunruhigt. In einer bittern Schmährede, die in diesem Kapitel schon teilweise zitiert wurde, sagt *Gregor* von Nazianz, Julian plante nicht nur, den Tempel wiederaufzubauen, sondern er wollte die Juden in die Stadt zurückbringen, aus der sie seit Jahrhunderten verbannt waren. Kehrten die Juden nach Jerusalem zurück, sagte Gregor, würde dies „die Autorität der alten Überlieferung wiederherstellen" *(Or. 3.5).* Eine Generation nach Julians Tod erzählte man in christlichen Kreisen immer noch die Geschichte des Wiederaufbaus des Tempels, nicht bloß als ein Ereignis aus der Vergangenheit, sondern als eine zukünftige Möglichkeit. In einer vor judaisierenden Christen im Jahre 386 zu Antiochien gehaltenen Predigt sagt *Johannes Chrysostomus,* daß die Juden in Antiochien immer noch in der Stadt herumgingen und „sich brüsteten, sie würden ihre Stadt wieder zurückerhalten" *(Jud. 7.1).* Das würde bedeuten, sagte er, daß die Juden zu ihrer „früheren Lebensweise zurückkehren könnten" *(Jud. 5.1).*[9]

Julians Traum lebt weiter. Die Bitterkeit der christlichen Reaktion darauf zeigt, daß er einen empfindsamen Nerv berührt hatte. Die Achillesferse der christlichen Überlieferung war seine Beziehung zum Judentum. Die Wahrheit des Christentums schien das Aussterben des Judentums zu benötigen. Denn wenn das Judentum immer noch eine lebendige Religion war, eine Alternative zum Christentum, und wenn die alte jüdische Überlieferung von den Juden immer noch befolgt wurde und in den jüdischen Gemeinden die jüdische Heilige Schrift immer noch gelesen und erforscht wurde, dann konnten die Christen nicht behaupten, sie seien die rechtmäßigen Erben des Erbguts von Israel; und Jesus wäre nicht der von den Juden erwartete Messias. Auch wenn Julians Plan, den Tempel wiederaufzubauen, mißglückte, so war er doch der letzte und genialste Streich in der alten Auseinandersetzung zwischen dem Heidentum und dem Christentum.

Schließlich gründete die heidnische Kritik am Christentum ihr Argument nicht bloß auf eine Berufung auf die Überlieferung des klassischen Altertums, sondern auf das Judentum. Von Anfang an hatten die heidnischen Kritiker gespürt, daß die Beziehung des Christentums zum Judentum ein wesentlicher Aspekt der neuen Religion war. Wie verwundbar das Christentum eigentlich war, wurde erst offenbar, als es einem Kritiker gegenüberstand, der die christliche Religion von innen her kannte.

NACHWORT

Adolf von Harnack hat einmal geschrieben, daß Porphyrios' Werk *Gegen die Christen* „vielleicht die umfangreichste und gründlichste Abhandlung war, die jemals gegen das Christentum geschrieben wurde... Es ist nicht zu viel gesagt, daß die Auseinandersetzung zwischen religiöser Philosophie und dem Christentum gerade an der Stelle liegt, wohin Porphyrios sie gestellt hat. Auch heute noch bleibt Porphyrios ohne Erwiderung."[1] Augustinus und viele Forscher heute würden ohne Zweifel damit einverstanden sein. Aber man könnte ebenso gut argumentieren, daß der Kaiser Julian ein genauso überzeugendes Argument gegen die christliche Religion bot, wie es Porphyrios getan hat. „Keiner unserer Lehrer vermag seine Werke zu widerlegen", schrieb Kyrillos von Alexandrien, sein Gegner aus dem 5. Jahrhundert.

Julian war als Christ erzogen worden. Obwohl er Grieche und kein Jude war, brachte er die Anklage vor, daß das Christentum eine falsche und unlautere Religion sei, weil sie von ihrem Ursprung in der jüdischen Überlieferung abgefallen sei. So scharfsinnig die Analyse von Celsus oder Porphyrios und so einsichtig Galenus' Kritik einiger Zentralpunkte der Lehre gewesen sein mag, keiner konnte es mit dem Scharfblick eines Mannes aufnehmen, der als Christ getauft und in den Gebeten und der Liturgie der Kirche erzogen worden war, der ihre Heilige Schrift studiert hatte und dem seit seiner Jugend ihre Glaubenssätze beigebracht worden waren. Julian sah klar, was andere nur dunkel erfaßten, daß das Christentum mit dem Judentum unauflöslich verbunden war und daß seine Abweichung von der Mutterreligion ihm ein dauerhaftes schlechtes Gewissen beschert hatte.

Am Schluß eines Buches über die heidnischen Einstellungen gegenüber dem Christentum mag es ungewöhnlich scheinen, die

Rolle des Judentums in dem alten Dialog zu unterstreichen. Doch die Tradition heidnischer Kritik am Christentum, insbesondere wie sie durch ihre klügsten Denker formuliert wurde, kann nur dann richtig bewertet werden, wenn die Juden, die neben Heiden und Christen in den großen Städten des Römischen Reiches lebten, als Teil des Hintergrunds eingeschlossen werden. Julian ist das bemerkenswerteste Beispiel für einen heidnischen Denker, der sich auf das Judentum berief, um eine Anklage gegen das Christentum zu stützen. Doch das von ihm ausführlich entwickelte Argument war schon im 2. Jahrhundert durch Celsus angedeutet worden: Wenn das Christentum behauptet, sein Ursprung führe auf die Juden zurück, und wenn es darauf besteht, daß die jüdische Heilige Schrift (das Alte Testament) wirklich den Christen gehört, warum verwerfen die Christen die Gesetze, die Moses von Gott erhalten und in der Heiligen Schrift niedergeschrieben hat und die das jüdische Volk verehrt und beobachtet? Lange Zeit, nachdem das Christentum seine Bindung an die Juden aufgelöst hatte, spürten heidnische Kritiker, daß die Beziehung des Christentums zum Judentum eine seiner verwundbarsten Stellen war. Darin hatten sie wohl recht.

Der Zweck dieses Buches war nicht die Feststellung, ob Julian oder Porphyrios oder irgendein anderer Kritiker das schärfste Argument gegen das Christentum brachte. Meine Absicht war es, die Einstellungen der Römer gegenüber dem Christentum in einer Zeit zu begreifen, wo die christliche Religion ihre klassische Gestalt annahm, und daraus sowohl etwas über das Leben und die Werte der alten Welt als auch etwas über das Christentum zu lernen. Bei ihrem Bemühen, die neue Religion zu verstehen und zu werten, erzählen uns heidnische Kritiker viel über sich selbst, wie sie Gott, die Praxis der Religion, die Natur, die Gesellschaft, die Geschichte, die Vernunft, den Glauben, die Überlieferung und das tugendhafte Leben betrachteten. Auch haben sie einige der besonders kennzeichnenden Züge des Christentums herausgegriffen: den Glauben an eine historische Offenbarung, die zu einer bestimmten Zeit und an einem bestimmten Ort stattgefunden hat; die Anbetung des Menschen Jesus als eines Gottes; den Glauben an einen freien transzendenten Gott, der durch einen Willensakt die Welt erschaffen hat; eine Abneigung (mindestens zu Anfang) dagegen, den neuen Glauben in Beziehung zum öffentlichen Gesellschaftsleben und zum politischen Bereich zu bringen. Ein Kritiker hat angedeutet, daß der Grund, warum es dem

Christentum gelang, sich in der römischen Welt durchzusetzen, nicht so sehr das war, was die Christen glaubten, als vielmehr das, was sie lebten.

Ich habe mich bemüht, aus der Perspektive der Römer die Quellen zu lesen und sie im Rahmen der Vorstellungen, die vor dem Aufkommen des Christentums vorhanden waren, darzustellen. Mich interessierte nicht, wie sie spätere Generationen von Christen deuteten. Man soll jedoch nicht vergessen, daß die Kritiker dieser drei Jahrhunderte in keinem leeren Raum sprachen. Es gab einen echten Dialog, nicht bloß einen Erguß von Schmähungen. Dafür verdienen die Christen ebenso Anerkennung wie die Römer.

Am Anfang gab es natürlich keinen Dialog. Plinius und Tacitus haben wohl in einem leeren Raum gesprochen. Über die Christen wußten sie wenig; und als sie in ihren Schriften die Christen erwähnten, waren sie mit anderen Dingen in Anspruch genommen. Als jedoch Celsus gegen Ende des 2. Jahrhunderts schrieb, hatten die Christen schon zu reagieren angefangen. Anscheinend hat Celsus die Schriften des christlichen Apologeten *Justin* des Märtyrers gekannt. Origenes hat Celsus' Werk *Die wahre Lehre* studiert und Punkt für Punkt darauf erwidert. Porphyrios schrieb in voller Kenntnis der geistigen Leistung von Origenes. Julian war mit dem Christentum sehr vertraut. Kyrillos von Alexandrien las Julians Buch *Gegen die Galiläer;* Augustinus erwiderte auf Porphyrios' *Philosophie aus Orakeln.* Solche Dialoge waren möglich, weil die Christen willens waren, sich mit ihren Kritikern auf gemeinsamem Boden auseinanderzusetzen.

Wenn die Christen gegen die Beschuldigung empfindlich waren, daß sie der Verpflichtung der Religion gegenüber der Gesellschaft auswichen, so war das kaum der Fall in der geistigen Debatte und Auseinandersetzung. Hier traten die Christen wirklich in die öffentliche Arena, sie nahmen die geltenden Normen der Wahrheit als Grundlage der Erörterung an. Celsus machte sich über Christen lustig, die sich dessen rühmten, daß sie allein die Wahrheit besäßen. Doch andere Christen nahmen offen die Herausforderung ihrer Kritiker an. Obwohl das Christentum eine neue Lebensweise einführte, deren Ursprung in Ereignissen lag, die im 1. Jahrhundert in Palästina stattgefunden hatten, glaubten christliche Apologeten, daß die christliche Lebensweise für alle Menschen von Bedeutung sei. Sollte sie verständlich sein, dann mußte sie in der allgemeinen Sprache der

Vernunft dargelegt werden. Die „Lehren unseres Glaubens", schrieb Origenes, „sind mit den allgemeinen Begriffen völlig in Einklang" (c.Cels. 3.40). Daß die Römer dreihundert Jahre lang gegen die Christen Bücher schrieben, beweist, daß sie die Ideen christlicher Denker ernst nahmen. Das machte einen echten Dialog möglich.

In den Schriften der heidnischen Kritiker gibt es natürlich viel, das nicht zur Sache gehört. Und etliche Stellen sind mit Schmähungen überladen, dem Stoff der alten polemischen Literatur. Doch im großen und ganzen wußten die heidnischen Intellektuellen, worum es ging; sie kannten die neue Religion erstaunlich gut. Deshalb sind die Bücher dieser Polemiker auch heute noch lesenswert. Sie leisteten der sich entwickelnden christlichen Tradition einen ganz großen Dienst. Denn sie halfen den christlichen Denkern, die Schwierigkeiten ihrer Standpunkte zu sehen und den tieferen Sinn des christlichen Glaubens früher zu begreifen, als es möglich gewesen wäre, hätten sie lediglich unter sich gesprochen – kurz, die von ihnen verteidigte Tradition selbst verstehen. Daß das Christentum zum Gegenstand der Kritik von seiten der besten philosophischen Köpfe der damaligen Zeit wurde, und zwar zu der Zeit, als die Christen an der eigenen geistigen Tradition schmiedeten, war ein einflußreicher Faktor, das christliche Denken auf einen guten Weg zu bringen. Die christliche Theologie hat sich im Dialog und in der Erörterung mit alternativen Gesichtspunkten entwickelt.

Während der Aufklärung wurde es zur Mode, das Christentum in Gegensatz zum klassischen Altertum zu stellen. Mir schien es immer seltsam, das Frühchristentum deswegen anzugreifen, weil es angeblich die Vernunft durch den Glauben ersetzt habe. Von Edward Gibbon im 18. bis Gilbert Murray im 20. Jahrhundert ist dieses Thema immer wieder angeschnitten worden. Für Gibbon hatten die Christen „die Geistesanlagen verdorben und beeinträchtigt" und „das feindselige Licht der Philosophie und der Wissenschaft gelöscht". Für Murray hatten sie die Vernunft durch die Autorität ersetzt. „Die Wahrheit wurde schließlich hoffnungslos gemacht, als die Welt, der Vernunft mißtrauend, sich vor dem Argumentieren und dem Fragen hütend, sich mit Leidenschaft einem System der maßgebenden Offenbarung unterwarf, die keine Wahrheit außer sich selbst anerkannte und die freie Forschung als Sünde brandmarkte... Der Geist Griechenlands ist schließlich an jener langen Entmutigung gestorben, die wie ein langsames Gift auf die Völker wirkt."

Allein das Fortdauern eines Dialogs zwischen Heiden und Christen über eine Zeitspanne von drei Jahrhunderten ist, meine ich, die beste Widerlegung dieser Auffassung. Christen und Heiden trafen sich auf derselben Ebene. Keiner kann Celsus' *Wahre Lehre* lesen und dabei den Eindruck erhalten, daß Celsus, ein heidnischer Philosoph, sich auf die Vernunft und das Argument stütze, während Origenes auf Glauben und Autorität baute. Eines der Dinge, über die sich die Heiden am meisten ärgerten, war dies, daß die christlichen Denker griechische Begriffe und Denkweisen übernommen hatten, um die christliche Lehre zu erläutern. Porphyrios sagte, Origenes „hätte den Griechen gespielt"; und Celsus beschwerte sich darüber, daß die Christen die allegorische Methode, eine Leistung der griechischen Vernunft, benutzten, um die hebräische und christliche Heilige Schrift auszulegen.

Ja, man könnte mit Recht sagen, daß die Debatte zwischen dem Heidentum und dem Christentum im Altertum im Grunde eine Auseinandersetzung zwischen zwei religiösen Lebensformen war. Die Römer waren nicht weniger religiös als die Christen. Julian war bei der Ausübung der Religion eifriger als die meisten Menschen seiner Zeit. Er hatte die erhebende Kraft eines verwandelnden religiösen Erlebnisses gekannt. In der Sprache einer späteren Zeit war er ein „Konvertit". Sein Heidentum war nicht einfach die amtliche Religion der römischen Welt, sondern der private und persönliche Glaube eines überzeugten und sich verpflichtenden Gläubigen. Julian war jedoch nicht nur ein religiöser Enthusiast; er war auch ein Verteidiger der herkömmlichen Religion. Wie Porphyrios, Celsus und Plinius griff er die Christen an, weil sie die Götter verlassen hätten. In der römischen Welt handelte es sich bei dieser Beschuldigung nicht bloß darum: „unsere Götter" gegen „euren Gott". Die Götter waren Teil einer ganzen gesellschaftlichen Welt, in die das Christentum nicht eingefügt werden konnte. Deshalb nannte man die Christen „abergläubisch"; ein Ausdruck, den sie beleidigend fanden und den sie später für die römische Religion verhöhnend gebrauchten. Dieser Ausdruck kam den frühesten Beobachtern der christlichen Bewegung unwillkürlich in den Mund; für sie förderte die neue Religion nicht die echte Frömmigkeit.

In der frühesten Periode sind diese Beschuldigungen unklar und unbestimmt. Der Ausdruck „Aberglaube" wird gleichermaßen für die Christen wie für andere den Römern fremde Gruppen verwendet. Mit der Zeit jedoch bot eine neue Generation von Kritikern, angefangen mit Celsus, eine genauere Erläuterung der alten religiösen Vision. Celsus glaubte, daß die Religion mit den einzigartigen Bräuchen eines Volkes und mit den Gesetzen einer Nation unentwirrbar verbunden sei. Die letzte Berechtigung eines religiösen Glaubens und einer religiösen Praxis beruhte nicht auf philosophischen Argumenten über die Natur der Götter, sondern auf den alten Traditionen, die von der einen Generation an die andere überliefert wurden. In Sachen der Religion gaben also Alter und Brauch den Ausschlag. Wie der Seher Tairesias in Euripides' *Bacchae* sagt: „Der Glaube, den wir geerbt haben, so alt wie die Zeit, kann durch kein Argument widerlegt werden." Weil das Christentum kein Heimatland hatte und zu keinem einzigen Volk und keiner Nation gehörte, konnten seine Traditionen keinen Anspruch auf Altertum erheben. Die einzige Nation, die sie überhaupt für sich in Anspruch nehmen konnte, nämlich Israel, haben die Christen jedoch verworfen. Somit konnte das Christentum keinen Anspruch auf religiöse Wahrheit erheben. Denn nur die „alte Lehre" war die „wahre Lehre".

Hier ging es nicht einfach darum, die herkömmliche Religion in Gegensatz zu der neuen in Palästina entstandenen Religion zu stellen. Hier gab es auch ein anderes Verständnis der Religion. Für die heidnischen Kritiker war das Christentum eine privatisierte Religion mit der Neigung, den Glauben in das Leben der einzelnen und in frei organisierten Vereinigungen zu verwurzeln. Das Christentum schien für manche eher einer Schule der Philosophie als einer Religion ähnlich zu sein. Selbst nachdem ihre Mitglieder zunahmen, weigerten sich die Christen, den Erwartungen zu entsprechen, die man herkömmlicherweise mit der Frömmigkeit verband. Die Kritiker spürten, daß das Christentum die Bindungen aufgegeben hatte, die die alte Religion an die gesellschaftliche und politische Welt band. Die Christen waren anscheinend mehr an der moralischen und religiösen Erneuerung der einzelnen, an „Bekehrung" (um A. D. Nocks Ausdruck zu gebrauchen) interessiert; sie wollten das Volk in einer neuen Gemeinschaftsform, „Kirche" genannt, versammeln; sie wollten nicht die Förderung der öffentlichen Frömmigkeit. Diese Situation sollte sich natürlich im 4. Jahrhundert gründlich ändern, als die Christen schließlich die Aufgabe übernahmen, den Institutionen der römischen Welt die religiöse Legitimation zu verleihen. Die Religion, die mit der Verkündigung begonnen hatte: „Bekehrt euch, denn das Reich Gottes ist nahe", wurde in den Schriften solcher Männer wie Eusebius von Caesarea, des lateinischen Dichters Prudentius und in den Erlässen christlicher Kaiser zur öffentlichen Religion der römischen Welt und schließlich der Zivilisation des Westens.

Es ist bezeichnend, daß die alte Auseinandersetzung zwischen dem Heidentum und dem Christentum als einen zentralen Punkt den historischen Charakter der christlichen Offenbarung hatte. Zu einem frühen Zeitpunkt fingen Außenstehende an, sich darüber klar zu werden, daß die Christen Jesus nicht einfach als den Lehrer und Gründer einer Bewegung betrachteten, sondern sie sahen in ihm die einzigartige Offenbarung Gottes. Was, fragt Celsus, war der Zweck des Abstiegs Gottes zu den Menschen? Die Christen glaubten, daß Gott in die Welt eingetreten sei. Infolgedessen dachten sie anders über die Geschichte und die Welt der Natur. Das war der Grund, warum die Heiden gegen die Christen die Anklage vorbrachten, daß diese die Forderungen der Vernunft außer acht ließen. Die neue Religion sagte, daß die Vernunft nicht mehr auf abstrakte und logische Denkprozesse oder auf Berufungen auf den Beweis der Natur beschränkt bleiben könnte; sie sollte die Ereignisse der Geschichte, insbesondere der Geschichte Jesu einschließen.

Ein Zusatz zu dieser Erörterung war eine Auseinandersetzung über die Zuverlässigkeit der Bibelberichte vom Leben Jesu. In den letzten zwei Jahrhunderten steht die Frage von „Glauben und Geschichte" an der Spitze theologischer Interessen. Das wurde veranlaßt durch die historische Kritik Ende des 18. Jahrhunderts und die daraus folgende kritische Bibelwissenschaft. Jedoch schon im 2. Jahrhundert hat Celsus einen Teil seines Werkes *Wahre Lehre* einer kritischen Untersuchung der Berichte über das Leben Jesu gewidmet. Porphyrios schenkte der historischen und literarischen Analyse der Heiligen Schrift noch größere Aufmerksamkeit. Seine Datierung des Buches Daniel wird heute noch von der kritischen Wissenschaft anerkannt. Die Hauptfrage bei der Auseinandersetzung über die Bibel war es, ob die Heilige Schrift als eine zuverlässige Quelle für die von ihr berichteten Worte und Ereignisse betrachtet werden kann. Hat eine Stimme aus dem Himmel zur Zeit der Taufe Jesu gesprochen und hat sich eine Taube tatsächlich auf ihn gesetzt, als er im Jordanfluß stand?, fragt Celsus. „Welcher vertrauenswürdige Zeuge hat diese Erscheinung gesehen?" *(c.Cels.* 1.41)

Die heidnischen Kritiker waren sich darüber klar, daß sich die

Behauptungen der neuen Bewegung auf ein glaubwürdiges historisches Jesusbild gründeten. Die christlichen Theologen der Frühkirche, im Gegensatz zu den Denkern des Mittelalters, die ihre Forschungen auf der Grundlage dessen anfingen, was sie von der maßgebenden Überlieferung erhielten, wurden gezwungen, die von ihnen gemachten historischen Behauptungen über die Person Jesu zu verteidigen. Was über Jesus gesagt wurde, konnte nicht ausschließlich auf das Gedächtnis der christlichen Gemeinde oder auf das eigene Selbstverständnis gründen. Noch im Jahre 400 n. Chr. schrieb Augustinus ein Hauptwerk *Über die Übereinstimmung der Evangelisten*, das sich mit der Zuverlässigkeit der Evangelien befaßte. Ich will die Wichtigkeit dieser Frage im frühchristlichen Denken nicht übertreiben. Viele christliche Denker der damaligen Zeit haben sie überhaupt nicht beachtet. Weil sie jedoch nur selten beachtet wird, lohnt es sich, darauf hinzuweisen.

Eine weitere Dimension des „historischen" Arguments war die durch Porphyrios eingeführte Diskussion darüber, ob nicht die Anhänger Jesu und weniger Jesus selbst für die besondere Form der christlichen Religion verantwortlich seien. Porphyrios (und Julian) zeigte auf der Grundlage des Neuen Testaments, daß Jesus sich selbst nicht Gott nannte, daß er nicht über sich selbst, sondern über den einen Gott aller Menschen predigte. Seine Anhänger waren es, die seine Lehre aufgaben und eine neue (ihre eigene) Lebensweise einführten, bei der Jesus (nicht der eine Gott) Gegenstand der Gottesverehrung und der Anbetung wurde. Auch hier hat die alte Auseinandersetzung die moderne Erörterung vorweggenommen. Porphyrios' Absicht war es gewiß, Jesus für das Pantheon der griechischen Helden zu gewinnen, und die Apostel und die Christen, die ihn verehrten, in Mißkredit zu bringen; doch er rührte an eine für christliche Denker heikle Frage: Beruht der christliche Glaube auf Jesu Predigt oder auf den in den Generationen nach seinem Tod von den Jüngern entwickelten Ideen?

Die frühen Christen betrachteten ihre Kritiker als „Feinde der Wahrheit". Kritik tut immer weh; und diejenigen, die vor Jahrhunderten schon ihrer Wucht ausgesetzt waren, fanden sie weder leicht noch angenehm. Aber das Christentum hat seine Kritiker nötig, sie haben ihm Nutzen gebracht. Sie führten in das christliche Denken ein dialektisches Element ein. Die Lehre der Schöpfung aus dem Nichts ist ein gutes Beispiel dafür: Galenus hat als erster geahnt, daß das biblische Gottesverständnis eine andere Auffassung des Schöpfungsvorganges bedeutete als die, welche sich in der griechischen Überlieferung entwickelt hatte. Sogar bevor christliche Denker angefangen hatten, sorgfältig der Sache ihre Aufmerksamkeit zu schenken, war er sich darüber klar, daß im christlichen Denken eine tiefgründige und (nach seiner Meinung) unglückliche Veränderung im Gange war. Die Christen stellten sich Gott als ein freies und transzendentes Wesen vor, das durch einen Willensakt die Materie entstehen ließ und sie zu seinem Zweck gestaltete. Durch den Dialog mit der griechischen Überlieferung fingen zunächst gnostische christliche Denker an, die stillschweigenden Folgerungen der neuen Offenbarung im einzelnen auszuarbeiten und eine spezifisch christliche Lehre zu formulieren. Ein weiteres Beispiel ist die Darstellung der neuen Bewegung als eine Schule, welche die Menschen angeleitet hat, ein frommes und tugendhaftes Leben zu führen. Der Ausdruck „Frömmigkeit", in der frühesten christlichen Literatur nicht vorhanden, wird nun auch von den Christen gebraucht, weil die Heiden die Christen der Gottlosigkeit (des Aberglaubens) beschuldigten. Indem sie das Christentum als eine philosophische Schule deuteten, konnten christliche Denker zu der römischen Welt überzeugend sprechen und der eigenen Überzeugung treu bleiben, daß Jesus ein Lehrer der Moral war.[2]

Die christliche theologische Tradition hat sich nicht aus einer einzigen ursprünglichen Idee entwickelt wie das Wachsen einer Pflanze aus einem Keim. Die organische Metapher eignet sich schlecht für die historische Erfahrung. Ideen und Institutionen nehmen feste Form an, indem sie mit externen Kräften aufeinander einwirken, sowie aus der inneren Logik oder Wesensform. Dies ist vielleicht die eine große Lehre, die aus der Erforschung der heidnischen Kritik des Christentums zu ziehen ist. Das Christentum wurde zu der Religion, die es geworden ist, weil es Kritiker wie Celsus, Porphyrios und Julian hatte. Sie halfen den Christen, ihre echte Stimme zu finden; und ohne sie wäre das Christentum ärmer geblieben. Die Christen begegneten den Traditionen der alten Welt nicht bloß als einem geistigen Erbe aus der Vergangenheit, nicht nur bei der Erziehung, die sie erhielten, sondern als Teil einer lebendigen Wechselwirkung durch die Kritik der heidnischen Intellektuellen.

Wenn man beobachtet, wie viel die Christen mit ihren Kritikern gemeinsam hatten und wie viel sie von ihnen lernten, ist man versucht zu sagen, daß der Hellenismus den christlichen Denkern einen Weg bereitete. In der Tat könnte man auch das Gegenteil überzeugend beweisen: Das Christentum hat für die Philosophen neue Fragen aufgeworfen.³ Die kennzeichnenden Merkmale der neuen Religion und die Zähigkeit der christlichen Apologeten bei der Verteidigung ihres Glaubens erschlossen der griechisch-römischen Kultur neue Horizonte und flößten in die religiösen und geistigen Traditionen der alten Welt neues Leben ein.

LITERATURVERZEICHNIS

Andresen C., *Logos und Nomos. Die Polemik des Kelsos wider das Christentum.* Berlin 1955.
Athanassiadi-Fowden P., *Julian and Hellenism: An Intellectual Biography.* Oxford 1981.
Barnes D., Legislation against the Christians. In: *Journal of Roman Studies* 58 (1968) 32–50.
Bauer W., *Das Leben Jesu im Zeitalter der neutestamentlichen Apokryphen.* Tübingen 1909. Siehe besonders S. 425–486 über das Leben Jesu, wie es von Juden und Heiden betrachtet wurde.
Beaujeu J., *La Religion romain à l'apogée de l'empire romain.* Paris 1955.
Benko St., Pagan Criticism of Christianity during the First Two Centuries A.D. In: *Aufstieg und Niedergang der römischen Welt;* hg. H. Temporini und W. Haase. Berlin 1980, Band 23.2; S. 1054–1118.
Ders. und John J. O'Rourke, *The Catacombs and the Colosseum: The Roman Empire as the Setting of Primitive Christianity.* Valley Forge 1971.
Betz H., *Lukian von Samosata und das Christentum.* 1958.
Bowersock G., *Julian the Apostate.* Cambridge 1978.
Browning R., *The Emperor Julian.* London 1975.
Dill S., *Roman Society in the Last Century of the Western Empire.* London 1899.
Ders., Roman Society from Nero to Marcus Aurelius. London 1911.
Dodds E. R., *Pagan and Christian in an Age of Anxiety.* New York 1965.
Festugière A.-J., *Personal Religion among the Greeks and Romans.* Berkeley 1954.
Friedlander L., *Roman Life and Manners under the Early Empire.* 1908–1913.
Fuchs H., Tacitus über die Christen. In: *Vigiliae Christianae* 4 (1950), 65–93.
Gallagher V., *Divine Man or Magician? Celsus and Origen on Jesus* (Society of Biblical Literature Dissertation Series, Nr. 64) Chico 1982.
Geffcken J., *The Last Days of Greco-Roman Paganism.* Amsterdam 1978.
Grant R., *The Sword and the Cross.* New York 1955.
Ders., *The Earliest Lives of Jesus.* New York 1961.
Ders., The Religion of Emperor Maximin Daia. In: Jacob Neusner, Hg.: *Christianity and Other Greco-Roman Cults,* Bd. 4, S. 143–166. Leiden 1974.
Hardy E. G., *Christianity and the Roman Government.* London 1894.
Harnack A., *Die Mission und Ausbreitung des Christentums in den ersten drei Jahrhunderten.* Berlin 1902.
Heinemann I., The Attitude of the Ancient World toward Judaism. In: *Review of Religion* 4 (1940), 385–400.
Janssen L. F., Superstitio and the Persecution of the Christians. In: *Vigiliae Christianae* 33 (1979), 131–159.

Kaufmann-Buhler D., Eusebeia. In: *Reallexikon für Antike und Christentum*, Bd. 6, S. 985–1052. Stuttgart 1966.
Keresztes P., The Imperial Roman Government and the Christian Church. I.: From Nero to the Severii. II.: From Gallienus to the Great Persecution. In: *Aufstieg und Niedergang der römischen Welt*, Bd. 23.2; S. 247–315; 375–386. Berlin 1980.
Labriolle P. de, *Le Réaction païenne. Etude sur la polemique antichrétienne du Ier au VIe siècle*. Paris ²1948.
La Piana G., Foreign Groups in Rome during the First Centuries of the Empire. In: *Harvard Theological Review* 20 (1927), 183 ff.
Liebeschultz J. H. G., *Continuity and Change in Roman Religion*. Oxford 1979.
MacMullen R., *Paganism in the Roman Empire*. New Haven 1981.
Meeks A., *The First Urban Christians: The Social World of the Apostle Paul*. New Haven 1983.
Meredith A., Porphyry and Julian against the Christians. In: *Aufstieg und Niedergang der römischen Welt*, Bd. 23.2, S. 1119–1149. Berlin 1981.
Momigliano A. (Hg.), *The Conflict between Paganism and Christianity in the Fourth Century*. Oxford 1963.
Nautin P., Trois autre fragments de livre du Porphyre «Contre les Chretiens». In: *Revue Biblique* 57 (1950), 409–416.
Nestle W., Die Haupteinwände des antiken Denkens gegen das Christentum. In: *Archiv für Religionswissenschaft* 73 (1941–1942), 51–100.
Nock A. D., *Conversion. The Old and the New in Religion from Alexander the Great to Augustine of Hippo*. Oxford 1933.
Pannenberg W., The Appropriation of the Philosophical Concept of God as a Dogmatic Problem of Early Christian Theology. In: *Basic Questions in Theology* 2, 119–183. Philadelphia 1971.
Pettazzoni R., State Religion and Individual Religion in the History of Italy. In: *Essays on the History of Religions*. Leiden 1954.
Pichler K., *Streit um das Christentum: Der Angriff des Kelsos und die Antwort des Origenes*. Frankfurt 1980.
Rabbow P., *Seelenführung. Methodik der Exerzitien in der Antike*. München 1954.
Radin M., *The Jews among the Greeks and Romans*. Philadelphia 1915.
Schoedel W. R., Christian "Atheism" and the Peace of the Roman Empire. In: *Church History* 42 (1973), 309–319.
Smith M., *Jesus the Magician*. New York 1978.
Ders., Pauline Worship as Seen by Pagans. In: *Harvard Theological Review* 73 (1980), 241–249.
Speyer W., Zu den Vorwürfen der Heiden gegen die Christen. In: *Jahrbuch für Antike und Christentum* 6 (1963), 129–135.
Stockmeier P., Christlicher Glaube und Antike Religiosität. In: *Aufstieg und Niedergang der römischen Welt*. Berlin 1980. Bd. 23.2, S. 871–909.
Toutain J., *Les Cultes païens dans l'empire romain*. Paris 1907–1920.
Vogt J., *Zur Religiosität der Christenverfolger im Römischen Reich* (Sitzungsberichte der Heidelberger Akademie der Wissenschaften; phil.-hist. Klasse). Heidelberg 1962.
Waltzing J. P., *Etude historique sur les corporations professionelles chez les romains*. 4 Bde. Brüssel 1895–1896.
Walzer R., *Galen on Jews and Christians*. London 1949.

Wilken R. L., The Christians as the Romans (and Greeks) Saw them. In: *Jewish and Christian Self-Definition*. Bd. I.: *The Shaping of Christianity in the Second and Third Centuries*. Hg. E. P. Sanders, S. 100–125.

Ders., Toward a Social Interpretation of Early Christian Apologetics. In: *Church History* 39 (1970), 437–458.

ANMERKUNGEN

Einführung

1 Das maßgebende Werk ist immer noch Pierre de Labriolle, *La Reaction païenne. Etude sur la polemique antichrétienne du Ier au VIe siècle*; 2. ed. Paris 1948. Für neue Berichte siehe Artikel von Nestle, Benko und Meredith im Literaturverzeichnis.
2 MacMullen, *Paganism in the Roman Empire*. New Haven 1981, 206f., 16.

1. Kapitel

1 *Die Briefe des jüngeren Plinius nebst dessen Lobrede auf den Kaiser Trajanus*, übersetzt von Eduard Thierfeld. 2 Bände, München 1829.
2 Ronald Syme, *Tacitus*. Oxford 1958. Über das Leben von Plinius siehe S. 75–85. Ebenso M. Schuster in: Pauly-Wissowa, *Realencyclopädie der classischen Altertums-Wissenschaft*. Stuttgart 1951, 21,1; 439ff.
3 B. Radice, *The letters of the Younger Pliny*. New York 1963, 26.
4 Edward Gibbon, *Der Untergang des römischen Weltreichs*. Olten 1934, 1. Kap.
5 H. Dessau, *Inscriptiones latinae selectae*. Berlin 1906, Nr. 6411a, 6419c, 6420b.
6 Die Erörterung des Briefes von Plinius und der Antwort von Trajan ist umfangreich. Siehe besonders A. N. Sherwin-White, *The Letters of Pliny: A Historical and Social Commentary*. Oxford 1966; Rudolf Freudenberger, *Das Verhalten der römischen Behörden gegen die Christen im 2. Jahrhundert*. München 1967. Unter den älteren Werken ist E. G. Hardy, *Christianity and the Roman Government*. London 1894 (1934) besonders wertvoll.
7 Siehe die interessante Gesellschaftsanalyse des 1. Petrusbriefes bei John H. Elliot, *A Home for the Homeless: A Sociological Exegesis of I. Peter, Its Situation and Strategy*. Philadelphia 1981.
8 Siehe *Kyriakon. Festschrift Johannes Quasten*. Münster 1970, 18–35 (Zitat S. 30).
9 Englische Übersetzung des Minucius von G. W. Clarke, *The Octavius of Marcus Minucius Felix*. Ancient Christian Writers, N. 39. New York 1974. Erörterung der zweiten Stelle auf S. 221ff.
10 Siehe Stephen Benko, Pagan Criticism of Christianity during the first two Centuries A.D. *Aufstieg und Niedergang der römischen Welt*, ed. H. Temporini und W. Haase, Berlin 1980, 23.2; 1081–1089; auch Benkos Artikel, The Libertine Gnostic Sect of the Phibionites according to Epiphanius. *Vigiliae Christianae* 21 (1967), 103–119.
11 In Celsus' Buch gegen die Christen wird nichts davon erwähnt, daß Christen an gemeinschaftlichen Riten teilnehmen. In seiner Erwiderung auf Celsus erwähnt

Origenes das „Gerücht", daß die Christen „das Licht ausmachen und jeder Mann mit der ihm zuerst begegnenden Frau Geschlechtsverkehr hat; doch er schreibt es dem Celsus nicht zu (c.Cels. 6.27). Es kann sein, daß das Weglassen keine Bedeutung hat und auf die fragmentarische Übermittlung der Schriften heidnischer Kritiker zurückzuführen ist. Jedoch kann es auch sein, daß ernstzunehmende Kritiker gegen die Christen wichtigere Dinge zu sagen hatten.

12 Über die gesetzliche Grundlage für die Christenverfolgung siehe Timothy Barnes, Legislation against the Christians. *Journal of Roman Studies* 58 (1968), 32–50; auch P. Keresztes, The Imperial Roman Government and the Christian Church. I. From Nero to the Severii. II. From Gallienus to the Great Persecution. *Aufstieg und Niedergang der römischen Welt*. Berlin 1980, 23.2; 247–315; 375–386.

13 Text bei V. Ehrenburg und A. H. M. Jones, *Documents Illustrating the Reigns of Augustus and Tiberius*. Oxford 1949, 4.

14 Sherwin-White, a.a.O. 695.

15 Robert M. Grant, Sacrifices and Oaths as Required of Early Christians. In: *Kyriakon. Festschrift Johannes Quasten*. Münster 1970, 12–17.

16 *Corpus inscriptionum latinarum*, 5.2. Berlin 1877, Nr. 5262.

2. Kapitel

1 Franz Poland, *Geschichte des griechischen Vereinswesens*. Leipzig 1909, 173.
2 Samuel Dill, *Roman Society from Nero to Marcus Aurelius*. London 1911, 256.
3 Text der Inschrift bei H. Dessau, *Inscriptiones latinae selectae*. Berlin 1906, Nr. 7212.
4 S. Dill, a.a.O. 256.
5 J. P. Walzing, *Etude historique sur les corporations professionelles chez les romains*. Brüssel 1895–1896, 1.332.
6 Text bei *Inscriptiones graecae* II–III², 1,2. Berlin 1916, Nr. 1368. Für eine interessante Inschrift einer religiösen Organisation aus dieser Periode siehe S. C. Barton und G. H. R. Horsley, A Hellenistic Cult Group and the New Testament Churches. In: *Jahrbuch für Antike und Christentum* 24 (1981), 7–41.
7 Jean Gagé, *Les Classes sociales dans l'empire romain*. Paris 1964, 308.

3. Kapitel

1 Tacitus kannte die Briefe von Plinius und könnte den Brief über die Christen gelesen haben, ehe er seine „Annalen" schrieb. Siehe H. Fuchs, Tacitus über die Christen. In: *Vigiliae Christianae* 4 (1950), 72.

2 Außer diesem Passus an *Nero* erwähnt Suetonius (Claud. 25) einen gewissen Chrestus: „Da auf Betreiben des Chrestus (impulsore Chresto) die Juden immer wieder Unruhe stifteten, vertrieb er (Claudius) sie aus Rom." Aus dem Zusammenhang ist klar, daß Claudius von Juden spricht, und es kann sein, daß Chrestus (kein ungewöhnlicher Name) einfach ein jüdischer Störenfried war, über den wir keine weiteren Informationen haben. Auf der anderen Seite ist dies möglicherweise ein Schreibfehler („Christus"), der auf das falsche Aussprechen des Namens zurückzuführen ist; dann könnte es sein, daß Suetonius von in Rom lebenden Christen sprach, die Anhänger Christi waren, die man aber von Juden nicht unterschied. Als Bestätigung dieser Auffassung sagt Tertullian, daß der Ausdruck *Christianus* manchmal fälschlich als *Chrestianus* ausgesprochen wurde (Apol. 3). Über den

Gebrauch des Ausdrucks *Chrestianus* siehe Fuchs, 69–74. Über den Passus aus Suetonius siehe H. Janne, Impulsore Chresto. In: *Mélanges Bidez* (Annuaire de l' Institut de philologie et d'histoire orientales 2.) Brüssel 1934, 531–533.

3 R. M. Ogilvie, *The Romans and Their Gods.* New York 1969, 1.
4 Joseph Vogt, *Zur Religiosität der Christenverfolger im römischen Reich.* Sitzungsberichte d. Heidelberger Akademie der Wissenschaften; phil.-hist. Klasse. Heidelberg 1962, S. 28. Siehe auch L. F. Janssen, Superstitio and the Persecution of the Christians. In: *Vigiliae Christianae* 33 (1979), 131–159.
5 C. Koch, Art. „Pietas" in: Pauly-Wissowa, *Realencyclopädie der classischen Altertumswissenschaft.* Stuttgart 1951, 22; 1230.
6 A. D. Nock, The Roman Army and the Religious Year. In: *Harvard Theological Review* 45 (1952), 187–252.
7 H. Dessau, *Inscriptiones latinae selectae.* Berlin 1906, Nr. 8402.
8 M. P. Charlesworth, Providentia and Aeternitas. In: *Harvard Theological Review* 29 (1936), 187–252.
9 Karl Koch, *Religion. Studien zu Kult und Glauben der Römer.* Nürnberg 1960, 178–179.
10 *Inscriptiones graecae.* Berlin 1916, II–III^2, 1,2, Nr. 1029. Vgl. auch Nr. 1009, 1036.
11 Text von *On Superstition* und Übersetzung bei Frank Cole Babbit (Hg.), *Plutarch's Moralia.* Cambridge 1962, 2: 454–495. Für eine Erörterung des Werkes und der Echtheitsfrage siehe Morton Smith, De Superstitione *(Moralia* 164E–171F). In: Hans Dieter Betz, *Plutarch's Theological Writings and Early Christian Literature.* Studia ad Corpus Hellenisticum Novi Testamenti. Leiden 1975, 1–35.
12 Ramsay MacMullen, *Paganism in the Roman Empire.* New Haven 1981, 2.
13 Agnes Kirsopp Michels, Rezension von Kurt Latte, *Römische Religionsgeschichte.* München 1960, *American Journal of Philology* 83 (1962), 434–444.
14 Numa Denis Fustel de Coulanges, *The Ancient City: A Study of the Religion, Laws and Institutions of Greece and Rome.* New York 1967, 166–167.
15 MacMullen, a.a.O. 40. Siehe auch die scharfsinnigen Bemerkungen von William B. Schaedel, Christian „Atheism" and the Peace of the Roman Empire. In: *Church History* 42 (1973), 310–311.

4. Kapitel

1 Für einen Überblick über heidnische Kritik des Christentums in dieser Periode siehe Stephen Benko, Pagan Criticism of Christianity during the First Two Centuries A. D. In: *Aufstieg und Niedergang der römischen Welt*, 23.2; 1054–1118.
2 Galenus' Hinweise auf das Christentum sind herausgegeben und ins Englische übersetzt bei Richard Walzer, *Galen on Jews and Christians.* London 1949. Der in diesem Kapitel erörterte Text befindet sich auf Seiten 10–16.
3 Text und engl. Übersetzung von Lucians *Philosophies for Sale (Vitarum auctio).* In: A. M. Harmon (Hg.), *Lucian.* Cambridge 1968, 2: 449–511.
4 Text und Übersetzung bei A. M. Harmon, 6: 260–415.
5 Walzer, a.a.O. 19–20.
6 A.a.O. 15.
7 Theodor Klauser, Studien zur Entstehungsgeschichte der christlichen Kunst. In: *Jahrbuch für Antike und Christentum.* Münster 1958–1960, 1: 20–51; 2: 115–145; 3: 112–133.

8 A. D. Nock, *Conversion*. London 1933, 167–180.
9 Es ist nicht sicher, ob Marcus tatsächlich auf Christen hinweist. Der Text hat die Worte „wie die Christen", doch die Phrase scheint eine Interpolation zu sein. Es ist immerhin möglich, daß hier und an anderen Stellen Marcus Christen im Sinne hatte. Siehe C. R. Hains (Hg.), *The Communings with Himself of Marcus Aurelius Antoninus*. New York 1916, 382–383.
10 Dieser Text erwähnt nur Moses, nicht Christus; aber weil Galenus an anderen Stellen Christen und Juden zusammen behandelt, scheint es angemessen zu sein, seine philosophische Kritik auch auf die christliche Lehre zu beziehen. Auch die Christen benutzten das Buch Genesis; hier kritisiert Galenus den Genesisbericht. Außerdem erwiderten in den darauffolgenden Jahrzehnten christliche Autoren auf Kritiken, die der Kritik von Galenus ähnlich sind. Für eine Erörterung des Textes siehe Walter, a.a.O. 24–37.
11 G. Schuttermayr, Schöpfung aus dem Nichts in 2. Makk 7,28. In: *Biblische Zeitschrift*, N. F. 17 (1973), 203–228.
12 Gerhard May, *Schöpfung aus dem Nichts. Die Entstehung der Lehre von der Creatio ex Nihilo*. Arbeiten zur Kirchengeschichte 48. Berlin 1978, 63–85.
13 Walzer, 43.

5. Kapitel

1 Die einsichtigste und gründlichste Analyse von Celsus' *Die Wahre Lehre* ist Karl Andresen, *Logos und Nomos. Die Polemik des Kelsos wider das Christentum*. Berlin 1955. Zitate des Werkes *Die Wahre Lehre* von Celsus aus Origenes *Contra Celsum*, Hg. Marcel Barret S. J., *Origéne, Contre Celse*. In: Sources Chrétiennes. Paris 1967.
2 Morton Smith, *Clement of Alexandria and a Secret Gospel of Mark*. Cambridge 1973, 234; auch *Jesus the Magician*. New York 1978, 45–67.
3 Siehe zum Beispiel die Schrift von Hierocles, dem Statthalter von Bithynien, die Jesus mit Apollonius von Tyana vergleicht. Hierocles' Abhandlung ist verschollen, aber eine gute Vorstellung des Werkes kann man aus Eusebius' Erwiderung gewinnen. Text und engl. Übersetzung bei F. C. Conybeare, *Philostratus: The Life of Apollonius of Tyana*. Cambridge 1969, 2: 484–605.
4 M. Smith, *Clement of Alexandria*, 224–226.
5 Siehe Eugene V. Gallagher, *Divine Man or Magician? Celsus and Origen on Jesus*. Society of Biblical Literature; Dissertation Series, Nr. 64. Chicago 1982.
6 K. Andresen, *Logos und Nomos*, 308 ff.
7 Für eine Erörterung der literarischen und historischen Kritik der Evangelien im 2. Jahrhundert siehe Robert M. Grant, *The Earliest Lives of Jesus*. New York 1961.
8 H. Chadwick, 31.
9 Siehe Robert L. Wilken, *John Chrysostom and the Jews*. Berkeley 1983, insbesondere Kapitel 2.
10 K. Andresen, *Logos und Nomos*, 223–224.
11 Morton Smith, Palestinian Judaism in the First Century. In: Mosche Davis, *Israel: Its Role in Civilization*. New York 1956, 79.
12 A. D. Nock, *Conversion*. New York 1933, 18.

6. Kapitel

1 Robert M. Grant, Porphyry among the Early Christians. In: *Romanitas et Christianitas*, hg. W. den Boer et al. Amsterdam 1973, 182.
2 A. D. Lloyd in: *The Cambridge History of Later Greek and Early Medieval Philosophy*. Cambridge 1967, 277.
3 P. M. Casey, Porphyry and the Origin of the Book of Daniel. In: *Journal of Theological Studies*, N. S. 27 (1976), 15–33.
4 Robert M. Grant, The Stromateis of Origen. In: *Epektasis: Mélanges patristiques offerts au Cardinal Jean Danielou*. Paris 1972, 292.
5 Henry Chadwick, *The Sentences of Sextus*. Texts and Studies 5. Cambridge 1959, 66.
6 T. D. Barnes, Porphyry against the Christians: Date and the Attribution of Fragments. In: *Journal of Theological Studies*, N. S. 24 (1973), 424–442. Für eine positivere Bewertung des Macarius bei der Feststellung des Inhalts von Porphyrios' Kritik des Christentums siehe Robert Waelkens, *L'Economie, thème, apologétique et principe herméneutique dans l'Apocriticos de Macarios Magnes*. Receuil de Travaux d'Histoire et de Philologie. Université de Louvain, ser. 6, No. 4. Louvain 1974. Ich habe nur dann von Macarius Gebrauch gemacht, wenn seine Berichte durch andere Quellen bestätigt werden.
7 Für die hier dargebotene Deutung von Porphyrios' *Philosophie aus Orakeln* siehe R. L. Wilken, Pagan Criticism of Christianity Greek Religion and Christian Faith. In: *Early Christian Literature and the Classical Intellectual Tradition*. Hg. W. R. Schaedel und R. L. Wilken. Paris 1979, 117–134.
8 Für eine allgemeine Erörterung von Porphyrios' *Gegen die Christen* siehe Anthony Meredith, Porphyry and Julian against the Christians. In: *Aufstieg und Niedergang der römischen Welt*. Berlin 1980, 23,2; 1119–1149.
Fragmente aus Porphyrios' Werk bei Adolf von Harnack, *Porphyrios' Gegen die Christen. 15 Bücher, Zeugnisse und Referate*. Abhandlungen der kgl.-preuss. Akademie d. Wissenschaften; phil.-hist. Klasse I. Berlin 1916.
9 Casey, 15.
10 Neuerdings sind Zweifel aufgekommen, ob Porphyrios tatsächlich eine Chronik geschrieben hat. Möglicherweise wurden seine chronologischen Arbeiten im Zusammenhang mit seinem Werk *Gegen die Christen*, vielleicht aber zu einem späteren Zeitpunkt in seinem Leben verfaßt. Siehe Brian Croke, Porphyry's Anti-Christian Chronology. In: *Journal of Theological Studies* 34 (1983), 168–185.
11 Robert L. Wilken, The Jews and Christian Apologetics after Theodosius I.: *Cunctos Populos*. In: *Harvard Theological Review* 73 (1980), 451–471.
12 Zur Bedeutung des historischen Arguments in Porphyrios' Kritik des Christentums siehe V. den Boer, A Pagan Historian and His Enemies: Porphyry against the Christians. In: *Classical Philology* 69 (1974), 198–208.
13 Meredith, 1136.
14 Fragmente von Porphyrios' *Philosophie aus Orakeln*; hg. G. Wolff, *Porphyrii de philosophia ex oraculis haurienda*. Berlin 1856, 42–43. Diese Stelle ist Eusebius, *Praep. Evang.* 4.5, entnommen.
15 Ernest Fortin, The Viri Novi of Arnobius. In: *The Heritage of the Early Church*, Orientalia Christiana Analecta, Nr. 195. Rom 1973, 197–226.
16 Robert M. Grant, The Religion of Emperor Maximin Daia. In: Jacob Neusner (Hg.), *Christianity and Other Greco-Roman Cults*. Leiden 1974, 4: 143–166.

7. Kapitel

1 C. P. Cavafy, *Collected Poems*; hg. von George Savidis. Princeton 1975, 171.
2 Text und engl. Übersetzung von Julians Reden und Briefen sowie von den Fragmenten seines Werkes *Gegen die Christen* in: Wilmer Cave Wright, *The Works of the Emperor Julian*, 3 Bände. Cambridge 1959–1962.
3 Glenn Bowersock, *Julian the Apostate*. Cambridge 1978, 61.
4 J. H. W. G. Liebeschultz, *Antioch: City and Imperial Administration in the Later Roman Empire*. Oxford 1972, 12–13.
5 Die Kapitel 22 und 23 von Gibbons *Der Untergang des römischen Weltreichs* sind heute noch lesenswert. Dieses Zitat wurde Kap. 23 entnommen.
6 Der Text von Julians Erlaß befindet sich im *Codex Theodosianus* 13.3.5.
7 Robert Browning, *The Emperor Julian*. London 1975, 172–173.
8 Über die Christianisierung von Jerusalem siehe E. D. Hunt, *Holy Land Pilgrimage in the Later Roman Empire*. Oxford 1982.
9 Über die Bedeutung von Julians Versuch, den Tempel wiederaufzubauen, siehe David B. Levenson, A Source and Tradition Critical Study of the Stories of Julians Attempt to Rebuild the Temple (Ph. D. Discussion, Harvard University 1979); und Robert L. Wilken, *John Chrysostom and the Jews: Rhetoric and Reality in the Late Fourth Century*. Berkeley 1983.

Nachwort

1 Adolf von Harnack, *Mission und Ausbreitung des Christentums in den ersten drei Jahrhunderten*. Berlin 1902.
2 Robert L. Wilken, Toward a Social Interpretation of Early Christian Apologetics. In: *Church History* 39 (1970), 437–458.
3 Siehe zum Beispiel Stephen Gersh, *From Iamblichus to Eriugena*. Leiden 1978.

PERSONENREGISTER

Aedesius 179
Agrippa 76
Alexander von Aphrodisias 93
Albinus 83
Alypius 206
Ammianus Marcellinus 185, 206
Ammonius 141
Antoninus Pius 23
Antiochus IV. 152
Appolinarius 149, 154
Appolonius von Tyana 170
Apuleius 81, 110
Arnobius 165, 166, 170
Arrius Epaphroditus 55
Aristides 195
Aristoteles 91, 102, 139, 145
Archidamus 195
Asklepios 117
Athenagoras 32, 90, 114
Augustinus 67, 124, 138, 139, 155, 157, 162, 163, 164, 173, 208, 215
Augustus 25, 31, 40
Aurelius Nicomachus 55

Barnes Th. 147
Bar Kochba 125
Basilides 101
Basilius 186
Boethius 139
Browning R. 175

Caesennia 52
Callinicus 151
Catalina 40

Cavafy 179f.
Celsus 8, 9, 12, 34, 45, 59, 102, 106–147, 139, 149, 158, 160, 177, 187, 192, 210, 212, 213, 214, 216
Chadwick H. 146
Cicero 20, 40, 50, 72, 73, 135
Claudius 124, 151
Claudius Herodes 55
Cleanthes 100
Commodus 83
Cornutus Tertullus 20, 43
Crescens 81

Daniel 150, 152, 153, 154
Didymus der Blinde 172
Dio Cassius 41, 76
Dio Chrysosthomus 24
Diokletian 146
Dionysios von Halicarnassus 71
Dionysios 47, 49
Domitian 19, 24, 65, 91

Epictet 81, 95
Epiphanius von Zypern 34
Euklid 91
Eunapius 142
Eusebius 81, 90, 111, 138, 141, 149, 166, 169, 170, 172, 177, 178, 179, 196, 214

Flavia Domitilla 41
Flavius Klemens 41
Fustel de Coulanges 78

Gagè J. 58
Gaius Cuspius Pansa 28
Galenus 9, 12, 81–105, 120, 124
Gallus 177
Gibbon E. 23, 183, 211
Gnaeus Helvius Sabinus 28
Grant R. 138
Gregor von Nazianz 175, 185, 206

Hadrian 23, 81, 196
Harnack Adolf von 10, 208
Hecebolius 178
Hegesippus 84
Helena 198
Herakles 49, 117, 123
Hesiod 178
Hierocles 170, 171
Hieronymus 138, 149, 152, 153, 197
Hippokrates 85
Hippolitus 90, 150, 154
Homer 118, 143, 178, 186

Iamblichus 138
Ignatius von Antiochien 7
Irenaeus 138

Jesus 111, 117, 118, 120, 132, 170, 172, 192
Jocaste 122
Johannes Chrysosthomus 199, 206
Josephus 134
Julian 9, 12, 128, 172, 174, 175–208, 212
Julius Africanus 151
Julius Frontinus 20
Julius Konstantius 197
Justinus der Martyrer 7, 33, 35, 80, 81, 84, 95, 113, 126, 134, 150, 210
Juvenal 19, 24, 65

Karpokraten 33, 35
Klemens von Alexandrien 33, 35, 154
Klemens von Rom 7
Konstans 177
Konstantin I. 198
Konstantin II. 177
Konstantius 177, 181, 189

Kyrillos von Alexandrien 177, 188, 189, 190, 195, 201, 203, 210
Kyrillos von Jerusalem 197

Lactantius 146, 148, 165, 166, 170
Lazarus 172
Libanius 176, 178, 180, 182, 186
Livius 30, 73
Lollianus 32
Longinus 142, 143
Lucian 9, 81, 87, 88, 91, 109, 110, 117, 119
Lucretius 102, 103

Mac Mullen R. 10, 75
Macarius Magnes 147, 155, 158
Maecenas 76
Malchos 140
Marcion 28, 84
Marcus Holoconius Priscus 28
Marcus Cornelius Fronto 33
Marcus Aurelius 83, 91, 92, 94
Maximus 22
Maximus von Ephesus 179, 180, 181
Maximus von Tyrus 119
Melito von Sardis 95
Menander 186
Methodius 138, 149
Michael der Syrer 196
Minucius Felix 33, 79, 130
Mithridates 40
Montesquieu 78
Moses 97, 127, 194, 202, 209
Murray G. 206
Musonius Rufus 93

Nebukadnezar 150
Nero 62
Nerva 23
Nicon 82
Nikomedes IV. 23
Noack A. D. 77, 94, 213

Oedipus 122
Ogilvie R. M. 66
Origenes 7, 8, 106, 116, 118, 122, 135, 138, 141, 142, 158, 210, 212
Orpheus 117, 123

Panthera 121, 122
Paulus 56, 158, 192, 204
Petrus 158, 204
Peregrinus 110, 119
Philo von Alexandrien 100
Philopator 83
Plato 97, 98, 134, 142, 167, 193, 194, 195
Plinius der Ältere 11, 16
Plinius der Jüngere 9, 12, 15–44, 45–48, 59, 62, 63, 64, 73, 79, 81, 84, 86, 108, 117, 210, 215, 216
Plotinus 138, 139, 142, 143, 145
Plutarch 65, 74, 75, 102, 117, 161
Poland 49
Pompejus 23, 40
Pontius Pilatus 63
Porphyrios 9, 12, 138–174, 177, 187, 189, 190, 208, 212, 214, 215, 216
Protesilaus 123
Prudentilla 110
Pseudo-Aristoteles 104, 118
Pythagoras 47, 123, 162

Quadratus 111
Quintilianus 17

Rogatinus 144
Rousseau J. J. 78, 79

Satyros 83
Sherwin-White 41
Silvanus Granianus 82

Socrates 206
Sokrates 195
Sozomen 187
Strabo 23
Suentonius 40, 41, 63f., 79, 124
Syme R. 17
Symmachus 174, 182

Tacitus 17, 62, 63, 64, 65, 66, 68, 74, 79, 84, 210
Terrentius Varro 67
Tertullian 7, 59, 60, 61
Thales 195
Theodoret von Zypern 149, 162
Theodosius II. 138
Theophilus von Antiochien 101, 104, 162
Theophrast 91
Theseus 123
Thystes 32
Tiberius 40, 61, 63
Titus 16
Trajanus M. Ulpius 15, 17, 20, 23, 24, 26, 27, 29, 32, 35, 36, 37, 39, 42, 43, 46, 48, 51, 62, 81
Trypho 126

Valentinus 84
Vespasian 16

Waltzig J. 54

Zalmoxis 123

ABKÜRZUNGEN

Hinweise auf die alten Quellen werden im Text gegeben. Für die im Buch erörterten Hauptpersonen – zum Beispiel Plinius oder Celsus – werden Informationen über Text und Übersetzung in dem zugehörigen Kapitel gegeben. Viele der anderen griechischen und römischen Autoren waren mir in den zweisprachigen Ausgaben von der *Loeb Classical Library* (Cambridge: Harvard University Press) zugänglich. Im Falle weniger bekannter Autoren habe ich den Namen des Herausgebers angegeben.

Christliche Schriften werden entweder in der *Patrologia Graeca* (PG) und *Patrologia Latina* (PL) von J. G. Migne, *Patrologiae cursus completus* (Paris, 1844ff.) und *Corpus Christianorum* (Turnhout und Paris, 1953ff.) zitiert.

Abkürzungen von Werken aus der Antike sind den Standardtexten entnommen: *A Greek English Lexicon*; hg. von Henry George Liddell und Robert Scott; revidiert von Henry Stuart Jones mit Hilfe von Roderick McKenzie (Oxford, 1968); *Oxford Latin Dictionary*, hg. von P. G. W. Glare (Oxford, 1982); *A Patristic Greek Lexicon*, hg. von G. W. H. Lampe (Oxford, 1961); und *Dictionnaire Latin-Français des Auteurs chrétiens*, hg. von Albert Blaise und Henri Chirat (Turnhout, 1954).